# 똑똑한
## 심리학

# 똑똑한
## 심리학

루이스 디콘 Louise Deacon 지음 | 박선령 옮김

시그마북스
*Sigma Books*

# 똑똑한 심리학

**발행일** 2014년 9월 15일 초판 1쇄 발행
**지은이** 루이스 디콘Louise Deacon
**옮긴이** 박선령
**발행인** 강학경
**발행처** 시그마북스Sigma Books
**마케팅** 정제용, 신경혜
**에디터** 권경자, 양정희
**교정·교열** 신영선
**디자인** 장영수

**등록번호** 제10-965호
**주소** 서울특별시 영등포구 양평로 22길 21 선유도코오롱디지털타워 A404호
**전자우편** sigma@spress.co.kr
**홈페이지** http://www.sigmabooks.co.kr
**전화** (02) 2062-5288~9
**팩시밀리** (02) 323-4197
**ISBN** 978-89-8445-594-8(03180)

## Brilliant Psychology

# 프롤로그

세상에서 가장 강력한 힘 가운데 하나는 바로 당신의 양쪽 귀 사이에 자리 잡고 있다. 인간의 정신이 다른 이들의 정신과 합쳐지면 원자 분열, 대성당 건축, 달까지의 비행을 비롯해 상상하는 일은 거의 무엇이든 이룰 수 있다.

우리 모두는 심리학자다. 우리는 타인의 마음을 이해하고 거기에 영향을 미치거나 예측할 수 있는 뛰어난 능력을 가지고 있으며, 실제로 날마다 그런 일을 하고 있다. 다른 사람을 이해하는 능력은 매우 중요하기 때문에 어떤 심리학자는 우리에게 마음이 있는 이유는 타인의 마음을 이해하기 위해서라고 주장하기도 한다.

지난 며칠 동안 나누었던 대화나 들었던 이야기들을 떠올려 보자. 그 가운데 친구와 친척, 직장 동료나 상사 혹은 배우, 왕족, TV 출연

자처럼 매체를 통해 알게 된 사람들에 대한 이야기는 얼마 정도나 되는가?

이렇게 다른 사람에 대한 이야기를 많이 하는 것은 타인에게 흥미를 느끼는 것이 인간 본성의 중요한 특징 중 하나이기 때문이다. 하지만 우리는 이러한 관심을 당연한 것으로 여기며, 매우 익숙하고 자연스러운 현상이기 때문에 그에 대해 별다른 생각을 하지 않는다.

우리에게 심리학이 필요한 이유는 이 때문이다. 우리가 사람들에 대해 가지고 있는 상식적인 수준의 지식만으로는 생각을 그 이상 뻗어나갈 수 없고, '우리는 왜 사랑에 빠지게 되는가?', '인간은 어떻게 지적인 존재가 되었을까?'와 같은 인간 경험과 관련된 가장 기본적인 의문에도 답을 할 수 없다. 또 우리의 직관적 심리는 '왜 어떤 사람은 남들 앞에서 말하는 것을 두려워하고, 어떤 사람은 그렇지 않을까?'라든지 '왜 어떤 사람은 애정 표현을 하지 못해 안달인 데 반해 어떤 사람은 늘 '사랑에 굶주린' 것처럼 보이는 것일까?'와 같은 개인적인 차이를 설명하지 못하는 경우가 많다.

이처럼 일상 속에서 마주치는 심리학적 수수께끼 외에도 인간의 극단적인 행동이 상식을 완전히 배반하는 일도 종종 있다. 뉴스에서 누군가 극악무도한 행위를 저질렀다는 소식을 들으면 그들이 왜 그런 짓을 저지르게 되었는지 의아하게 생각한다. 이런 의문에 대한 답을 찾으려면 자신의 내면을 좀 더 깊숙이 들여다봐야 한다.

심리학자들은 130여 년간 이 작업을 해왔으며, 이 책에는 그들의 중요한 통찰 결과 중 일부가 담겨 있다. 이 책에 소개된 내용을 읽으면서 본인과 다른 사람들에 대한 이해가 깊어지고, 자신의 삶에 심리학을 직접 적용해 볼 수 있는 실용적인 방법도 배우게 될 것이다.

## 심리학이란 무엇인가

심리학은 인간의 마음에 대한 일상적인 지식을 과학적 지식으로 바꾸고자 노력한다. 1879년에 빌헬름 분트Wilhelm Wundt가 라이프치히에 최초의 심리학 실험실을 개설했다. 미국 심리학의 창시자인 윌리엄 제임스William James는 1890년에 심리학은 '정신생활을 다루는 과학'이라고 정의했다.

그러나 우리의 정신적인 체험은 주관적이고, 내면의 신비로운 부분을 다루어야 하기 때문에 과학적인 연구가 힘들다. 사람은 누구나 생생한 의식의 흐름, 다시 말해 끊임없이 바뀌는 생각과 충동, 기분, 기억, 감정, 몽상이 흘러가는 마음의 풍경을 지니고 있다. 언어를 사용해 다른 이의 마음에 이미지, 생각, 분노, 행복, 희망, 절망 같은 체험을 안겨줄 수도 있다. 하지만 우리가 접근할 수 있는 부분은 마음 전체에서 극히 일부에 지나지 않는다. 의식적 자각은 마음이 작동하는 방식을 흘긋 들여다보는 것뿐이다.

빌헬름 분트는 사람들에게 자신의 경험을 설명해 달라고 부탁해 그들이 지닌 의식의 내용을 분석하려고 시도했다. 그러나 윌리엄 제임스는 이렇게 본인의 의식에 담긴 내용을 설명하는 방법으로는 스스로를 연구할 수 없다고 판단했으며, 이는 마치 '어둠이 움직이는 모습을 보기 위해 재빨리 등을 켜는 것'과 같다고 말했다.

## 심리학, 마음에서 벗어나다

그리하여 1913년 심리학자 존 왓슨은 의식적인 경험은 과학적으로 연구할 수 없다고 선언했다. 그는 인간의 마음속에서 일어나는 일은 매우 주관적이기 때문에 그것을 분석하는 일은 의미가 없다고 판단했다. 왓슨은 스스로를 이해하려면 자기 머릿속을 들여다보려고 하기보다는 인간의 행동과 환경 사이의 관계를 연구해야 한다고 생각했다. 이후 50년 동안 심리학은 외부에서 관찰할 수 있는 사실만을 주로 다루었는데, 이것이 심리학의 한 분과인 행동심리학이다.

행동심리학이 지배적이던 시절에는 사람들이 실제로 하는 행동에만 관심을 집중하면서 인간에 대한 과학적 이해의 폭을 넓혀갔기 때문에 마음속에서 벌어지는 일들은 계속 수수께끼로 남았다.

오늘날에는 과학기술의 발전 덕분에 우리 자신을 연구하고 이해할 수 있는 새로운 방법이 생겼다. 예컨대 뇌 이미지 분석 기술을 이용하면 말 그대로 우리 머릿속을 직접 들여다보면서 우리가 어떤 생각을 하거나 감정을 느낄 때 뇌의 어느 부분이 밝아지는지 확인할 수 있게 된 것이다.

심리학은 다시금 인간의 행동뿐만 아니라 정신생활을 다루는 과학으로 자리 잡았고, 마침내 일부나마 우리 마음의 신비를 밝혀내기 시작했다.

# 목·차

# 🧑 PART 04 성격에 대한 이해

# 👥 PART 05 타인과 어울리는 방법

# 🗂 PART 06 서로를 배신하고, 거짓말하고, 속이고, 싸우는 이유

# 👥 PART 07 남자와 여자의 심리

## PART 08 마음이 부리는 속임수

## PART 09 심리적 문제에 대한 이해

## PART 10 행복의 심리학

## 에필로그

지능검사가 널리 이용되고 있기는 하지만 이와 관련된 논란은 여전히 많다. 지능검사에 반대하는 이들은 이것이 백인과 서양인, 남성 중심의 문화와 밀접한 관련이 있는 개념이라고 주장한다. 예를 들어 IQ는 '성공'을 예측하는데, 여기에서 성공이란 '사회적 지위가 높은 직업을 갖는 것'이라고 정의되어 있다. 하지만 아이를 잘 키우는 것도 성공의 또 다른 정의가 될 수 있지 않은가.

PART 01

# 지성에 대한 이해

**당신은** 이 책을 집어 들도록 한 호기심과 여기에 적힌 내용을 이해할 능력이 있는 지적인 마음을 가지고 있다. 그렇다면 대체 마음이란 무엇이고, 어떻게 작동하는 걸까? 그리고 당신은 어떻게 지성과 의식을 갖춘 존재가 되었을까?

## 💭 마음이 존재하는 이유

심리학자 스티븐 핑커Steven Pinker는 인간의 마음이 신기해 보이기는 하지만 그것을 설명하기 위해 불가사의한 개념을 동원할 필요는 없다고 말한다. 마음은 그저 뇌의 활동일 뿐이고 뇌는 심장이나 간, 폐와 같은 생물학적 기관이다. 뇌가 진화한 이유는 생존을 유지하는 데 중요한 역할을 하기 때문이다. 체중을 기준으로 따지면 인간의 뇌가 다른 동물들의 뇌보다 큰 것이 사실이지만 결국 인간도 복잡한 신경계를 지닌 수많은 종種 가운데 하나에 지나지 않는다. 스티븐 핑커의 말대로 '인간의 뇌는 다른 포유류의 뇌가 커다랗게 부풀어 올라 뒤틀린 것'이나 다름없다.

뇌는 생존 가능성을 높이는 방향으로 우리의 행동을 이끌었기 때문에 진화할 수 있었다. 우리의 마음은 먹을거리와 거처를 찾는 등의 실제적인 생활 문제를 해결하도록 돕는다.

우리는 사회적 동물이므로 다른 사람과 잘 어울리는 것도 삶의 여러 가지 문제들 중 하나다. 타인의 협조를 얻어내거나 누군가 나를 이용하려고 할 때 그 사실을 알아차려야 하는 등의 문제도 존재한다. 다른 이들을 어떻게 대해야 할지 알아내는 것은 복잡한 문제이기 때

우리의 마음도 타인의 마음을
대하는 방식을 알아야 한다.

문에 우리의 마음도 타인의 마음을 대
하는 방식을 알아야 한다.

우리는 살면서 생기는 현실적인 문제나 사회적 문제를 해결하기 위
해 자신의 행동을 바꾸고 새로운 전략을 받아들이기도 한다. 다시 말
해 뇌가 우리에게 경험을 통해 학습할 수 있는 능력을 주는 것이다.
다른 동물보다 훨씬 뛰어난 인간의 학습 능력은 인간 정신의 특징적
인 요소이기도 하다.

## 인간은 어떻게 학습하는가

행동주의심리학자들이 맹활약하던 시기에는 대부분의 심리학자들이
인간의 학습 방식을 알아내는 일에 전념했다. 이들은 주변 환경에 존
재하는 자극과 인간의 행동반응 사이의 관계를 연구했다. 그리고 인
간의 학습은 고전적 조건화와 조작적 조건화라는 두 가지 기본적인
조건화 과정으로 설명할 수 있다는 사실을 알아냈다.

이러한 조건화 과정은 우리가 통제할 수 있는 범위 밖에서, 우리의
의지에 반해 그리고 때로는 스스로도 깨닫지 못하는 사이에 발생할
수 있다.

### 고전적 조건화

'고전적 조건화'란 환경에 존재하는 유발 인자가 학습연상 때문에 자
동적인 신체적 반응이나 감정적 반응을 이끌어내는 것을 말한다. 일
례로 대부분의 사람들은 병원에서 나는 냄새를 싫어한다. 병원에 갔

을 때 느꼈던 불안감 때문에 병원 냄새만 맡으면 다시 그 불안감이 살아나는 것이다. 또 치과의 드릴 소리에 공포감을 느끼거나 부엌에 들어가면 괜히 허기가 지는 것 등도 비슷한 경우다. 고전적 조건화는 생활 속에서 나타나는 대부분의 자동 반응을 설명할 수 있다.

이러한 학습 형태는 1903년 러시아 생리학자 이반 파블로프<sup>Ivan Pavlov</sup>가 개의 소화 과정을 연구하던 중에 발견했다. 그는 먹이를 공급하는 기계가 달칵거리는 소리를 듣자마자 개가 침을 흘리기 시작한다는 사실에 주목했다. 개들의 머릿속에서 달칵거리는 소리와 먹이가 서로 연결된 것이다.

1920년에 존 왓슨과 로잘리 레이너<sup>Rosalie Rayner</sup>는 생후 10개월 된 '어린 앨버트'를 데리고 매우 유명하면서도 비윤리적인 고전적 조건화 연구를 진행했다. 왓슨은 앨버트에게 흰 쥐를 보여주고 아이가 쥐를 만지려고 할 때마다 커다란 소리로 징을 울려서 결국 흰 쥐에 대해 공포를 느끼도록 조건을 형성했다. 이런 식으로 쥐와 징소리를 7회 연결시키자 앨버트는 쥐를 보기만 해도 울음을 터뜨렸고, 산타클로스의 수염처럼 흰 털이 난 다른 대상도 모두 무서워하게 되었다.

고전적 조건화는 공포증이 생기는 방식을 설명해 준다. 또 성적性的인 집착 가운데 몇 가지도 여기에 기인하는 듯하다. 1966년에 라흐만<sup>Rachman</sup>은 한 무리의 남성들에게 검정색 부츠 사진과 벌거벗은 여성의 사진을 보여주었다. 계속해서 이 두 사진을 함께 보여주자 이윽고 남성들은 부츠 사진만 보고도 흥분하게 되었다.

이런 식의 조건화를 통해 몇몇 광고가 효과를 발휘하는 방식을 알 수 있다. 광고주는 자동으로 긍정적인 반응을 유도하는 자극물과 자사 브랜드를 계속 짝지어 보여주면서 자사 상품과 긍정적인 감정이 자동으로 연결되기를 바란다. 예를 들어 올림픽 대회를 후원하는 음료수 제조사는 올림픽을 보며 느끼는 자부심과 즐거움이 자사 브랜드와 연결되기를 희망한다. 이러한 자동적인 긍정 반응이 소비자들의 생각을 변화시켜 실제로 슈퍼마켓 진열장에서 그 제품에 손을 뻗게 할 수도 있다.

## 존 브로더스 왓슨 John Broadus Watson

존 왓슨(1878~1958)은 미국 시골 지방의 가난하고 불우한 가정 출신이었다. 알코올 중독자였던 아버지는 왓슨이 13세 되던 해에 처자식을 버렸다. 왓슨은 공부를 계속하기 위해 열심히 일해야 했으며, 웨이터와 잡역부 일로 돈을 벌어 생계를 이어갔다. 대학원생인 로잘리 레이너와 함께 '어린 앨버트' 실험을 진행할 당시 그는 존스홉킨스 대학에 재직 중인 세계적으로 유명한 심리학자로서 경력의 절정에 올라 있었다. 또 결혼 후 두 자녀를 둔 상태였는데 그와 로잘리 레이너가 불륜관계였다는 사실이 백일하에 드러났다. 당시로서는 엄청난 추문이었기 때문에 그는 자리에서 물러나야만 했고, 다른 대학들도 그에게 교수직을 제안하지 않았다.

왓슨은 뉴욕으로 거처를 옮기고 광고계에 종사해 백만장자가 되었다. 또한 로잘리 레이너와 결혼해 아이도 두 명 낳았다. 레이너는 36세에 죽었는데 왓슨은 그녀를 잃은 상실감에서 영영 회복되지 못한 듯하다.

왓슨은 자신의 육아 이론을 담은 책을 펴냈는데, 당시 사람들에게 상당한 영향을 미친 이 책의 요지는 아이들에게 가급적 애정을 주지 말아야 한다는 것이었다. 그의 외손녀인 미국 여배우 마리엣 하틀리는 외할아버지의 냉담하고 무감정한 육아 방식에 대한 글을 쓰기도 했다. 하틀리는 그러한 육아 방식 때문에 자기와 자기의 어머니가 정신적으로 상처를 입어 타인과 정서적인 유대를 맺는 데 곤란을 겪고, 결국 알코올 남용으로 고생하게 되었다고 생각했다.

왓슨은 훗날 자신이 자녀 양육에 대해 잘 몰랐음을 인정하면서 그런 책을 쓴 것을 후회한다고 말했다.

왓슨이 사망하기 직전 미국 심리학회는 마침내 그의 업적을 인정하고 심리학 분야에 기여한 공로로 상을 수여했다.

우리는 고전적으로 조건화될 수 있지만 그것에 대해 아무것도 모른다. 당신이 정기적으로 술을 마시는 사람이라면 가끔 술이 다른 때보다 더 큰 영향을 미치는 경우가 있다는 것을 알고 있는가? 혹은 동일한 알코올이 함유되어 있음에도 불구하고 어떨 때의 한 잔은 다른 때 마신 한 잔보다 더 큰 영향을 미치기도 한다는 사실은? 알코올이 들어간 음료를 마시면 당신의 몸은 알코올이 인체에 미치는 영향을 보완하고, 그 악영향에 대응하는 방식으로 반응한다.

평소 같은 장소에서 같은 술을 마시는 습관이 있다면 당신의 몸은 고전적 조건화 때문에 자동으로 보상반응을 시작한다. 와인 병을 따고 소파에 편안하게 자리 잡는 것이 평소 습관이라면 이것을 신호로 몸이 알코올에 반작용을 일으키기 시작하는 것이다. 그러나 평소 잘 마시지 않던 술을 마시는 경우, 예컨대 늘 와인을 마시던 사람이 맥주를 마시거나 명절이 되어 익숙하지 않은 장소에 가서 술을 마시게 되면 몸이 그 상황을 술과 연결시키지 않는다. 따라서 자동으로 보상반응이 개시되지 않으므로 평소보다 더 취한 듯 느껴지게 된다.

고전적 조건화는 약물과 관련된 죽음의 미스터리도 해명해 준다. 약물 때문에 목숨을 잃는 사건이 벌어지면 늘 '과다 복용'한 탓이라고 말하지만, 사실 희생자가 평소에 비해 많은 양을 투여하지 않았는데도 사망에 이른 경우가 종종 있다. 익숙하지 않은 장소에 있었다거나 평소와 조금 다른 행동을 하고, 자기 집의 다른 방에서 약물을 투여했다는 이유만으로 치사량이 되어버린 것이다.

심리학자 셰퍼드 시겔Shepard Siegel은 병 때문에 모르핀을 투여하는 환자의 사례를 들어 설명한다. 그 환자는 평소 어둠침침한 자기 침실에서 모르핀을 투여했다. 그런데 어느 날 조명이 좀 더 밝은 거실에서 평소와 동일한 양의 모르핀을 투여했는데 그만 사망하고 말았다.

## 조작적 조건화

우리의 학습 범위가 자동적인 반사행동이나 정서반응에만 국한된 것은 물론 아니다. 우리는 케이크를 굽거나 직장까지 차를 몰고 가는 것 같은 복잡한 행동도 할 수 있다.

1938년에 스키너B. F. Skinner는 자기보다 앞서 활약한 심리학자 에드워드 손다이크Edward Thorndike의 연구 업적을 발판 삼아 '조작적 조건화'라는 학습 유형에 대해 연구했다. 조작적 조건화란 자기가 한 행동의 결과를 통해 배우는 것을 의미한다. 행동의 결과가 어떠하냐에 따라 그 행동을 자꾸 되풀이할 수도 있고 그렇지 않을 수도 있다. 행동의 결과는 세 가지로 분류할 수 있다.

● 긍정적 강화 : 애정·칭찬·돈·음식처럼 보람 있고 즐겁고 재미있는 결과. 우리는 긍정적으로 강화된 행동을 계속해서 반복하는 경향이 있다. 열심히 일해서 상사에게 칭찬을 받으면 앞으로도 계속 열심히 일할 가능성이 높아지는 것이다.

● 부정적 강화 : 불쾌한 자극 제거. 예컨대 우리는 먼지나 냄새를 없애려고 몸을 씻고, 어질러진 것을 치우거나 파트너의 잔소리를 멈추기 위해 청소를 한다. 머리가 아플 때 두통약을 먹거나 낙제를 피하려고 시험공부를 하는 것 등도 비슷한 예다. 부정적으로 강화된 행동도 계속 반복할 가능성이 있다.

● 처벌 : 질책, 주차위반 범칙금, 운전면허 취소, 투옥 등 우리의 행동이 반복될 가능성을 줄이는 불쾌한 결과

스키너는 우리의 모든 행동은 긍정적 강화와 부정적 강화 그리고

처벌에 의해 확정된다고 생각했다. 예를 들어 도박의 경우에는 돈을 따는 것이 강화물이 되는데, 이 강화물은 언제 주어질지 모른다는 예측 불가능한 속성 때문에 효과가 특히 강력하다. 이렇게 임의의 간격으로 이따금씩 발생하는 강화를 '변동비율' 강화라고 하는데, 변동비율 강화 때문에 우리는 도박에서 손을 떼지 못하고 계속하게 된다. 하다 보면 언젠가는 보상이 돌아온다는 사실을 알기 때문이다.

> **✦ 반짝반짝 마음 들여다보기**
>
> 스키너의 연구를 통해 처벌만 가지고는 행동을 조성하는 데 그리 큰 효과를 발휘할 수 없다는 사실을 알게 되었다. 처벌은 어떻게 행동해야 하는지를 가르치는 것이 아니라 어떻게 행동하면 안 되는지를 가르치기 때문이다. 처벌을 받으면서 주로 배우는 것은 더 이상의 처벌을 피하는 방법이다. 처벌을 피하기 위해 다른 종류의 바람직하지 않은 행동을 하는 일도 종종 발생한다. 예를 들어 지방의회가 주민들의 쓰레기 배출량을 줄이려고 쓰레기를 많이 내놓는 집에 벌금을 물리기로 했다고 하자. 그런데 이 방법을 통해 쓰레기 배출량이 줄어드는 것이 아니라 주민들이 교외 지역에 쓰레기를 불법 투기하기 시작한 것이다.

지금까지 살펴본 강화 원칙은 간단하면서도 행동 변화에 효과적이기 때문에 일터와 학교, 교도소 등에서 널리 활용된다. 〈우리 아이가 달라졌어요〉와 같은 TV 프로그램에 나오는 아이들의 문제행동을 다스리는 기술도 이 원칙을 바탕으로 한 것이다.

당신도 고치고 싶은 행동이 있는가? 그렇다면 행동주의심리학자처럼 사고해 보자. 어떤 행동을 계속 유지하게 해주는 강화물이 무엇인지 알아낸 뒤, 적합한 경우 그 강화물을 다른 것으로 바꾸어 지금까지와 다른 행동을 조장하는 것이다.

행동주의는 스키너의 유명한 저서인 『자유와 존엄을 넘어Beyond Freedom and Dignity』에서 절정에 이르렀다. 스키너는 우리가 하는 모든 행동은 환경에 의해 결정되기 때문에 자유의지나 선택권 같은 것은 없다고 생각했다. 따라서 인간은 자신의 행동에 따르는 공을 인정받거나 그에 대한 책임을 질 수 없다. 스키너는 우리가 이 사실을 인정하고 행동주의의 원칙에 따라 삶을 체계화한다면 사회 전체가 훨씬 더 행복해질 것이라고 주장했다.

행동주의심리학자들은 언젠가 우리가 자신의 내면을 들여다보지 않고도 스스로를 이해하게 될 날을 꿈꾼다. 그러나 모두가 이와 똑같은 비전을 공유하는 것은 아니다. 여전히 인간의 주관적인 체험을 연구하는 사상가들 또한 많은 것이다. 일례로 맥스 워데머Max Wertheimer가 이끄는 형태주의심리학자들은 시지각, 즉 세상 만물을 바라보는 경험에 집중했다. 칼 로저스Carl Rogers와 에이브러햄 매슬로Abraham Maslow 같은 인본주의심리학자들은 창의성·감정적 욕구·사랑·행복 등 인간의 다양한 경험에 흥미를 가졌다.

지그문트 프로이트는 여기서 한발 더 나아가 인간의 의식적인 경험뿐만 아니라 무의식적인 경험까지 이해하고 싶어 했다. 그는 우리의 정신생활 중에서 가장 큰 부분은 의식 아래에서 작동하는 동기·감정·충동 같은 무의식적 과정의 지배를 받는다고 믿었다.


## 행동주의의 실패

20세기 중반 무렵이 되자 조건화만으로는 인간의 모든 행동을 설명할 수 없다는 사실이 명백해졌다. 예컨대 보상이 늘 우리의 행동을 강화하는 것은 아니다. 심리학자 레퍼Lepper와 그린Greene은 아이들에게 퍼즐을 주고 풀어보게 했다. 그리고 어떤 아이에게는 퍼즐을 푼 것에 대해 상을 주고 어떤 아이에게는 주지 않았다. 나중에 아이들에게 다시 퍼즐을 주자 앞서 보상을 받았던 아이들의 경우 자발적으로 퍼즐을 갖고 놀려는 사례가 매우 적었다. 이미 보상을 받은 상태이기 때문에 퍼즐 자체만으로는 더 이상 만족감을 얻을 수 없었던 것이다. 보상이 아이들의 내재적 동기를 감소시킨 것이다.

그리고 어떤 일의 결과를 몸소 체험해야만 학습이 가능한 것도 아니다. 앨버트 반두라Albert Bandura는 다른 사람의 모습을 지켜보는 것만으로도 학습 효과를 얻을 수 있다는 사실을 지적했다. 반두라는 자신의 가장 유명한 실험에서 아이들이 어떻게 어른의 모습을 보고 배우는지 증명했다. 이 연구에 참가한 아이들은 바닥에 추가 들어 있어서 밀거나 때려도 다시 똑바로 일어서는 커다란 풍선 인형인 보보 인형을 가지고 노는 어른의 모습을 지켜보았다. 아이들 가운데 일부는 그 어른이 인형을 주먹으로 치거나 발로 차는 등 공격적으로 대하는 모습을 보았다. 이렇게 공격적인 어른의 모습을 지켜본 아이들, 특히 남자아이들의 경우에는 자기들도 인형을 주먹으로 치거나 던지는 경우가 많았다. 그리고 단순히 어른의 행동을 그대로 흉내 내기만 하는 것이 아니라 인형을 때리는 새로운 방법을 찾아내기도 했다.

반두라는 인간은 단순히 보상이나 처벌에 반응하는 존재가 아니라 능동적이고 적극적인 행위자라는 결론을 내렸다. 학습 과정을 이해하려면 겉으로 드러나는 행동만 보아서는 안 되고, 인식·사고·기억·관심·의사 결정 등 마음속에서 진행되는 과정도 살펴보아야 한다. 이러한 과정을 가리켜 '인지'라고 한다.


## 우리 마음의 혁신적인 이해 방식

컴퓨터의 발명에 영감을 받은 심리학자들은 마음을 이해하는 새로운 방법이 있음을 깨달았다. 우리의 뇌를 '정보처리' 장치로 여길 수 있다는 사실을 알게 된 것이다. 1950년대 허버트 사이먼Herbert Simon은 컴퓨터를 이용해 심리 프로세스를 시뮬레이션할 수 있다는 사실을 증명해냈다.

심리학계에서는 인간의 마음을 '정보처리 기계'로 바라보는 이러한 시각을 인지혁명이라고 부른다. 울릭 나이서 Ulric Neisser가 1967년에 출간한 저서의 제목 『인지심리학 Cognitive Psychology』에서 이 새로운 접근 방식을 가리키는 용어가 등장했다.

## 🔵 뇌가 작동하는 방식

뇌는 미세한 전기자극을 일으키는 뉴런이라는 세포 다발로 구성되어 있다. 따라서 뇌세포는 켰다 껐다 하는 스위치와 같은 기능을 한다. 스위치를 켜고 끌 수 있는 것은 무엇이든 정보 전달에 이용할 수 있다. 예를 들어 모스 부호를 알면 횃불을 켰다 껐다 하는 방식으로 누군가에게 메시지를 전달할 수 있는 것이다.

모스 부호를 이용해 다양한 패턴으로 횃불을 켜거나 끔으로써 정보를 전달하는 것처럼 뇌도 뉴런 스위치를 켜고 끄는 패턴을 이용한다. 컴퓨터가 작동하는 기본 방식도 이와 동일하다. 컴퓨터는 작은 전기 스위치를 이용해 정보를 전달한다.

> 👤 반짝반짝 마음 들여다보기
>
> 당신이 뉴런의 발화 패턴이라는 개념을 이해할 수 있는 것 또한 지금 이 순간 당신의 뇌에서 발화되는 뉴런의 발화 패턴 덕분이다.

따라서 우리 머릿속에서는 복잡한 부호에 따라 복잡한 방식으로 서로에게 전기자극을 전달하는 뇌세포가 정보의 전달 및 처리를 담당하고 있는 것이다. 자기 파트너의 얼굴을 알아보는 것부터 정의의 개념을 이해하는 일에 이르기까지 모든 것이 뉴런의 발화 패턴을 통해 이루어진다.

## ● 감각 인지

우리는 오감을 통해 외부 세계와 몸 안에서 발생하는 정보를 받아들인다. 눈의 망막세포 같은 감각수용체 세포는 물리적인 변화를 감지하고, 그 정보를 전기자극을 이용해 뇌로 전달한다. 그러면 우리의 뇌는 세포끼리 주고받는 보다 복잡한 전기자극 패턴을 이용해 이 정보를 처리한다. 이러한 정보처리에는 상당한 노력이 필요하다. 뇌의 무게는 체중의 2퍼센트밖에 안 되지만 사용되는 에너지는 20퍼센트나 되는 것도 이 때문이다.

도널드 헤브 Donald Hebb 는 우리가 무언가를 배울 때면 뇌 구조가 변한다는 사실을 발견했다. 동일한 뇌 회로가 반복적으로 사용되면 뉴런 사이에 새로운 연결점이 만들어진다. 이렇게 '함께 활성화된 뉴런이 하나로 연결되는' 현상을 헤브의 법칙이라고 한다.

우리가 무언가를 배울 때면 뇌 구조에 변화가 생긴다.

## 🔵 인간의 상상력

그러나 인간의 마음이 이토록 강력한 힘을 지닐 수 있는 이유는 우리가 처리하는 정보가 '현실'과 관련된 정보에만 국한되지 않기 때문이다. 우리는 머릿속에서 정보를 종합해 새로운 아이디어나 개념을 제시할 수 있고, 존재하지 않는 무언가를 떠올리는 것도 가능하다. 또 갑자기 날개가 돋아나 화성으로 날아가서 행복하게 산다든가 하는 물리적으로 불가능한 일을 상상하기도 한다. 루이스 캐럴의 말대로 우리의 마음은 '아침을 먹기도 전에 불가능한 여섯 가지 일'을 상상할수 있을 정도의 힘을 지니고 있다. 따라서 우리는 놀라운 창의성과 창작 능력을 발휘할 수 있다.

## 🔵 언어

인간은 언어를 사용해 다른 사람과 정보를 주고받을 수 있는 능력 덕분에 더욱 강력한 정신을 소유하게 되었다. 우리의 생각과 상상력을 다른 이들과 합치고, 여기에 이전 세대의 통찰력과 기술을 더하면 가공할 만한 힘을 지니게 된다.

언어를 사용할 때는 우리 마음이 뉴런의 발화 패턴을 다양한 코드, 즉 입에서 나오는 소리로 변환시킨다. 구어는 어떤 소리가 어떤 대상을 가리킨다고 사람들끼리 합의한 코드다. 즉 '사과'라는 소리는 사과라는 과일을 의미한다고 서로 합의한 것이다.

모든 인간사회에는 언어가 존재한다. 언어학자이자 사상가인 노암 촘스키Noam Chomsky는 태어날 때부터 우리의 뇌에는 언어 능력이 내재되어 있다고 주장한다. 그는 언어는 저마다 달라도 전부 동일한 기본 형식, 즉 '보편 문법'을 갖추고 있다고 생각하는데, 일례로 모든 언어에는 명사와 동사가 존재한다는 것을 들 수 있다.

## 기억

지금까지 설명한 프로세스는 정보저장 체계가 없으면 작동이 불가능하다. 기억은 다양한 유형으로 분류할 수 있지만 가장 기본적인 구분법은 단기기억(작업기억이라고도 함)과 장기기억으로 나누는 것이다.

### 작업기억

심리학자 앨런 배들리Alan Baddely는 작업기억은 우리의 의식과 매우 유사한 마음속의 '칠판' 또는 작업 공간이라고 생각했다. 작업기억은 단순한 저장 공간이 아니라 당장 눈앞에 닥친 문제를 해결하기 위해 적극적으로 사고하고 가장 적합한 정보를 활용하는 기능도 수행한다. 작업기억은 장기기억에 보관되어 있는 정보도 이용할 수 있다.

---

**✎ 네 마음을 보여줘** 당신의 작업기억은 어느 정도일까?

아래 목록을 한 번 읽으면서 단어를 기억한 뒤, 목록을 다시 보지 않고 순서대로 단어를 적는다.

| 위조 | 점퍼 | 도끼 | 책 | 사과 | 양철 |
| 밧줄 | 미소 | 맥주 | 희망 | 통화 | 시트 |

대부분의 성인은 단기기억에 5~10개 정도의 항목을 저장할 수 있으며, 평균 7개를 기억한다. 조지 밀러<sup>George Miller</sup>는 1956년에 발표한 「마법의 숫자 7, 더하기 빼기 2」라는 유명한 논문에서 인간은 단기기억에 평균 일곱 가지 정도의 정보 묶음을 보관할 수 있다고 주장했다. 여기에서 '정보 묶음'이란 유의미한 완전체를 뜻하는데, 한 자리 숫자 또는 그보다 단위가 큰 숫자 같은 단일 항목도 정보 묶음이 될 수 있다. 일례로 9월 11일이라는 날짜는 이제 대부분의 사람들에게 유의미한 완전체가 되었다.

---

## 장기기억

단기기억에 저장된 정보가 장기기억으로 옮겨갈 수도 있지만 단기기억의 내용을 장기기억에 모두 저장하는 것은 뇌 용량상 불가능하고 또 그렇게 해야 할 필요도 없다. 따라서 구어적 기억은 실제로 들은 단어를 전부 저장하는 것이 아니라 기본적인 의미, 즉 자기가 들은 내용의 요점만을 기호화한다.

기억은 우리 머릿속에 정리된 지식체계인 '스키마schema'에 저장된다. 스키마는 정보를 기억하는 방식에 능동적인 영향을 미친다. 자신의 기존 스키마를 기준으로 생각할 때 어떤 정보가 말이 안 된다고 판단되면 우리 뇌는 그 스키마에 맞춰 정보를 수정한다. 이러한 현상은 프레드릭 바틀릿Frederick Bartlett이 1932년에 실시한 유명한 연구를 통해 밝혀졌다. 그는 연구에 참가한 사람들에게 '유령의 전쟁'이라는 미국 인디언 민화를 듣고 기억해 달라고 했는데, 이상한 초자연적 사건을 다룬 이 이야기는 서구인들이 듣기에 말이 안 되는 내용이었다. 이야기에는 등장인물 중 하나가 죽자 '그의 입에서 검은 무언가가 나왔다'라고 되어 있다. 하지만 사람들은 이것을 '그가 입에 거품을 문 것'으로 기억했다. 자신의 기존 스키마가 이해할 수 있도록 정보를 수정한 것이다.

또한 우리의 마음은 나중에 알게 된 정보를 기존 기억에 끼워 넣기도 한다. 엘리자베스 로프터스Elisabeth Loftus와 존 팔머John Palmer는 1974년에 실시한 한 연구에서 사람들에게 교통사고 장면이 담긴 기록영화를 보여준 뒤 다음과 같은 두 가지 질문 중 하나를 던졌다.

"그 차가 다른 차와 부딪혔을 때 어느 정도의 속도로 달리고 있었습니까?" 또는

"그 차가 다른 차와 충돌했을 때 어느 정도의 속도로 달리고 있었습니까?"

다른 차와 '충돌한' 차에 대한 질문을 받은 사람들은 다른 차와 '부딪힌' 차에 관한 질문을 받은 사람들보다 차가 더 빠르게 달리고 있었다고 추정했다.

1주일 뒤 로프터스와 팔머는 영화와 관련해서 "깨진 유리 파편을 보았는가?"라는 또 다른 질문을 던졌다. 그러자 '충돌'이라는 단어를 들은 사람들의 경우에 '그렇다'라고 답한 사람이 훨씬 많았다. 사실 영화에는 깨진 유리 파편이 나오지 않았다. '충돌'이란 단어를 듣고 연상된 장면이 사람들의 기억과 결합된 것이다.

> 🙂 반짝반짝 마음 들여다보기
>
> 누군가와 논쟁을 벌이다가 "난 그런 말 한 적 없어! 내 말은 단지……"라고 말한 적이 있는가? 상대방의 잘못된 기억을 정정하려고 애써 보지만 그는 당신이 완전히 다른 말을 했다고 주장한다. 이는 상대가 당신의 말을 오해해서 빚어진 상황이다. 하지만 상대방은 결국 자기가 들었다고 생각하는 말만 기억할 뿐 당신이 실제로 한 말은 기억하지 못한다. 장기기억에는 당신이 한 말 자체가 아니라 그 말의 요지나 느낌만이 남기 때문이다.

## 🔵 가짜 기억

장기기억은 매우 적극적이고 창의적이어서 실제로 벌어지지 않은 일까지 '기억'할 수 있다는 것이 정말 사실일까?

엘리자베스 로프터스와 재클린 피크렐Jacqueline Pickrell은 사람들에게 가짜 기억을 심어주는 일이 가능한지 알아보고자 했다. 두 사람은 실험 참가자들에게 그들이 어렸을 때 쇼핑몰에서 미아가 된 적이 있다고 말했다. 그들의 가족과 대화를 나누는 과정에서 그 사건에 대한 이야기를 들었다고 주장한 것이다. 그러면서 미아 사건의 세부적인 부분을 떠올려 보라고 하자, 그것이 꾸며낸 이야기였음에도 불구하고 실험 참가자의 4분의 1가량은 그때 일이 기억난다고 하면서 당시 상

---

### 🔵 반짝반짝 마음 눈치채기

**기억력 증진 방법**

연구 결과에 따르면 24시간 간격을 두고 짧게 여러 번 정보를 습득하는 것이 장시간에 걸쳐 단번에 정보를 습득하는 것보다 기억 효과가 좋다고 한다. 그러나 기억력 증진에 가장 좋은 방법은 주어진 자료에 대해 곰곰이 생각하는 것이다. 적극적인 암기 노력은 정보의 코드화와 저장, 검색에 도움이 된다.

기억은 이처럼 코드화 · 저장 · 검색의 3단계로 작동하는데 각 단계마다 오류가 발생할 수 있다. 다시 말해 정보가 머릿속에 들어오지 않거나, 계속 머무르지 않거나, 찾을 수 없는 현상이 발생하는 것이다. 이 가운데 마지막 유형의 기억 오류가 바로 '설단' 현상, 즉 어떤 사실을 알긴 아는데 혀끝에서만 맴돌고 제대로 표현이 안 되는 현상이다.

정보를 심도 있게 처리해 기억력을 높이는 방법으로는 다음과 같은 것이 있다.

- 정리 : 정보들이 서로 연결된 방식을 보여주는 카테고리나 계층도를 이용해 정보를 체계적으로 정리한다. 자료가 서로 연관성이 있는 경우 한 부분을 기억하면 다른 부분이 같이 떠오르기도 한다.

- 가르치기 : 자신이 기억해야 할 자료 내용을 다른 사람에게 가르쳐 주면, 그 과정에서 자료에 대한 이해도가 높아져 기억하기가 한결 쉬워진다.

- 면밀한 검토 : 해당 자료의 의미와 그것이 제기하는 의문 그리고 문제의 다른 측면과 관련해 어떤 내용이 함축되어 있는지 곰곰이 생각한다.

- 요약 : 개념상의 주요 포인트를 찾아낸다.

- 연결 : 새로 습득한 정보를 기존에 아는 내용과 연결시켜 기존 지식과 연결고리를 만들면 이것이 새로운 지식을 기억하는 신호가 된다.

- 변형 : 자료를 그림이나 도표 같은 다른 형태의 정보로 바꾼다.

황을 매우 상세하게 설명했다.

이렇게 실제 벌어진 일이 아닌 일을 기억하는 능력 때문에 법정에서 목격자 증언의 신뢰성을 가늠할 때 심각한 문제가 발생하기도 한다. PART 08에서는 이러한 문제로 인해 발생할 수 있는 충격적인 결과에 대해 자세히 살펴볼 것이다.

로프터스는 '복구된 기억'에 관한 논쟁을 해결하기 위해 실험을 계속했고, 결국 환자를 그릇된 방향으로 이끄는 심리 치료 전문가 때문에 무의식중에 어린 시절에 학대를 받았다는 가짜 기억이 심어질 수 있다는 사실을 증명했다. 로프터스는 이 연구 덕분에 많은 상을 받았지만 논쟁의 반대편 입장에 있던 사람들에게 괴롭힘과 살해 협박까지 받게 되었다.

## 🔵 두 가지 사고방식

기억 속에 저장되어 있는 정보는 사고 과정에 따라 조작될 수 있다. 심리학자 대니얼 카너먼은 인간에게는 두 가지 사고체계가 있다고 말한다. 첫 번째는 무의식적인 체계로서 마음속에서 힘들이지 않고 자동적으로 진행되는 모든 생각과 선택, 이해를 시스템 1이라고 한다. 이 사고는 신속하게 진행되며, 의식의 통제를 받지 않는다. 예를 들어 케이크를 보면 본능적으로 그것이 케이크라는 사실을 인지하고 달콤한 맛을 예상하면서 한 조각 먹고 싶다는 생각이 절로 들게 된다.

두 번째는 의식적이고 의도적인 사고체계다. 이 유형의 사고는 진행 속도가 느리고, 노력이 필요하며, 스스로 통제가 가능하다. 카너먼은 이를 시스템 2라고 부르는데, 우리가 '의식적이고 이성적인 자아'와 동일시하는 것이 바로 이 사고방식이다. 따라서 케이크를 자르는 칼 쪽으로 손가락이 움찔움찔 움직이기 시작하면 시스템 2 사고가 작동을 개시한다. 그리고 케이크를 먹는 것은 다이어트 계획에 어긋나는 일이라고 스스로에게 말한다. 또 두껍게 덮인 생크림을 보면서 오늘 이미 섭취한 칼로리가 얼마나 되는지 머릿속으로 계산한다. 시스템 2가 시스템 1의 계획에 따라도 될지를 놓고 고심하는 것이다.

시스템 1과 시스템 2가 이 문제를 놓고 싸움을 벌이면 우리 머릿속은 문제가 발생한 연합정부와 같은 상태가 된다. 이 경우 어느 쪽이 더 우세할까? 자동적이고 무의식적인 사고체계 쪽일까 아니면 의식적이고 이성적인 자아 쪽일까? PART 08을 읽어보면 이에 관해 놀라운 답을 찾아낸 연구 결과를 볼 수 있다.

우리 머릿속은 문제가 발생한 연합정부와 같은 상태가 된다.

## 프로이트의 생각은 옳았을까

'남근 선망penis envy' 같은 프로이트의 다채로운 아이디어 가운데 상당수는 시간이 지나면서 빛이 바랬지만 우리의 행동 대부분이 무의식적 과정의 영향을 받는다는 그의 기본적인 시각은 옳다고 여기는 심리학자들이 많다. 요즘에는 의식적인 자각 없이도 어떤 감정을 품을 수 있다거나 자기도 모르는 사이에 사물을 인지할 수 있다는 사실이 일반적으로 인정되고 있다. 자신의 마음속에서 진행되는 일 가운데 우리가 인식할 수 있는 것은 극히 일부분뿐이다.

## 정보처리 방식의 한계

인지 과정에 대한 연구 덕분에 심리학이 큰 발전을 이루면서 행동주의심리학의 제한된 시각을 훌쩍 뛰어넘게 되었다. 이제 우리는 생각하고 기억하고 상상하며 언어를 사용하는 능력을 통해 어떻게 다른 포유류보다 훨씬 뛰어난 지능을 갖게 되었는지 알고 있다.

인간의 마음을 생물학적 컴퓨터와 같다고 여기는 것이 유용한 개념이기는 하지만 여기에도 나름의 한계가 있다. 일례로 어떻게 뉴런의 발화 패턴을 통해 정신적인 경험이 꾸준히 지속된다는 느낌을 받을 수 있는 것일까? 그 답은 아무도 모르며, 스티븐 핑커의 말대로 연구하면 할수록 '당혹감만 안겨줄 뿐이다.' 우리의 마음을 컴퓨터에 빗대어 표현해도 의식의 흐름을 제대로 설명하는 것은 불가능하다. 마음이 작동하는 방식에 대해서는 여전히 잘 모르는 부분이 많은 셈이다.


## 인간의 다양한 지능 수준

그래도 지능에 관한 연구에 있어서는 심리학자들도 어느 정도 진척을 보이고 있다. 앞에서 언급한 정신적인 능력은 모두 학습 · 사고 · 언어 · 기억 · 상상 같은 지적인 면에 영향을 미친다. 건강한 사람이라면 누구나 이러한 능력을 지녔지만 개중에는 다른 이들보다 특출하게 똑똑한 사람이 있다는 사실을 대부분 알고 있다.

지성이라는 개념이 널리 퍼져 있고, IQ 테스트도 광범위한 분야에 적용되고 있지만 지성의 정의에 대해서는 아직 일반적인 합의가 이루어지지 않았다. 데이비드 웩슬러David Wechsler는 지성이란 '목적의식을 가지고 행동하고, 합리적으로 사고하며, 환경을 효과적으로 다루는 개인의 종합적인 능력과 관련된 포괄적 개념'이라고 정의했다.

지능검사라는 개념은 찰스 다윈의 친척인 프랜시스 골턴Francis Galton 이 창안한 것이다. 1905년에 프랑스의 심리학자 비네Binet와 시몽Simon 은 골턴의 연구를 바탕으로 지능검사 방법을 최초로 고안했다. 이들 은 학교에서의 지능검사를 통해 학습장애를 가진 아이들을 찾아냈다.

이와 비슷한 시기에 심리학자 찰스 스피어만Charles Spearman은 한 가지 정신 작업에 능한 사람은 다른 유형의 작업도 잘하는 경우가 많다는 사실을 발견하고는 일반지능(흔히 'g'라고 함)이라는 개념을 제시했다.

오늘날 사용되는 성인 대상의 지능검사 가운데 가장 유명한 것은 1939년에 데이비드 웩슬러가 고안한 것이다. 이 검사는 사람들의 시 각적 · 언어적 사고 능력과 정보처리 속도, 작업기억 능력을 측정한 다. 평균 점수는 100점으로 맞춰져 있다.

- 130점 이상 : 영재

- 115~130점 : 높은 지능

- 85~115점 : 보통

- 70~85점 : 낮은 지능

- 70점 이하 : 학습장애

IQ가 높으면 학교에서 좋은 성과를 거두고, 사회적 지위가 높은 직 업을 가지게 될 가능성이 높다고 전망된다. 높은 IQ와 뛰어난 업무

성과가 서로 연관성이 있다는 사실이 많은 연구를 통해 밝혀졌기 때문에 업무에 적합한 인재를 선발하기 위해 지능검사가 널리 이용되고 있는 실정이다.

🌟 **반짝반짝** 마음에 다가서기

**경찰이 되기에는 너무 똑똑하다?**

대부분의 채용 담당자들은 IQ가 높은 사람을 찾지 낮은 사람을 찾는 경우는 드물다. 하지만 1996년 경찰이 되고자 지원서를 제출했던 로버트 조던은 자신의 IQ가 125라는 이유 때문에 채용을 거부당했다는 사실을 알게 되었다. 경찰 채용 담당자는 조던이 지나치게 영리하기 때문에 경찰 업무에 곧 싫증을 느끼고 그만두게 될 것이라고 말했다. 명백한 차별이라며 항의했지만 그 항의마저 기각되었다.

반면 미 육군에서는 IQ가 85 이하인 지원자들의 입대를 거절하고 있다. 지능지수가 그 이하인 신병들은 군에 기여하는 수준에 비해 더 많은 지원과 추가적인 훈련이 필요하다는 사실을 알게 되었기 때문이다.

지능검사가 널리 이용되고 있기는 하지만 이와 관련된 논란은 여전히 많다. 지능검사에 반대하는 이들은 이것이 백인과 서양인, 남성 중심의 문화와 밀접한 관련이 있는 개념이라고 주장한다. 예를 들어 IQ는 '성공'을 예측하는데, 여기에서 성공이란 '사회적 지위가 높은 직업을 갖는 것'이라고 정의되어 있다. 하지만 아이를 잘 키우는 것도 성공의 또 다른 정의가 될 수 있지 않은가.

## 인간은 갈수록 똑똑해질까

지능검사가 측정하는 대상이 무엇이든 간에 우리는 그 일에 점점 능숙해져가고 있다. 검사가 시작된 이래 사람들의 IQ가 계속적으로 높아지고 있는 것이다. 영국의 경우 평균 IQ가 10년마다 3점씩 올랐다. 이것을 '플린 효과'라고 하는데, 사람들로 하여금 이 현상에 관심을 갖게 한 제임스 플린<sup>James Flynn</sup>의 이름을 딴 것이다. 원래 지능검사는 평균 점수가 100으로 유지되도록 점수체계가 조정되어 있다.

그러나 우리의 지적 능력이 전반적으로 골고루 상승한 것은 아니다. 우리의 수학 실력이 이전 세대들보다 크게 향상되지는 않은 것이 그 대표적인 예다. 플린은 '개와 토끼의 비슷한 점은 무엇일까?'와 같은 과제를 해결하는 능력이 좋아졌다고 지적한다. 이 문제는 추상적인 개념을 바탕으로 사고할 수 있는 능력을 시험한다. 그는 이러한 현상이 나타난 이유 가운데 하나는 교육의 질이 높아졌기 때문이라는 이론을 제시한다.

요즘 학교에서는 배운 내용을 기억하고 기계적으로 암기하기보다는 개념을 이해하고 파악하도록 가르친다. 스티븐 핑커는 여기에서 한걸음 더 나아가 공정함이나 정의 같은 추상적인 개념을 바탕으로 사고하는 능력이 향상된 덕분에 도덕적 추론 능력이 더 발달하게 되었고, 이것이 다시 우리 사회의 차별과 폭력을 감소시키는 효과를 낳았다고 말한다.

아마도 우리의 지적 능력이 무한정 발전할 수는 없을 것이며, 최근의 연구 결과를 보면 적어도 선진국에서는 이제 플린 효과가 거의 사라진 듯하다.

## 누구나 천재가 될 수 있을까

우리는 이례적으로 IQ가 높은 사람을 천재와 동일시하는 경우가 많다. 그리고 아인슈타인이나 모차르트 같은 사람들은 태어날 때부터 천재였을 거라고 생각한다.

그러나 심리학자 K. 앤더스 에릭슨<sup>K. Anders Ericsson</sup>은 어떤 사람이 장차 뛰어난 능력을 발휘할 것인지 판단하는 데 있어 가장 중요한 요소는 선천적인 재능이나 IQ가 아니라고 주장한다. 에릭슨은 의사, 음악가 등 다양한 분야에서 눈부신 활약을 펼치고 있는 이들을 조사한 결과, 그 가운데 가장 유능한 사람은 누구보다 열심히, 오랜 시

> 가장 유능한 사람은 누구보다 열심히, 오랜 시간 일한 사람이다.

간 일한 사람이라는 사실을 알아냈다. 가장 출중한 능력을 지닌 이들은 자신의 재능을 갈고 닦기 위해 최소 1만 시간 이상을 쏟아부었다. 여기에서 중요한 것은 단순히 시간을 얼마나 들였느냐가 아니라 꾸준히 실력을 향상시키겠다는 굳은 의지를 지녔다는 점이다. 뛰어난 업적을 올리는 이들은 자신의 현재 성과에 만족하지 않고 그것을 꾸준히 개선할 방법을 찾는다.

> 내가 이 문제를 풀 수 있었던 건 똑똑해서가 아니라 남들보다 문제를 더 오래 붙들고 있었기 때문이다.
>
> — 알베르트 아인슈타인

다른 심리학자들의 경우에는 우리 인간이 다양한 지능을 가지고 있다고 여기는 편이 더 이치에 맞는다고 주장하면서 'g', 즉 일반지능의

개념을 거부하고, 그 정의를 더욱 확대하려고 한다. 하워드 가드너 Howard Gardner는 지능에는 다음과 같은 추가적인 능력도 포함되어야 한다고 주장한다.

- 음악 : 가락과 음조를 감지하는 능력, 악기 연주, 노래, 작곡

- 신체 운동감각 : 체조나 무용처럼 자신의 육체를 사용하고 제어하는 능력

- 대인관계 : 다른 사람들과 관계를 맺는 능력

- 내적 성찰 : 자기 자신을 이해하는 능력

## 사회지능

대부분의 사람들은 '사회지능', 다시 말해 '타인을 대하는 기술'이 뛰어난 이들이 있다는 사실을 직감적으로 느낀다. 그리고 빌 클린턴이나 오프라 윈프리처럼 성공한 사람들은 이 기술을 지니고 있다고 인정한다. 물론 사회지능이라는 개념이 최근에 등장한 개념은 아니다. 동물들의 학습에 관한 연구로 잘 알려진 에드워드 손다이크라는 초창기 심리학자가 만든 것이다.

　1976년 심리학자 니콜라스 험프리Nicholas Humphrey는 인류가 지적인 존재로 진화한 것은 사회적 능력 때문이라는 학설을 제기했다. 인간의 뇌가 커진 것은 식량 조달 같은 현실적인 문제해결 능력이 향상되었기 때문이 아니라 '서로를 이해하고, 상대방의 행동을 예측하고, 조종

하려는' 욕구 때문이라는 주장이었다. 사회지능이 남보다 뛰어난 이들은 다른 사람의 협력을 얻어내는 데 능하고, 경쟁 상대들보다 늘 한발 앞서 나간다. 험프리의 말에 따르면, 인간의 뇌가 발달하고 총명해진 것은 이렇듯 '타고난 심리학자'로서의 능력 덕분이다.

---

🌟 **반짝반짝 마음에 새겨두기**

사회지능이란 남자와 여자, 소년과 소녀를 이해하고 그들과의 관계를 원만하게 유지하는 능력으로서 이로 인해 대인관계를 현명하게 이끌어갈 수 있다.

— 에드워드 손다이크, 1920

---

우리는 사회집단 속에서 살아가는 것을 당연하게 여기지만 사실 타인과 어울리는 것은 매우 어렵고 복잡한 일이다. 상대의 행동을 이해하거나 미리 예측하려면 서로의 생각을 알고 있어야 하므로 타인의 심리 상태·생각·욕구·의도·감정 등을 파악하는 능력이 필요하다. 이것을 '마음 이론' 또는 '정신 이론'이라고 한다.

이러한 능력이 없으면 서로의 행동을 이해하거나 예측할 수 없는데, 사이먼 배런코엔Simon Baron-Cohen이 그 이유를 설명해 준다. 먼저 이러한 행동을 하는 사람의 모습을 떠올려 보자. '존이 주방에 들어와 이리저리 둘러보더니 다시 나갔다.' 인간의 심리를 잘 모르면 존의 행동이 도저히 이해가 안 될 것이다. 그가 지금 무엇을 하고 있는지, 다음에는 어떤 행동을 할지 전혀 알 수 없다. 존의 행동을 이해하려면 그의 심리 상태를 먼저 살펴봐야 한다. 존이 주방에서 무언가를 찾으려고 했는데 찾으려던 게 무엇이었는지 잊어버리는 바람에 도로 나갔 인간이 지적 존재가 된 것은 '타고난 심리학자'로서의 능력 덕분이다.

다고 말하면 그제야 그의 행동이 이해된다.

이렇게 상대의 심리를 파악해 의도를 읽어내는 능력은 매우 직관적인 능력이기 때문에 때로는 '아무래도 내 컴퓨터가 일하기 싫은가 봐'처럼 무생물에까지 이를 적용하기도 한다.

스티븐 핑커는 다른 사람의 생각을 이해하기 위한 이런 자연스럽고 일상적인 심리학 기술이야말로 인간의 행동을 이해하고 예측할 수 있는 최고의 시스템이라고 말한다. 그는 심리학이 이 수준을 능가하는 일은 없을 것이라고 여긴다. 타인의 생각과 욕구를 파악하는 우리의 직관적인 능력이 그 어떤 위대한 심리학 이론이나 뇌 이미지 분석 기술, 심리 테스트보다 뛰어난 예측 도구라는 이야기다. 하지만 '사회지

---

✎ 네 마음을 보여줘   **당신의 SIQ는?**

다음의 6개 문항이 본인의 성향과 얼마나 일치하는지 0에서 10점까지 점수를 매겨보면 자신의 사회지능을 파악할 수 있다.

- ✓ 나는 어떤 상황에든 적응할 수 있다.
- ✓ 나는 다른 사람의 흥미를 끌 수 있다.
- ✓ 다른 이들을 움직이는 요소가 무엇인지 잘 안다.
- ✓ 만난 지 얼마 안 된 사람과도 스스럼없이 어울린다.
- ✓ 다른 사람의 기분을 감지하는 능력이 뛰어나다.
- ✓ 어떤 말을 하면 사람들의 기분이 좋아지는지 안다.

여기서 얻은 총점이 당신의 'SIQ' 수준을 나타낸다.

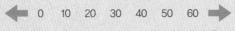

◀   0   10   20   30   40   50   60   ▶

사회지능 낮음                    사회지능 높음

능'을 정말 정확하게 측정할 수 있는지 그리고 이것을 이용해 인간의 행동을 예측할 수 있는지의 여부는 아직 논란의 여지가 많다.

이러한 테스트가 정말 유용하고 의미 있는 테스트인지는 아직 입증되지 않았다. 하지만 우리의 뇌 기능 가운데 상당 부분이 사회적 관계나 타인과의 상호작용을 중심으로 움직인다는 것은 분명하다. 심리학자이자 작가인 대니얼 골먼<sup>Daniel Goleman</sup>은 사회지능<sup>social intelligence</sup>이라는 개념을 널리 알리려고 애썼다. 그의 말처럼 "우리 뇌는 주로 다른 사람의 뇌와 연결되도록 설계되어 있다."

뇌가 타인의 생각을 이해하는 방향으로 적응했다고 한다면, 직감적으로 느꼈던 감정의 중요성이 더욱 확실해진다. 다음 PART에서는 이 문제에 대해 좀 더 자세히 살펴보도록 하자.

---

### 📝 PART 01의 속·마·음

- 심리학자들은 오랜 기간 행동과 환경의 연결고리를 연구하는 일에만 몰두했다. 심리학이 체계적인 학문으로 인정받으려면 이 방법밖에 없다고 생각했기 때문이다.

- 고전적 조건화와 조작적 조건화를 통한 인간의 기본적인 학습 능력은 다른 동물과 동일하다.

- 인간의 정신은 생물학적인 정보처리 기계라고 볼 수 있으며, 어떤 부분에서는 컴퓨터와 같은 방식으로 작동한다.

- 현재 우리의 지적 수준은 환경에 효과적으로 대처하기 위해 필요했던 정보처리 능력의 결과물이다.

- 우리의 뇌 기능은 현실적인 문제해결뿐만 아니라 사회적 동물로서 생존하기에 적합한 방향으로 발달했다.

---

진화심리학의 관점에서 볼 때 인간의 감정은 생존과 번식에 있어 중요한 상황에 처했을 때 행동을 이끌어주는 프로그램과 같은 구실을 한다. 감정은 먹을 것을 찾거나 포식자를 피하는 등 즉각적인 문제해결부터 자녀를 돌보거나 사랑하는 이의 마음을 차지하기 위해 라이벌을 물리치는 등 사회 속에서 장기적으로 부딪히는 문제에 이르기까지 다양한 상황에서 도움을 준다.

PART 02

# 감정 해석

**컴퓨터는** 우리 마음이 작동하는 방식을 알아낼 수 있게 도와주는 유용한 모델이지만 우리가 기계처럼 냉정하게 정보를 처리하지 못한다는 사실은 분명하다. 우리 정신세계의 대부분은 흔히 감정이라고 부르는 감각으로 구성되어 있기에 다들 고조된 감정이나 침체된 감정에 익숙하다. 인파로 북적이는 공항에서 몹시도 그리워하던 연인을 기다릴 때의 즐거운 기대감과 그 사람이 비행기에 타지 않았다는 사실을 알게 되었을 때 느끼는 통렬한 슬픔 같은 것 말이다.

## ● 감정이란 무엇일까

지금으로서는 모든 사람이 동의하는 '감정'의 정의 같은 것은 없다. 대부분의 심리학자들은 주관적인 느낌을 경험하는 것이 곧 감정이라고 정의하는데, 여기에는 신체의 생리적 변화가 수반되어 대개의 경우(늘 그런 것은 아니지만) 얼굴 표정이나 자세, 어조의 변화 같은 표면적인 징후가 나타난다. 마지막으로 무엇보다 중요한 사실은 감정이 특정한 행동의 실행과 관련이 있다는 점이다.

## ● 감정을 느낌으로써 얻는 장점

감정을 차분하고 논리적인 합리성의 적으로 여기는 경우가 많다. 사실 우리는 상사 앞에서 무분별하게 감정을 분출해 봉급 인상 기회를 놓치게 되는 등 감정 때문에 성급한 판단을 내리고 후회하기도 한다. 감정에 이리저리 휘둘리는 일 없이 좀 더 냉정하고 합리적인 태도로 살아가고 싶다고 바란 적이 있는가? 지금처럼 내면의 혼란을 겪지 않는다면 좀 더 나은 결정을 내릴 수 있을 것 같은가? 신경학자인 안토니오 다마시오Antonio Damasio는 엘리엇이라는 환자를 대상으로 한 연구를

### ✨ 반짝반짝 마음에 다가서기

#### 감정을 느끼지 못하는 사람

엘리엇은 양성 종양 때문에 뇌가 손상되어 감정을 느끼는 능력을 잃었다. 30대의 전문직 종사자인 그는 지능과 기억력, 다른 지적 능력은 전혀 손상되지 않았지만 제대로 된 생활을 하기 힘들었다.

직장에서는 눈앞에 쌓인 서류더미를 어떻게 정리해야 할지 결정하느라 오후 내내 고심해야 했다. 서로 관련된 것끼리 모으는 게 좋을지, 날짜나 크기별로 정리하는 게 좋을지 알 수 없었기 때문이다. 그는 결국 해고되었고, 그다음에 들어간 여러 회사에서도 마찬가지였다. 엘리엇은 도무지 결정을 내리지 못하거나 완전히 잘못된 결정을 내리기 일쑤였다. 남들이 보기에는 처음부터 망할 것이 뻔한 프로젝트에 평생 모은 돈을 투자했다가 모두 잃기도 했다. 결국 장애인 연금에 의지해 살아가는 처지가 되었다.

하지만 결정을 내리는 일은 차라리 쉬운 편이었다. 감정을 느낄 수 없게 되자 결정 내리기가 쉬워지기는커녕 일상생활을 영위하거나 업무를 처리하는 일이 전보다 훨씬 힘들어진 것이다. 엘리엇은 다양한 결정이 지닌 가치를 '느낄' 수 없었기 때문에 올바른 결정을 내리지 못했던 것이다.

다마시오의 말에 따르면, 감정이 없으면 일의 우선순위를 매기지 못하고 자기가 원하는 것이 무엇인지도 알 수 없기 때문에 '의사 결정 상황이 완전히 천편일률적으로 보이게' 된다고 한다. 칼을 든 낯선 사람에게 위협당할 때 공포심이 달아나라고 비명을 지르는 그런 극적인 상황에서뿐만 아니라 감정은 모든 행동의 방향을 결정하는 데 없어서는 안 될 존재다. 서류더미를 정리하는 방법을 결정하는 것과 같은 일상적인 결정을 내릴 때에도 감정은 매우 중요하다.

수행하면서 이 의문에 대한 답을 탐구했다.

중요한 문제에 관심을 집중하게 하고, 우리의 행동 방향을 이끌어주는 것 또한 감정이다. 그렇다고 우리가 느끼는 감정이 늘 옳다는 것은 아니다. 감정 때문에 종종 잘못된 결정을 내리기도 한다. 하지만 대체적으로 볼 때 감정이 없는 것보다는 있는 편이 훨씬 낫다. 예를 들어 집에 불이 나면 시트 등을 연결해 만든 밧줄을 이용해 조심스럽게 아래로 내려오기보다는 극심한 공포감 때문에 무작정 창문 밖으로 뛰어내리게 될지도 모른다. 그러나 공포감을 느끼지 못한다면 불이 난 집 밖으로 아예 나오려 하지 않을 수도 있기 때문이다.

> 감정이 늘 이성을 따르는 것은 아니지만 행동에는 바로 복종한다.
>
> — 윌리엄 제임스

오늘날의 심리학자들은 배고픔 같은 신체적인 느낌과 우리가 '감정'이라고 부르는 섬세한 느낌 사이에 뚜렷한 차이가 없다고 생각한다. 두 가지 느낌 모두 당신 또는 당신 가족의 생존에 도움이 되는 일을 하도록 이끌어주는 감정이다. 배가 고프면 음식을 찾게 된다. 당신의 희생을 발판 삼아 앞서 나가려고 하는 이들이 있으면 화가 나게 되고 때론 맞서 싸우게 되는 일도 발생한다.

감정은 무엇이 옳고 그른지, 다음에는 어떤 일을 해야 할지 판단할 수 있게 도와준다. 엘리엇은 무엇이 좋고 나쁜지 '느낄' 수 없었기 때문에 옳고 그른 절차의 차이점을 구분하지 못했던 것이다.

감정은 무엇이 옳고 그른지 판단할 수 있게 해준다.

## ●● 감정과 생각, 어느 쪽이 먼저일까

생각과 감정 그리고 몸에 나타나는 생리적 변화는 어떤 관계가 있을까? 생각이 먼저 들었기 때문에 그와 관련된 감정을 느끼는 것일까? 아니면 감정이 먼저 생겨 그로 인해 사고방식이 바뀌는 것일까? 심리학자들은 이러한 의문을 놓고 100년 넘게 논쟁을 벌이고 있다.

초기 심리학자들은 신체의 역할을 강조했다. 1880년대에 윌리엄 제임스와 칼 랑게Carl Lange는 감정이 신체적 반응의 결과라는 학설을 제시했다. 따라서 곰과 마주치면 심장 박동이 빨라지고 안절부절못하게 되는데, 바로 이러한 느낌 때문에 공포라는 감정을 경험하게 된다는 것이다. 제임스와 랑게는 다양한 감정이 독특한 속성을 지니는 이유는 각 감정마다 고유한 생리적 변화 패턴이 있기 때문이라고 주장한다. 예를 들어 화가 나면 피부 온도가 상승하므로 분노는 '뜨거운' 감정이다. 반면 두려움을 느끼면 피부 온도가 내려가기 때문에 공포는 '차가운' 감정이다.

신체 변화가 감정을 느끼는 데 일조하는 것은 분명한 사실이다. 상식적으로 알다시피 신체 활동이 증가하면 감정에 변화가 생긴다. 이것은 눈에 띄지 않는 미세한 부분에 작용할 수도 있는데, 심리학자들은 얼굴 표정이 단순히 감정을 드러낼 뿐만 아니라 실제로 감정을 유발할 수도 있다는 사실을 알아냈다. 한 연구에 따르면 미소를 짓는 척만 해도 실제로 긍정적인 감정이 생긴다고 한다. 치아 사이에 연필을 물어 의도치 않게 미소 짓는 표정을 짓게 된 사람들에게 만화를 보여주자 이들은 입술로 연필을 물고 있어서 미소를 지을 수 없는 사람들에 비해 그 만화를 훨씬 재미있다고 느꼈다.

## 윌리엄 제임스 William James

윌리엄 제임스(1842~1910)는 부유하고 사회적으로도 성공한 집안 출신이다. 그는 소설가 헨리 제임스와 일기 작가 앨리스 제임스의 형제이기도 하다. 그의 가족은 랠프 월도 에머슨이나 헨리 데이비드 소로 같은 인사들과도 교류가 있었다. 예술적인 재능이 뛰어났던 제임스는 의학 공부를 하기 전에는 원래 화가가 될 생각이었다. 그는 미국 하버드 대학교에 처음 개설된 심리학 과정을 가르쳤는데, 자신도 본인이 진행하는 강의에서 심리학 강의를 처음 접했다고 했다.

인간의 감정은 제임스가 관심을 가진 다양한 심리학 주제 가운데 하나였을 뿐이다. 그 자신도 문제 감정 때문에 심각한 영향을 받았다. 공황발작과 심각한 우울증에 시달렸고, 어떤 해에는 겨울 내내 자살 충동을 느낀 적도 있다고 기술했다. 그가 저술한 『심리학의 원리 Principles of Psychology』라는 두 권짜리 책은 오늘날에도 널리 읽히고 있다. 다윈에게 영감을 받은 제임스는 진화가 인간 심리를 형성했으며, 우리는 타고난 인간의 '본능'과 기본적인 인간성을 지니고 있다고 믿었다. 당시 사회과학 분야에 종사하던 사람들은 대부분 인간은 경험을 통해서만 마음의 틀이 형성되는 '빈 서판'이라고 여겼기 때문에 제임스의 이러한 관점은 오랫동안 심리학계의 눈 밖에 났다. 그러나 지난 20년 사이에 진화론적 관점이 심리학의 주류가 되었다. 영향력 있는 심리학자인 레다 코스미데스 Leda Cosmides와 존 투비 John Tooby의 말처럼 "20세기 내내 무시당했던 윌리엄 제임스의 마음에 대한 시각이 오늘날 그 정당성을 입증받았다."

어떻게 이러한 효과가 발생하는 것일까? 이론에 따르면, 얼굴 근육이 현재 위치에 대한 신호를 뇌로 보내면 이 신호를 통해 지금 느끼는 감정을 파악한다는 것이다. 이것을 '얼굴 피드백' 가설이라고 한다. 이 가설은 보톡스 주사를 맞은 사람들이 겉으로만 감정이 없어 보이는 것이 아니라 실제로도 감수성이 무뎌지는 이유를 설명해 준다. 보톡스는 얼굴 근육만을 경직시키고 뇌에는 영향을 미치지 않지만 보톡스 주사를 맞은 사람들은 감정을 덜 느낀다는 보고가 있다.

## 머리냐 가슴이냐

후기 심리학자들은 인지의 중요성을 강조하기 시작했다. 샤흐터Schachter와 징허Singer는 어떤 감정이 생기는 원인이 전적으로 신체적 변화 때문이라는 생각에 동의하지 않았다. 이들은 신체적 변화를 어떻게 해석하느냐에 따라 감정이 달라진다고 생각했다. 심장이 빠르게 뛰기 시작하면 어떤 감정을 느끼는가? 롤러코스터를 탔을 때라면 우리 뇌는 그 감정을 흥분이라고 해석할 것이다. 반면 칼을 쥔 낯선 사람과 맞닥뜨린 상황이라면 뇌는 그것을 공포로 해석한다. 동일한 신체적 감각에 대해 이렇듯 다르게 나타나는 인지적 평가가 바로 자신의 감정을 판단하는 핵심 요소다. 롤러코스터에 탄 두 사람이 동일한 신체적 감각을 경험하더라도 한 사람은 공포감을 느끼고 다른 사람은 흥분을 느끼는 식으로 그 감각에 대해 다른 인지적 평가를 내릴 수 있는 것이다.

심리학자 리처드 라자루스Richard Lazarus는 인지적 평가의 개념을 한층 더 발전시켰다. 그는 모든 감정에는 우리가 자신과 자신이 처한 상황

사이의 관계에 부여하는 특징적인 의미 패턴이 있다고 하면서 그것을 '핵심 관련 주제'라고 불렀다. 예를 들어 불안감을 느끼면 자신의 안전이 위협에 처해 있다고 해석하는 것이다. 라자루스는 사고 패턴이 감정에 매우 중요한 역할을 하며, 어떠한 감정을 느끼기 위해 신체 변화가 반드시 필요한 것은 아니라고 주장한다.

이렇게 생각이 먼저 앞서지 않아도 느낄 수 있고, 신체 감각이 감정을 유발하기도 하지만 느낌에 대한 인지적 해석도 중요하다. 사고와 감정에 대한 논쟁이 여전히 계속되고 있기는 하지만, 현재 많은 심리학자들은 이렇게 뒤엉킨 실타래를 푸는 것이 불가능하다는 데 의견을 모으고 있다. 주관적인 감정 체험, 생리학적 변화, 인지 모두가 필수적인 요소이기 때문에 이 가운데 하나의 우위를 인정하기란 힘든 일이다.

그렇다면 사고와 감정의 서로 다른 역할을 놓고 벌어지는 심리학계의 논쟁도 부자연스러운 것일까? 그럴지도 모른다. 감정과 사고 모두

---

### 🔆 반짝반짝 마음에 다가서기

**생각은 정말 필요한 것일까**

당신에게 거미공포증이 있다고 상상해 보자. 어떤 동영상을 보는데 중간 중간 거미 사진이 30밀리세컨드(의식적으로는 자각할 수 없을 만큼 짧은 시간)씩 나타났다가 사라진다. 이때 자기가 거미 사진을 보았다는 것을 의식하지 못하는데도 불안감을 느낄 수 있을까?

답은 '그렇다'이다. 연구에 따르면 우리 뇌는 대뇌 피질을 전혀 거치지 않고 두려움을 느끼는 경로(시상視床 및 편도체)로 직접 입력되는 감각에 신속한 반응을 보일 수 있다고 한다.

정보처리 과정에 관여하고, 비슷한 유형의 신경 경로를 이용한다. 이것을 별도의 프로세스로 여기고 분석하는 것은 우리가 스스로를 이해하기 위해 동원한 상식적인 방법일 뿐이다. 실제로는 마음으로 생각하는 것과 머리로 생각하는 것이 별반 다르지 않다.


## ● 감정 때문에 혼란에 빠질 때

자신의 감정 때문에 혼란스러운 경우가 자주 있는가? 대부분의 사람들은 종종 말로 표현하기 힘든 감정에 압도되는 경험을 하기도 한다. 여러 복잡한 감정을 표현할 수 있는 단어의 풍부함과 다양성은 실로 놀라울 정도인데, 영어의 경우 감정을 나타내는 용어만 해도 550개가 넘는다.

심리학자들은 이렇듯 갈피를 못 잡을 정도로 다양한 감정을 이해하기 위한 한 가지 방법으로 모든 감정을 하나의 기본적인 세트로 줄이려는 시도를 했다. 이 방법을 처음 시도한 찰스 다윈은 인간과 동물의 감정 표현방식이 얼마나 유사한지 지적했다. 예컨대 넌더리가 나거나 화가 났을 때 우리가 짓는 얼굴 표정은 다른 영장류가 그 상황에서 짓는 표정과 거의 흡사하다. 그의 연구를 통해 감정을 일련의 생존 메커니즘으로 볼 수도 있다는 생각이 등장했다.

이러한 진화심리학의 관점에서 볼 때 인간의 감정은 생존과 번식에 있어 중요한 상황에 처했을 때 행동을 이끌어주는 프로그램과 같은 구실을 한다. 감정은 먹을 것을 찾거나 포식자를 피하는 등 즉각적인 문제해결부터 자녀를 돌보거나 다른 사람의 협력을 구하거나 사랑하

> 감정을 일련의 생존
> 메커니즘으로 볼 수도 있다.

는 이의 마음을 차지하기 위해 라이벌을 물리치거나 적의 존재를 알아차리거나 남이 자기를 속였을 때 그 사실을 깨닫는 등 사회 속에서 장기적으로 부딪히는 문제에 이르기까지 다양한 상황에서 도움을 준다. 감정은 이런 중요한 문제 쪽으로 관심을 돌리게 하고, 이를 해결하는 방향으로 행동을 이끈다.

이러한 시각이 옳다면 생존 및 번식과 관련된 다양한 문제가 발생했을 때 주로 느끼는 기본적인 감정을 파악하는 것도 가능해야 한다. 여러 이론가들이 다양한 기본 정서 목록을 제시했다. 예컨대 폴 에크만<sup>Paul Ekman</sup>(이 분야의 심리학자 가운데 가장 유명한 인물 중 한 사람인데, 이는 그의 작품을 바탕으로 한 미국 형사물 시리즈 〈라이 투 미<sup>Lie to Me</sup>〉 때문이기도 하다)은 일본과 케냐, 뉴기니의 부족민과 여성에 이르기까지 전 세계 사람들의 얼굴 표정에 드러난 감정을 연구했다. 에크만이 말하는 기본 정서는 다음과 같다.

부정적 정서

- 분노
- 혐오감
- 슬픔
- 공포
- 경멸
- 죄책감
- 수치심

긍정적 정서

- 행복
- 즐거움
- 흥분
- 감각적 쾌락
- 만족
- 충족감
- 성공에 대한 자긍심

- 당혹감
- 놀라움

- 안도감
- 놀라움

보다시피 놀라움은 양쪽 모두에 포함되어 있다. 놀라움의 성질에 따라 긍정적인 감정이 될 수도 있고, 부정적인 감정이 될 수도 있다는 말이다. 에크만은 자신과 주변 사람들의 감정을 예민하게 알아차리는 능력이 전반적인 기능 향상에 도움이 된다고 생각한다. 감정에 동조하는 방법을 알면 자신과 타인의 충동을 이해하고 미리 예측할 수도 있다. 감정을 파악하기 위한 첫 번째 단계는 기본적인 부정적 정서에 정확한 이름을 붙이고 올바르게 인식하는 것이다.

## 여덟 가지 부정적 정서

심리학계에서 예전에 가장 열심히 연구한 분야가 바로 부정적 정서이기 때문에 부정적 정서의 명확한 정의와 그 발생 이유에 대해서는 많은 연구 결과가 나와 있다.

### 분노
최근에 화가 났던 이유는 무엇 때문이었는가? 다른 사람, 그러니까 당신의 안녕에 관심이 없다는 사실을 노골적으로 드러내거나 당신을 존중하지 않거나 공정하게 대하지 않았던 어떤 사람 때문이었을지도 모른다.

사회적 동물인 우리가 살면서 부딪히는 문제 가운데 하나는 바로 다른 사람이 자신의 번영을 위해 우리를 해치거나 속일지도 모른다는 것이다. 따라서 이러한 상황에 처했을 때 조치를 취할 수 있는 방법을 마련해 두어야 한다. 자신이나 가족의 권리를 지키기 위해 싸울 수 있는 것도 분노 때문이다. 분노는 이해가 충돌하는 상황에서 자신의 행복을 도모하기 위해 진화된 감정이다.

공격받을지 모르는 위험에 미리 대처하려면 다른 사람의 화난 기색을 알아차리는 것이 중요하다. 뇌는 인지적인 노력 없이도 자동으로 재빠르게 분노의 징후를 감지할 수 있다. 폴 에크만은 스스로 자기가 화났다는 사실을 의식하기도 전에 상대방이 미리 그 징후를 느낄 수 있다고 말한다. 입술을 살짝 악물거나 목소리에 '날이 서는' 것을 알아차리는 것이다.

## 혐오감

혐오감은 부패한 음식이나 배설물, 체액, 기타 질병을 옮길 가능성이 있는 더럽거나 해롭거나 유독한 물질을 피하고자 하는 감정이다. 혐오감은 해를 입거나 감염되는 것을 피할 수 있게 한다. 혐오감을 느끼면 코에 주름이 잡히고, 윗입술이 올라가는 등의 얼굴 표정이 나타나기 때문에 쉽게 알아차릴 수 있다.

하지만 혐오감은 무생물에만 국한되어 나타나는 것이 아니다. 자신이 느끼기에 병에 걸렸거나 운이 나쁘거나 도덕적으로 타락했다고 생각되는 사람들을 혐오감 어린 태도로 대한다. 폴 에크만은 사람들이 다른 이의 토사물을 먹는다는 생각을 했을 때보다 소아성애처럼 도덕적으로 매우 불쾌한 행동을 떠올렸을 때 훨씬 더 큰 혐오감을 느낀다는 사실을 알아냈다. 혐오감은 대인관계와 관련된 행동에 중요한 영

---

🔵 반짝<sup>반짝</sup> 마음에 다가서기

방금 지나간 1분 사이에 당신은 침을 약간 삼켰을 것이다. 이것은 혐오감을 일으키지 않는 정상적인 과정이다.

이제 물이 담긴 컵에 침을 뱉은 뒤 그 물을 마셔보자. 생각만으로도 혐오감이 느껴지는가? 그렇다면 살균소독한 바퀴벌레가 들어 있는 주스를 마시겠는가? 개똥 모양의 초콜릿을 먹는 건 어떤가?

심리학자 폴 로진Paul Rozin은 연구라는 미명 아래 이런 유의 다양한 실험을 진행했다. 대부분의 사람들은 자기 침이 들어간 음료를 마시려 하지 않았다. 타액은 일단 우리 몸을 떠나면 생경하고 구역질나는 체액이 되어 그에 대한 적대적인 감정반응이 활성화되는 듯하다. 살균에 관한 지식은 바퀴벌레에 대한 혐오감을 억누르지 못한다. 하지만 어린아이들은 기꺼이 이런 일을 하려고 했기 때문에 로진은 혐오라는 감정은 보통 4~8세 사이에 발달된다고 주장한다.

향을 미치며, 혐오감을 일으키는 사람은 외면하거나 피하게 된다.

셔먼Sherman과 하이트Haidt는 학생들에게 다양한 사회집단에 속한 사람들의 사진을 보여주면서 그때 나타나는 뇌반응을 스캔했다. 학생들은 노숙자나 약물 중독자 사진을 보았을 때 혐오감과 관련된 뇌 부위가 활성화되었다.

## 슬픔

슬픔은 소유물이나 관계, 사람 등 무언가를 잃었을 때 그에 대한 반응으로 나타나는 감정이다. 이 감정 스펙트럼의 한쪽 끝에는 좋아하는 펜을 잃어버렸을 때 잠깐 느끼는 안타까움이, 다른 쪽 끝에는 사랑하는 사람을 잃었을 때의 비통함이 존재한다. 이는 사회적 유대를 맺은 것과 관련해 우리가 치러야 하는 대가로서 관계가 깨지면 슬픔이라는 정서적 고통을 느끼게 되는 것이다.

생물학자 루이스 울퍼트Lewis Wolpert에 의하면, 원하는 대상을 잃어버리면 슬픔 때문에 그것을 찾으려 하거나 잃은 것을 대체하려고 한다. 슬픔이 드러나는 얼굴 표정과 눈물, 등을 잔뜩 구부린 자세 등은 운이 좋을 경우 그것을 본 누군가가 다가와 도와주게 만드는 사회적 신호로 작용한다.

극도의 슬픔을 보여주는 유명한 사례로 빅토리아 여왕의 예를 들 수 있다. 빅토리아 여왕이 42세 때 부군인 앨버트 경이 서거하자 여왕은 평생토록 그 상실감에서 헤어나지 못했다고 한다. 오랫동안 대중들 앞에 모습을 드러내지 않았고, 왕관을 쓰는 것도 거부했으며, 평생 검은 옷을 입고, 미망인의 모자를 쓰고 지냈다.

인간으로 살면서 가장 고통스러운 점 가운데 하나는 뛰어난 상상력과 추상 관념, 기대감 때문에 상실감을 느낄 수 있는 비상한 능력이 생긴다는 점이다. 우리는 실제로 일어난 상실에 대해서뿐만 아니라 미래 혹은 상상 속의 상실에 대해서도 슬픔을 느낀다. 장애가 있는 자녀를 둔 사람들은 자기가 영영 가질 수 없는 건강한 아이를 생각하며 슬퍼한다. 또 거울을 들여다보다가 흰머리를 처음 발견한 사람들은 잃어버린 젊음을 슬퍼하고, TV 오디션 프로그램에서 탈락한 참가자들은 놓쳐버린 '꿈' 때문에 눈물을 흘린다.

## 공포

공포는 가장 많은 연구가 이루어진 감정이다. 신체적 위협이나 사회적 위협을 느끼면 그에 대응해 행동을 취하게 되는 이유가 바로 공포감 때문이다.

공포를 느끼면 그 순간 가장 중요한 생존 문제에 집중하게 된다. 사랑하는 사람이 외출해서 늦게까지 돌아오지 않으면 그 사람의 안전이 걱정되어 다른 일에 통 집중할 수 없다. 생각이 계속 그쪽으로 돌아가기 때문에 신문을 읽거나 TV를 보는 등의 사소한 일상에 집중이 안 되는 것이다. 이러한 상황이 계속되면 점점 심해지는 공포감 때문에 무언가 행동을 취해야겠다는 생각이 들어 그 사람에게 전화를 걸거나 직접 찾아 나서게 된다.

근육 긴장, 쿵쾅대는 심장, 식은땀 등 공포를 느낄 때 나타나는 생리적 반응은 누구나 알아차릴 수 있다. 이는 우리 몸이 격심한 활동에 대비하는 것으로서 흔히 '싸움-도주 반응'이라고 한다.

그러나 공포에 대한 행동반응은 이보다 미묘한 형태로 나타난다.

상사에게서 어쩌면 일자리를 잃게 될지도 모르겠다는 말을 듣는다고 해서 (일반적으로) 비명을 지르며 건물 밖으로 뛰쳐나가는 사람은 없다. 공포는 당장 필요한 조치를 신속하게 취할 수 있게 해주는데, 여기에는 자신이 두려움을 느낀다는 사실을 감추는 일도 포함된다.

대개의 경우 공포를 느낀다고 해서 금세 '자제력을 잃거나' 어리석은 결정을 내리지는 않는다. 오히려 공포심은 집중력을 높여주기 때문에 위험에 처한 아이를 재빨리 구출하거나 포식자의 관심을 끌지 않기 위해 꼼짝하지 않고 가만히 있거나 적이 자신을 위협적인 존재로 의식하지 않도록 조용히 미소를 짓는 등 가능한 여러 방법 중에서 최선의 방법을 택할 수 있다.

공포를 느끼면 눈썹이 치켜 올라가면서 가운데로 모이거나 아래 눈

---

### 🔆 반짝반짝 마음 눈치채기

남들 앞에서 말하는 것을 겁내는 편인가? 가장 두려운 일 가운데 하나로 공개 연설을 꼽는 이들이 많다. 왜 그럴까? 연설은 신체적으로 위험한 일은 분명 아니지만 우리는 이를 사회적 위험으로 간주한다. 청중들이 자신을 나쁘게 평가해서 사회적 지위를 잃거나 창피를 당하거나 남들에게 거부당할 거라고 생각하는 것이다. 사회적 동물인 인간에게 있어 이는 상당히 두려운 일이다. 고대 사회에서는 자기가 속한 사회적 그룹에서 쫓겨나면 죽을 수밖에 없었다.

하지만 우리의 사회적 공포는 잘못된 것이다. 대중 연설을 두려워하는 사람들이 많긴 하지만 사실 청중들 대부분은 연설자가 처한 입장을 잘 알고 있기 때문에 연설자를 나쁘게 평가하기보다는 무대에 오르는 용기를 높이 사서 마음속으로 연설자의 사회적 위치를 격상시키는 경우가 많다. 긴장한 태도로 더듬거리면서 연설을 해도 너그럽게 받아들이고 지지해 주기 때문에 그 집단에 더 친밀하게 다가갈 수 있다. 그러므로 다음에 연설을 할 기회가 생긴다면 정상적인 두려움은 자신에게 해를 미치는 것이 아니라 오히려 도움이 된다는 사실을 기억하자.

꺼풀이 긴장되고 입술이 양옆으로 벌어지는 등 특징적인 표정이 나타나는데, 이는 자신이 느끼는 공포를 다른 이들에게 알리는 것이 유용한 생존 도구이기 때문이다. 위험에 처했다는 생각이 들면 자동으로 주변 사람들의 얼굴을 훑어보게 된다. 다른 사람들의 얼굴에서도 공포의 그림자가 발견되면 위험이 자신을 덮치기 전에 이 정보를 이용해 신속한 행동을 취할 수 있다.

## 경멸

에크만에 따르면 경멸은 도덕적 우월성이나 권력, 지위 등의 면에서 자기가 다른 사람보다 훨씬 뛰어나다고 느낄 때 드는 감정이라고 한다. 혐오감과 달리 경멸은 무생물에게는 느끼지 않으며, 다른 사람에 대한 평가의 결과로 나타나는 감정이다. 대개 타인의 사회적 가치가 낮다고 생각했을 때 경멸감을 느끼게 된다.

입술이 말려 올라가고 냉소를 띠는 것이 특징이며, 턱을 치켜들고 누군가를 '코끝으로 내려다보는 듯한' 인상을 주기도 한다. 경멸의 대상이 되는 것은 언제나 불쾌한 일이지만 에크만은 비록 스스로는 인정하지 않을지 모르지만 몇몇 사람은 다른 이들을 경멸하는 것을 즐긴다고 말한다. 주로 자신의 지위에 불안감을 느끼는 사람들이 남을 멸시하는 것을 즐긴다는 것이다.

## 죄책감

죄책감은 책임감과 관련이 있는 감정이다. 자신이 어떤 행동을 하거나 하지 않은 탓에 타인 또는 자기 자신에게 해를 끼치거나 등한시했다는 생각이 들 때 느끼는 불쾌한 감정이다. 죄책감은 타인과 자신

> 죄책감을 느끼면 남을 보살피거나
> 이타적인 행동을 하게 된다.

을 잘 돌봐야겠다는 마음이 들게 하는 중요한 감정이다. 죄책감이 들면 남을 보살피거나 이타적인 행동을 하게 된다.

심리학자 리처드 라자루스에 따르면, 도덕적인 규칙을 위반했을 때 죄책감이 든다고 한다. 따라서 살을 빼려고 노력 중일 때 케이크를 먹거나 TV를 보느라고 아이의 숙제를 도와주지 못했을 때도 죄책감을 느끼게 된다.

죄책감을 느꼈을 때 얼굴에 나타나는 특징적인 표정은 없다. 부끄러움이나 불안감 같은 다른 감정에 따르는 징후를 찾음으로써 간접적으로 죄책감을 추측할 수 있을 뿐이다. 물론 모든 사람이 똑같이 죄책감을 느끼는 것은 아니다. 만약 그렇다면 세상에 법률제도 같은 것은 필요 없을 것이다. 죄책감을 거의 느끼지 못하는 사람은 반사회적인 행동을 하거나 범죄를 저지를 가능성이 높으며, 사이코패스를 정의하는 세부적인 특징 가운데 하나도 죄책감을 느끼지 못한다는 것이다. 사이코패스의 심리에 관해서는 PART 04에서 좀 더 자세히 살펴볼 것이다.

## 수치심

심리학자 폴 길버트Paul Gilbert에 따르면, 수치심은 자신이 한 인간으로서 온전히 받아들여지지 않는다고 여겨질 때 느끼는 감정이라고 한다. 다른 사람이 자신을 거부하거나 '심술궂게' 행동하는 것이 본인이 지닌 어떤 속성 때문이라는 생각이 들 때 수치심을 느끼게 된다. 이러한 속성에는 체형이나 체구 같은 신체적 특성, '따분한' 태도 같은 성격적 특성, 거짓말이나 도둑질 등 용납할 수 없는 행동 등이 모두 포함될 수 있다.

수치심은 사회적으로 어떤 기능을 할까? 폴 길버트는 수치심이 사회계층을 형성하는 데 중요한 역할을 하는 감정이라고 생각한다. 어떤 사람은 다른 이들에 비해 지위가 높고 지배적인 위치에 있는데, 이러한 '지위'를 상실하게 될 경우 수치심을 느끼게 된다. 수치심과 관련된 행동으로는 자기가 부끄럽게 여기는 부분이 눈에 띄지 않도록 숨겨서 남들이 그것을 알아차리거나 사회적 입지를 잃는 일이 없도록 하는 것이다.

### 당혹감

폴 길버트는 당혹감은 남들 앞에서 체면을 잃을 만한 일을 했을 때 느끼는 감정이라고 말하는데, 이때의 행동은 커피 잔을 뒤엎는다든가 하는 특정 상황에 국한된 행동이다. 그러나 이러한 행동을 했다고 해서 남들에게 완전히 배척당한다는 느낌은 들지 않는다.

## 부정적 정서가 긍정적 정서보다 우세할까

자기 자신을 이해하는 데 있어서는 긍정적 정서 역시 부정적 정서만큼이나 중요하다. 긍정적인 정서는 쉽게 알아차릴 수 있고, 대부분의 사람들은 그것을 직관적으로 매우 쉽게 이해한다. 일례로 안도감은 부정적인 정서가 가라앉으면서 드는 즐거운 감정인데, 대개 안도의 한숨이 따라 나온다. 안타까운 사실은 기본적인 정서 중에는 긍정적 정서보다 부정적 정서가 많다는 점이다. 이는 아마도 신속하고 집중된 행동에 우리의 생존이 달려 있기 때문일 것이다. 부정적 정서는 우리의 관심과 행동의 폭을 제한한다. 반면 긍정적인 감정 상태는 집중하는 대상의 폭을 넓히고, 그 대상을 즐겁게 탐구할 수 있도록 부추긴다.

부정적 정서에 비해 긍정적 정서는 그리 많은 연구가 이루어지지 않았지만 그 추세가 점차 바뀌고 있으며 '긍정심리학'이라는 행복 연구를 중심으로 하는 새로운 심리학 부문도 생겨났다. PART 10에서는 긍정적 정서와 행복심리학에 관해 좀 더 자세히 알아볼 것이다.

그런데 우리가 긍정적으로 받아들이는 감정이 다른 사람들에게도 반드시 긍정적인 형태로 드러나는 것은 아니다. 예를 들어 범죄자들은 반사회적인 행동을 저지르면서 자부심과 즐거움, 만족감을 느끼는 경우가 많다.

## 복합 감정

인간의 다른 모든 감정에 대한 에크만의 관점에서 볼 때, 사랑과 질투는 기본적인 긍정 정서와 부정 정서가 결합된 것이다. 다른 심리학자들은 이 견해에 동의하지 않는데, 일례로 어떤 사람은 사랑을 기본적인 정서라고 생각한다. 연구 결과 사랑에 빠지는 것은 성별·연령·인종·성적 특질에 관계없이 모든 사람이 동일하게 경험하는 감정이라는 사실이 밝혀졌기 때문이다.

흔히 '증오'라고 일컬으며 사람들로 하여금 폭력을 저지르게 하는 복합 감정은 분노와 경멸, 혐오감, 공포가 혼합된 감정이라고들 생각한다. 사람들이 타인의 인간성을 말살하는 극악무도한 행위를 저지르는 데 있어서는 혐오감이 특히 중요한 역할을 한다. 증오의 대상이 되는 이들은 '불결한 놈'이나 '인간쓰레기' 같은 호칭으로 불린다. 전쟁 중에는 서로 대치하는 진영들끼리 적에 대한 혐오감을 불러일으키려고 애쓰는데, 일례로 제2차 세계대전 당시에 제작된 선전물에서 일본군은 쥐로 묘사되었다. 증오와 사랑이라는 복합 감정에 대해서는 PART 06과 07에서 심도 있게 다룬다.

> **반짝반짝 마음에 다가서기**
>
> 한 FBI 연구원이 전 세계 지도자와 서로 분쟁을 겪고 있는 이데올로기 집단의 수장들이 한 연설을 모아 조사했다. 이 연설의 감정적인 내용을 분석한 그는 정치적 연설에서 언어적으로 표현된 분노 · 경멸 · 혐오감이 곧 벌어질 공격적이고 폭력적인 행동을 예견한다는 사실을 밝혀냈다.

## 감정의 문제

사람들은 감정과 관련하여 특정한 문제를 겪고 있다. 본인의 마음을 곰곰이 되돌아볼 수 있기 때문에 의식 상태도 검토할 수 있는 것이다. 이는 다시 말해 본인의 감정에 대한 감정을 품을 수 있다는 이야기다. 이렇게 자신의 '1차 감정'에 대해서 품는 감정을 '2차 감정'이라고 한다.

일례로 상실감에 사로잡히는 것이 너무나도 두려운 나머지 그 감정

자신의 감정에 대한 감정을 품는 것이 을 완전히 피하기 위해 애도
수많은 정서장애의 근본 원인이다. 과정을 지연시키기도 한다.

혹은 두려움을 느끼는 것이 부끄러워 그것을 숨기려다 보니 외로움과
소외감에 빠지기도 한다. 어떤 심리 치료 전문가들은 자신의 감정에

---

### 🌟반짝반짝 마음과 친해지기

대부분의 사람들은 때때로 견디기 힘들거나 뒤죽박죽 복잡한 감정을 느끼기도 하고, 당황스럽거나 정신적인 충격을 주는 경험을 한 적도 있을 것이다. 사회심리학자인 제임스 페네베이커James Pennebaker는 자신의 감정을 글로 적어보는 단순한 행동이 놀라운 효과를 발휘한다는 사실을 알아냈다.

그는 연구에 참가한 사람들에게 며칠 동안 20분씩 세 차례 시간을 내어 내면 가장 깊숙한 곳에 감춰진 감정을 글로 써보게 했다. 실험 당시에는 대부분의 사람들이 이런 활동에 당혹감을 느끼거나 힘들어했지만 그 후 행복감이 높아지고 면역계 기능이 강화되거나 건강이 좋아지는 등 장기적인 이득을 얻을 수 있었다. 글쓰기가 왜 이러한 효과를 발휘하는지 확실하게 밝혀지지는 않았지만 아마도 글쓰기라는 행위가 우리의 감정을 표현하고 해소하는 데 좋은 방향으로 도움을 주는 듯하다.

직접 해보고 싶은 이들을 위해 페네베이커가 내준 과제의 지침을 소개한다.

"앞으로 나흘간 지금껏 살면서 가장 속상했던 경험에 대해 품고 있는 내면 깊숙한 감정과 생각들을 적어보십시오. 그 사건에 대한 자신의 감정과 생각을 마음껏 풀어놓고 탐구해야 합니다. 글을 쓰면서 이 경험을 자신의 유년기, 부모와의 관계, 과거에 사랑했거나 지금 사랑하는 사람들, 자신의 직업 등과 연결 지을 수도 있습니다. 그 경험이 내가 앞으로 되고자 하는 인물 그리고 과거 또는 현재의 모습과 어떤 관계가 있습니까?

그처럼 충격적인 경험을 하지 않은 사람도 많겠지만 다들 살면서 심각한 갈등이나 스트레스 요인에 시달렸던 적은 있을 테니 그러한 일들에 대해 써도 괜찮습니다. 날마다 똑같은 주제로 써도 되고, 각기 다른 문제를 써도 됩니다. 하지만 어떤 주제에 대해 쓰기로 했건 간에 자신의 가장 내밀한 생각과 감정을 마음껏 풀어놓고 탐색하는 것이 중요합니다."

---

대한 감정을 품는 이러한 현상이 우리가 겪는 수많은 정서장애의 근원이라고 주장한다.

## 공감

공감할 줄 아는 능력은 우리의 정서적 삶에서 중요한 일부분이다. 심리학자 사이먼 배런코엔(코미디언이자 배우인 사샤 배런코엔의 친척)은 공감에는 두 가지 유형이 있다는 학설을 제시했다. 첫 번째는 다른 사람의 감정과 심리 상태를 알아차리는 능력인 '인지적 공감'이고, 두 번째는 다른 사람의 심리 상태에 따라 적절한 감정으로 대응하는 능력인 '정서적 공감'이다. 인지적 공감 능력은 타인의 고통을 알아차릴

---

**✦ 반짝반짝 마음에 다가서기**

**공감 능력은 인간에게만 있는 특징일까?**

아는 사람에게 전기충격을 가할 수 있겠는가? 당장 배가 고파 죽을 지경인데 동료 인간에게 전기충격을 주어야만 먹을 것을 얻을 수 있다면 어떻게 하겠는가?

1964년에 마서먼Masserman은 동물에게도 다른 동물의 고통을 알아차리고 그에 반응을 보일 수 있는 능력이 있는지 알아내고자 실험을 실시했다. 원숭이들이 쇠사슬을 잡아당겨 동료 원숭이에게 전기충격을 가하느니 차라리 계속 굶주리는 편을 택하는지 알아보기 위한 것이었다.

그 결과 원숭이들이 쇠사슬을 잡아당기기를 꺼려하고, 특히 상대방이 낯선 원숭이가 아니라 자기가 아는 원숭이일 경우 주저하는 태도가 더욱 심하게 드러난다는 사실을 발견할 수 있었다. 한 원숭이는 동료에게 전기충격을 가하지 않고 12일 동안 계속 굶은 편을 택했다.

수 있게 해주고, 정서적 공감 능력은 동정심과 도와주고 싶다는 마음을 불러일으킨다. 인지적 공감과 정서적 공감은 상대방의 요구를 예측하는 데 꼭 필요한 능력이며, 자녀를 돌보거나 자선단체에 기부를 하는 등 친절하고 이타적인 행동에 중요한 역할을 한다.

사이먼 배런코엔은 공감 능력은 사람마다 그 차이가 심해서 스펙트럼의 한쪽 끝에는 남에게 감정이입을 매우 잘하는 사람이 있고, 다른 쪽 끝에는 '공감 능력이 전혀 없는' 사람이 존재한다고 생각한다. 우리가 사악하고 잔인하다고 여기는 테드 번디(미국의 연쇄살인범이자 강간범—옮긴이) 같은 사이코패스 범죄자가 후자에 속한다.

## 🔘 거울 뉴런의 발견

이탈리아의 신경과학자 리촐라티Rizzolati는 원숭이가 어떤 행동을 할 때와 다른 원숭이가 그와 똑같은 행동을 하는 것을 볼 때 모두 발화하는 뉴런을 발견했다. 당시에는 많은 이들이 공감과 관련된 뇌의 메커니즘이 밝혀졌다고 생각했지만 현재 거울 뉴런은 단지 그 시스템의 일부일 뿐이라고 생각한다. 사이먼 배런코엔은 공감과 관련된 회로가 뇌의 열 군데 영역을 작업에 참여시킨다고 생각한다.

## 🔘 당신의 공감 능력은

다음의 각 문항이 본인의 성향과 얼마나 일치하는지 0에서 10점까지 점수를 매긴 뒤 모두 더해 보자.

- 나는 다른 사람의 감정을 느낄 수 있다.
- 타인의 요구를 미리 예상할 수 있다.
- 다른 사람을 안심시킬 줄 안다.
- 나는 다른 사람들의 기분을 북돋아준다.
- 타인에게 관심이 많다.
- 나는 사람들이 환영받는 기분이 들게 한다.

공감 능력 매우 낮음　　　　　　　공감 능력 매우 높음

## 감성지능

남에게 공감하는 능력은 '감성지능'을 드러내는 한 측면이다. 근래에는 감성지능이라는 개념에 대한 대중들의 관심이 매우 높은데, 이러한 관심의 대부분은 심리학자 대니얼 골먼의 저작을 통해 형성된 것이다. 그는 우리가 살면서 성공을 거두는 데에는 감성지능, 즉 'EQ'가 IQ보다 더 중요할 수도 있다고 주장한다.

감성지능은 사회지능의 한 부분이다. 감정에 대처하는 능력은 타인을 효과적으로 대하는 종합적인 기술의 일부라는 이야기다. 그러나 비평가들은 골먼의 주장처럼 감성지능이 업무 성과나 금전적인 성공, 리더십 등과 관련이 있다는 확실한 증거가 없다고 말한다. 그렇지만 자신과 타인의 감정을 인식하고 조절하는 데 심한 어려움을 겪는 것

인생에서 성공하기 위해서는 감성지능, 즉 'EQ'가 IQ보다 중요할 수 있다. 이 정신장애나 아동학대, 다양한 범죄 행동처럼 인간이 겪는 여러 가지 문제를 야기하는 데 있어 중심적인 역할을 한다는 것은 분명한 사실이다. 낮은 EQ는 약물 중독이나 범죄 행동과 관련이 있다.

> 🌟 반짝반짝 마음에 새겨두기
>
> 감성지능이란 자신과 타인의 기분과 감정을 잘 관찰하고 식별한 뒤, 그 정보를 이용해 사고와 행동의 방향을 결정하는 능력이다.
>
> — 샐러비Salovey와 메이어Mayer, 1990

## 🔵 당신의 EQ는

다음의 6개 문항이 본인의 성향과 얼마나 일치하는지 0에서 10점까지 점수를 매긴 뒤 모두 더해 보자.

- 내가 이러한 감정을 품게 된 원인이 무엇인지 생각한다.
- 평소 내 기분 상태가 어떤지 알고 있다.
- 내 감정을 알아차릴 수 있다.
- 현재 느껴지는 기분을 분석하는 일이 종종 있다.
- 내가 다른 사람에게 관심이 있다는 사실을 전하는 것이 쉽다.

• 중요한 결정을 내릴 때에는 스스로의 느낌에 귀를 기울인다.

감정은 그 경험의 주관적인 속성 때문에 연구하기가 어렵다. 그러나 최근에는 감정과 관련된 두뇌 과정을 연구하는 학문인 '정서신경과학'과 같은 새로운 학문 분야의 대두와 더불어 감정에 대한 심리학적 연구가 활발하게 진행 중이다. 감정은 한때 심리학계에서 상대적으로 무시당하던 주제였지만 이제는 우리 마음이 기능하는 데 있어서 중추적인 역할을 하는 것으로 인정받고 있다. 감정에 대한 통찰력을 기르는 것은 자신과 타인을 이해하기 위한 열쇠 가운데 하나다.

---

### 📝 PART 02의 속·마·음

• 감정은 의사 결정에 없어서는 안 될 부분이다.

• 생각과 감정은 별개의 현상이 아니다. 두 가지 모두 정보처리 과정에 관여하고, 유사한 신경 경로를 거친다.

• 감정은 우리의 행동을 생존과 번식이라는 문제를 해결하는 방향으로 이끌어주는 프로그램으로 진화했다.

• 인간이 지닌 기본적인 감정 가운데 상당수는 타인과의 관계에 초점을 맞춘 것이다.

• 모든 인간이 공유하는 기본 감정이 몇 가지 존재하는 듯하다.

• 자신과 타인의 감정을 식별하는 능력과 공감 능력은 사회적 기능을 수행하는 데 있어 필수적인 능력이다.

---

부모는 일상생활 속에서 자녀에게 언어적·비언어적인 반응을 보이고, 아이가 내면적으로 경험하는 일들을 이해할 수 있도록 돕는다. 아이는 이러한 상호작용을 통해 느낌·생각·요구·욕구 등 자신의 심리 상태를 확실하게 인식하게 되고, 충동을 조절하거나 감정을 다스리고 스스로를 달래는 법을 배운다. 즉 애착관계를 통해 '마음을 읽거나' '마음 이론'을 발전시키는 방법을 습득하게 되는 것이다.

PART 03

# 인간의
# 발달 과정

**당신의** 감성 및 지성 구조는 인생을 살아가는 자신만의 독특한 경로에 따라 결정된다. 어린 시절 우리의 발달 과정을 이해하는 것은 언제나 그랬듯 심리학계의 중요한 핵심 과제다. 다만 인간은 살면서 계속 변하기 때문에 최근에는 인간의 발달을 평생 동안 계속되는 과정으로 연구하는 것이 일반적인 추세다.

## 신생아의 심리

인간은 매우 무기력한 상태로 인생을 시작한다. 갓 태어났을 때는 찾기 반사, 빨기 반사, 울기 등 몇 가지 한정된 행동만 할 수 있을 뿐이다. 다른 포유류와 비교해 보면, 인간은 두뇌와 신체 발달이 완료되기 전에 세상에 태어나는 것이다. 전체 라이프사이클을 기준으로 인간이 다른 영장류와 동일한 기간 동안 자궁에 머문다면 생후 18개월이 될 무렵에야 겨우 태어나게 된다. 그러나 인간이 이토록 일찍 세상에 나오는 이유는 머리가 너무 커서 그보다 나중에 태어날 경우 산도를 빠져나오는 것이 육체적으로 불가능하기 때문이다.

그렇다면 아기들은 엄마 뱃속에 있을 때에도 무언가를 배울 수 있을까? 어쩌면 제한적인 방법으로나마 가능할지도 모른다. 신생아들이 고무젖꼭지를 빨면 녹음해 놓은 엄마의 목소리 또는 낯선 이의 목소리가 흘러나오는 장치를 마련해 실험을 진행했다. 갓난아기들은 친숙한 목소리가 나오는 쪽을 더 자주 작동시켰는데, 이는 자궁에서 들은 소리 패턴을 습득했음을 의미한다. 그러나 뱃속의 아기에게 음악이나 외국어를

인간은 '빈 서판' 상태로 태어나지 않는다.

들려주는 것이 도움이 된다는 증거는 아무데도 없다.

갓 태어났을 당시 인간이 상당히 무기력한 것은 사실이지만 17세기의 철학자 존 로크의 생각처럼 '빈 서판' 상태로 태어나는 것은 아니다. 우리의 유전자가 발달 과정 내내 활발하게 전개되는 다양한 프로그램을 뇌에 장착해 놓기 때문이다.

예를 들어 우리는 몇 가지 인지 능력을 가지고 태어난다. 갓난아기는 십자가, 동그라미, 세모 같은 간단한 형태의 차이를 안다. 또 날 때부터 얼굴 바라보기를 좋아해서 얼굴 형태가 제대로 보이는 사진과 뒤죽박죽으로 뒤섞인 사진을 보여주면 제대로 된 얼굴 사진 쪽으로 시선을 이동한다. 그렇다면 감정을 알아차리는 능력은 어떨까? 신생아는 행복한 표정, 슬픈 표정, 놀란 표정을 구분할 줄 안다. 또한 입을 크게 벌리거나 혀를 쏙 내미는 등 상대방의 얼굴 표정을 그대로

---

**반짝반짝** 마음 들여다보기

### 외모의 중요성

아기들의 커다란 눈과 톡 튀어나온 이마, 작은 코는 우리의 감탄어린 반응과 육아 본능을 이끌어낸다. 아기의 귀여운 외모는 우리가 그들을 돌보게 만드는 생존 메커니즘 가운데 하나다. 그리고 가급적 아기가 예쁠수록 좋은 듯하다. 남들보다 외모가 귀여운 아기를 둔 엄마들이 자녀에게 더 많은 관심을 쏟는다는 연구 결과가 있기 때문이다. 반면 외모가 별로 뛰어나지 않은 아기의 엄마들은 아기를 쳐다보거나 같이 놀아주거나 안아주는 횟수가 적었다.

현대인들이 미와 육체적인 완벽함에 집착하는 것이 전부 미디어 탓이라며 비난하는 일이 많지만 실은 갓난아기조차도 보다 아름답고 매력적인 얼굴에 관심을 보이는 것이 현실이다. 좀 우울한 생각이기는 하지만 우리는 태어날 때부터 외모를 기준으로 사람을 판단하기 시작한다.

흉내 내기도 한다.

갓난아기는 태어난 지 하루 만에 엄마와 타인을 구분할 수 있으며, 이는 그 사람의 피부색과 머리 모양이 엄마와 비슷해도 마찬가지다. 아기들은 태어난 직후부터 엄마를 바라보는 것을 좋아하게 된다.


## 유대감의 중요성

아기들은 자기를 돌봐주는 사람과의 유대를 통해 생명을 유지하며, 이것은 아기의 심리에 결정적인 영향을 미친다. 대략 생후 7개월 정도부터 아기들은 다른 사람보다 엄마에 대한 선호를 뚜렷이 드러내고 낯선 사람을 경계한다. 심리학자들은 처음에는 아기들이 음식을 통해 엄마와 연결되기 때문에 이러한 유대감이 생기는 것이라고 믿었다.

1969년에 해리 할로우 Harry Harlow 는 유아들의 행동을 연구하기 위해 여러 가지 비정한 실험을 추진했다. 이들은 아기원숭이들이 태어나자마자 어미와 떼어놓고, 그 대신 매달릴 수 있는 인공 구조물을 여러 개 주었다. 한 '엄마'는 철사로 만들었고, 다른 엄마는 부드러운 천으로 만들었다.

해리 할로우는 아기원숭이들이 천으로 만든 엄마를 선호하며, 천으로 만든 엄마가 젖을 주지 않을 때도 똑같은 결과가 나타난다는 사실을 알아냈다. 아기원숭이들은 천으로 만든 엄마를 통해 안전하다는 느낌을 받았다. 그래서 손이나 발로 엄마를 붙들고 있을 때는 무서운 대상을 향해서도 기꺼이 손을 뻗었다. 존 볼비 John Bowlby 는 이 연구와 소아정신과 의사로서의 경력을 바탕으로 그 유명한 '애착 이론'을 제시했다.

　애착은 어린 아기와 어린이들이 엄마 곁에 머물고 싶어 하는 기본적인 생물학적 충동이다. 아기들은 엄마 가까이에 있으면서 받는 안전하게 보호받는다는 느낌을 발판 삼아 주변 세상을 탐색할 수 있다. 어린이의 발달은 이러한 관계 속에서 진행된다. 볼비는 만약 이 유대가 깨질 경우 아이의 정서적·사회적·지적 발달에 심각한 결과를 초래하게 된다고 믿었다.


　육체적인 건강에 비타민과 단백질이 중요하듯이 정신 건강에는 유아기 때 받은 어머니의 사랑이 중요하다.

– 존 볼비


### 🔵 반짝반짝 마음 들여다보기

학대받은 아이들이 자신을 비정하게 대한 부모를 사랑하는 이유는 무엇 때문일까? 아이들이 자신을 학대한 부모에게 강한 애착을 보이는 경우가 많다는 사실에 많은 이들이 당혹감을 감추지 못했다. 해리 할로우는 이 문제를 연구하기 위해 아기원숭이들에게 '학대하는' 엄마, 즉 이따금씩 차가운 공기를 내뿜는 천으로 만든 엄마원숭이를 안겨주었다. 그러자 아기원숭이들은 '학대하는' 엄마를 피하기는커녕 더욱 필사적으로 매달리려고 했다.

　아기들은 애착을 형성하려는 충동이 매우 강하기 때문에 자신을 돌봐주는 사람이 아무리 무관심하고 잔혹하게 대하더라도 그 사람에게 애착을 갖는다는 사실을 알게 되었다. 아기를 학대하는 부모는 아기가 자신에게 애착을 보이므로 자신의 양육 방식이 잘못되지 않았다고 생각하는 경우가 많다. 볼비는 애착 또한 배고픔과 같은 원초적인 본능이라고 말한다. 몹시 허기가 지면 맛없는 음식도 가리지 않고 먹는 것처럼 아기는 아무리 폭력적인 부모라도 사랑하게 되는 것이다.

볼비에 따르면, 나 자신과 어머니 사이의 애착을 통해 '내적 작동 모델'이 생긴다고 한다. 이것은 우리 뇌에 새겨져 있는 자신과 어머니 그리고 두 사람 사이의 관계에 대한 인지적·정서적 표상을 가리킨다. 이러한 내적 작동 모델은 타인과의 관계에서 길잡이 역할을 함으로써 성인이 된 뒤에 맺는 연애관계의 질에까지 영향을 미친다.

## ● 유년기 애착이 어떻게 평생 동안 영향을 미치게 될까

볼비의 동료인 메리 애인스워스<sup>Mary Ainsworth</sup>는 아기와 엄마 사이의 애착 수준에 여러 가지 뚜렷한 패턴이 있다는 사실을 발견했다.

### 안 정 애 착
안정 애착은 아이가 엄마와 함께 있을 때 안전하다고 느끼고, 이런 느낌을 바탕 삼아 주변 환경을 탐색하는 것을 말한다. 이 아이들은 엄마가 곁을 떠나면 불안해하고, 엄마가 다시 돌아오면 어떻게든 가까이 다가가 접촉하려고 하지만 쉽게 달래서 금방 안정시킬 수 있다. 전체 아이들 가운데 65퍼센트 정도가 이 범주에 속한다.

### 불 안 정 애 착
- 불안정 회피 애착 : 자기 주변을 탐색하면서도 엄마 가까이에는 가려고 하지 않으며, 엄마를 외면하거나 시선을 피한다. 이 아기들은 낯선 사람과 엄마를 똑같이 대하며 심지어 엄마보다 낯선 사람을 더 좋아하는 경우도 있다. 엄마와 한동안 떨어져 있다가

다시 만나도 엄마를 별로 쳐다보지 않으며, 낯선 사람이 달래도 엄마가 달래는 것만큼이나 효과가 있다.

- 불안정 저항 애착 : 주변을 탐색하는 것을 꺼리고, 엄마 곁에 있는 것을 더 좋아한다. 엄마와 떨어지면 극도의 불안 증세를 보이며, 엄마가 돌아와도 쉽게 마음을 가라앉히지 못하고 성질을 부리거나 해서 달래기가 어렵다.

- 불안정 혼돈 애착 : 이 애착 유형은 메인Main과 솔로몬Solomon이 추가한 것이다. 이 범주에 속하는 아기들은 앞서와 같은 명확한 패턴을 보이지 않고, 반응에 일관성이 없는 것이 특징이다. 이 아기들은 엄마를 향해 걸어가면서도 고개를 다른 쪽으로 돌리는 등 엄마 곁에 있고 싶어 하는 동시에 피하는 반응을 보인다. 엄마와 떨어져 있다가 다시 만나면 몸을 앞뒤로 흔들거나 꼼짝 못하고 얼어붙기도 하고, 공포감을 드러내는 등 불안과 혼란스러움을 드러내는 행동을 한다.

짐작하다시피 안정 애착을 형성한 아기들은 발달 및 적응이 원활하게 진행되기 때문에 자존감이 높고, 인내력이 뛰어나며, 호기심이 강하고, 정서적으로도 부정적인 면보다는 긍정적인 면이 많고, 인지 발달 능력이 우수한 아이로 자란다. 엄마와 안정적인 애착관계를 형성한 아기는 대개의 경우 성인이 된 뒤에도 건전한 연애를 한다.

안정 애착을 형성한 아기들은 발달 및 적응 능력이 남들보다 뛰어나다. 어렸을 때 형성된 애착 유형이 성인이 된 후 연인과의 관계에까지 영향을 미치는 방식에 대해서는 PART 07에서 자세히 살펴보도록 하겠다.

당신이 유년기에 형성한 애착 형태가 당신 자녀의 애착 유형까지 결정할 수 있다. 피터 포나기Peter Fonagy는 임산부를 대상으로 한 연구를 통해 엄마들이 경험한 애착 형태와 장차 태어날 아기가 형성하게 될 애착 유형이 일치하는 경우가 75퍼센트 정도 된다는 사실을 알아냈다.

가장 걱정이 되는 유형은 '불안정 혼돈' 애착이다. 이것은 아동학대 및 엄마의 알코올 의존증 또는 정신질환과 관련이 있다. 이 애착 유형에 속하는 아이들은 나중에 행동이나 심리상의 문제를 겪게 될 가능성이 높다.

신경과학 분야의 최신 연구는 어릴 때 받은 대우가 실제로 뇌의 물리적인 구조에 영향을 미친다는 사실을 보여준다. 적절한 정서적 보살핌이 부족하면 뇌가 제대로 발달할 수 없기 때문이다.

> 어릴 때 받은 대우가 실제로 뇌의 물리적인 구조에 영향을 미친다.

---

### 💡 반짝반짝 마음 눈치채기

아이들의 애착 유형을 살펴보자. 아이가 불안정 애착을 형성했다는 사실은 어떻게 알 수 있을까? 엄마가 곁을 떠났을 때 아이가 보이는 불안감의 정도는 그리 중요하지 않다. 엄마와 떨어질 때 아이가 드러내는 불안 수준은 아이의 성격에 따라 다르기 때문이다. 엄마와 아이의 관계를 판단하기 위해서는 자리를 떠났던 엄마가 돌아온 뒤에 아이가 엄마에게 보이는 반응을 관찰해야 한다. 아이가 엄마를 피하거나 진정시키기 어렵거나 혼란스럽고 불안에 찬 행동을 한다면 불안정 애착이 형성된 것일 수 있다.

## 아기가 불안감을 느끼는 이유

그 답은 아기의 요구에 적절히 반응하는 엄마의 능력과 관련이 있을 것으로 생각된다. 아기의 감정과 욕구를 정확하게 파악할 줄 아는 엄마를 둔 아기는 안정적인 애착을 형성할 가능성이 높다. 하지만 부모가 아기에게 관심이 없거나 아기의 요구에 민감하게 반응하지 않으면 불안정 애착을 형성하기 쉽다. 불안정한 아기를 둔 엄마들을 보면 아기가 피곤할 때 열심히 놀아주려고 한다든가 겁먹은 아기에게 날카로운 어조로 말하는 등 감정적인 단서를 무시하거나 부적절한 반응을 보이는 경우가 많다. 또 일반적으로 아이에 대한 엄마의 행동이 아기의 필요에 맞춰지기보다는 엄마 자신의 요구를 만족시키기 위한 것이 대부분이다(스스로를 위로하고 싶을 때 아기를 꼭 껴안는 등).

### ✪ 반짝반짝 마음 들여다보기

대부분의 사람들은 평생 동안 자기 곁에 본인보다 강하고 현명한 사람이 있어주기를 바란다. 나이가 들었다고 해서 애착 욕구가 반드시 사라지는 것은 아니다. 어렸을 때 생각했던 것과 달리 부모가 전지전능하지 않다는 사실을 깨닫게 되면 그 역할을 대신 수행해 줄 다른 사람 혹은 다른 대상을 찾게 되는데, 이런 갈망은 스트레스를 많이 받는 시기에 특히 강해진다. 그래서 안정감을 주는 다른 대상을 찾으려고 하는 것이다. 우리를 평생 이끌어줄 것처럼 보이는 강인하고 카리스마적인 인물에게 영향을 받기 쉬운 것도 그러한 이유 때문이다. 부모를 대신해 애착을 품는 대상은 자기가 속한 그룹의 리더나 정부 혹은 신이 될 수도 있다.

대리인에 대한 이러한 애착은 유년기에 부모와 맺은 관계에서 부족한 부분을 메우는 데 도움이 된다. 예컨대 부모와 불안정한 애착을 형성한 사람은 신과 매우 안정적인 관계를 맺음으로써 이를 보상받을 수 있다.

## 사회지능과 정서지능이 발달하는 방식

애착 이론에 따르면, 이러한 능력은 자신을 돌봐주는 사람과의 관계를 통해 발달한다. 어머니는 우리가 자신의 감정과 심리 상태를 이해하고 분류하는 데 도움을 준다. 부모는 일상생활 속에서 자녀에게 언어적·비언어적인 반응을 보이고, 아이가 내면적으로 경험하는 일들을 이해할 수 있도록 돕는다. 간단한 예로 아이가 잠을 제대로 못 자서 신경이 날카로워져 있으면 엄마는 "너 피곤하구나" 하며 마음을 가라앉히고 낮잠을 자게 해준다. 그렇게 시간이 흐르다 보면 피곤하다는 감각을 스스로 인지하고 자기에게 휴식이 필요하다는 사실을 알게 된다.

아이는 이러한 상호작용을 통해 느낌·생각·요구·욕구 등 자신의 심리 상태를 확실하게 인식하게 되고, 충동을 조절하거나 감정을 다스리고 스스로를 달래는 법을 배운다. 즉 애착관계를 통해 '마음을 읽거나' '마음 이론'을 발전시키는 방법을 습득하게 되는 것이다. 자기 자신과 다른 사람의 마음을 이해하는 것은 제대로 된 인간이 되기 위한 필수 요소다.

그러나 피터 포나기와 앤서니 베이트만Anthony Bateman이 세운 학설처럼 부모가 자녀의 기분과 생각·신조·욕구 등을 정확하게 파악하지 못하면 아이가 그것들을 키워 나가도록 도와줄 수 없다. 예를 들어 아이의 마음을 읽는 능력이 뛰어난 엄마는 아이가 겁먹은 모습을 보이면 "무서워할 필요 없어. 넌 안전하니까"라고 말하면서 마음을 진정시켜준다. 반면 이러한 능력이 부족한 엄마는 "버릇없이 굴지 마"라며 아이에게 벌을 주게 될지도 모른다.

타인의 마음을 읽는 능력은 정서지능 및 사회지능의 일부다. 부모의 따뜻한 보살핌을 받은 아이는 자신의 정서적 반응을 이해하고 통제하는 능력을 키우고, 이를 바탕으로 타인의 감정을 알아차리는 법도 배우게 된다.

다루기 힘들거나 행동에 문제가 있는 아이들은 대개 감정을 이해하는 능력이 떨어진다는 연구 결과가 있다. 감정을 이해하고 조절하는 능력은 앞으로의 행동을 예측하는 데 매우 중요한 요소

> 감정을 이해하고 조절하는 능력은 미래 행동을 예측하는 데 중요한 요소다.

---

**🔵 반짝반짝** 마음에 다가서기

### 마시멜로를 하나 더 받으려면

충동을 통제하는 능력은 발달 과정의 중요한 일부분이다. 1972년에 실시된 유명한 '스탠퍼드 마시멜로 실험'에서 월터 미셸Walter Mischel은 4세 아이들에게 마시멜로를 나누어 주면서 15분 동안 마시멜로를 먹지 않고 기다리면 한 개를 더 받을 수 있다고 말했다.

4세 이하인 아이들은 대부분 참고 기다리지 못했다. 즉각적인 감정이 너무도 강해 다른 모든 것보다 우선시된 것이다. 그러나 4세가 되자 대부분의 아이들이 충동을 조절할 줄 알게 되었다. 받은 마시멜로를 곧바로 먹어버린 아이는 몇 명뿐이었고 나머지는 다들 기다리려고 애썼는데, 개중 몇 명은 중간에 유혹에 굴복하기도 했지만 3분의 1가량은 보상을 미루어두고 기다린 끝에 결국 추가로 마시멜로를 받을 수 있었다.

이 아이들이 10대가 된 뒤에 다시 진행된 후속 연구에서는 어려서 자신의 충동을 조절할 줄 알았던 아이가 심리적 적응 능력도 뛰어나고 학업 성적도 우수하다는 사실이 밝혀졌다. 그로부터 40년 뒤인 2011년, 이 실험 참가자들 가운데 몇 명을 추적 조사했다. 그러자 그들의 충동조절 수준이 유년기에 발휘된 것과 여전히 비슷하게 나타나서 그것이 평생 동안 유지되는 패턴이라는 사실을 증명하게 되었다.

다. 한 연구에서는 자신의 감정을 제어하지 못하는 미취학 아동에게 기대에 어긋나는 선물을 주면 유년기 후반에 파괴적인 행동을 드러낼 확률이 높아진다는 결과가 나왔다.


## 초기의 발달 이론

아동 발달에 관한 초기의 발상은 대부분 프로이트의 이론을 바탕으로 한 것이었다. 프로이트는 성인들이 겪는 문제는 모두 유년기에 벌어진 사건에 뿌리를 두고 있다고 생각했다.

프로이트는 인간의 발달은 쾌락을 얻으려는 본능적인 욕구(그가 '리비도'라고 부른)에 의해 지배되며, 태어난 이후 쾌락의 근원이 바뀌는 여러 개의 단계를 거친다고 믿었다. 그의 이론은 각 단계를 넘어갈 때 문제를 겪으면 나중에도 문제가 생긴다는 것이다. 프로이트가 주장한 발달 단계는 다음과 같다.

- 출생~생후 1년 : 구강기-입과 빠는 행위를 통해 쾌감을 충족시킨다.

- 1세~3세 : 항문기-항문과 배설 행위를 통제하는 데 집중하면서 쾌감을 얻는다.

- 3세~6세 : 남근기-성기가 성감대가 되며, 남자아이들은 어머니에게 성적인 욕망을 느끼고(오이디푸스 콤플렉스), 여자아이들은 아버지에게 성적 애착을 느끼면서도(엘렉트라 콤플렉스) 상대 부모의 앙갚음을 두려워한다.

- 6세~사춘기 : 잠복기—성적 욕구가 잠잠해지는 시기다.

- 사춘기 이후 : 생식기—성적 욕구가 다시 나타난다.

하지만 발달에 관한 프로이트의 생각 가운데 상당수는 비과학적이라 증명 또는 반증하기가 어렵다. 지금 소개한 개념도 실험 결과의 진위가 입증되지 않았고, 오이디푸스 콤플렉스나 엘렉트라 콤플렉스가 존재한다는 증거도 없다. 그러나 프로이트의 이론은 대중의 상상력을 사로잡아 오늘날까지도 영향력을 유지하고 있다. 지금도 심리학을 자기 어머니와 결혼하고자 하는 잠재의식의 요구를 분석하는 학문이라고 여기는 사람들이 많다는 이야기다. 이 분야에서 프로이트가 가장 크게 기여한 부분은 아마 위와 같은 구체적인 아이디어가 아니라 성인이 된 후의 삶에 영향을 미치는 유아기의 중요성을 지적했다는 점일 것이다.

### 지그문트 프로이트Sigmund Freud

오스트리아 출신 신경학자이자 정신분석학의 창시자인 지그문트 프로이트(1856~1939)는 심리학 역사를 통틀어 가장 유명하고 또 논란이 많은 인물 중 한 사람이다. 그는 야심만만한 부모의 총애를 받던 아들이었는데, 프로이트 반대자들은 명성에 대한 그의 강렬한 욕구 때문에 과학적인 엄정성이 퇴색되었다고 말한다. 일례로 프로이트는 코카인을 연구할 때 자기도 직접 투여하고 친구들에게도 나누어 주면서 겨우 몇 주 동안 실험을 진행한 뒤에 바로 코카인이 지닌 의약품으로서의 장점을 극찬하는 논문을 썼다. 그는 코카인이 모르핀 중독을 비롯해 모든 종류의 건강 문제를 해결하는 치료제라고 단언했다. 하지만 나중에는 이러한 주장과 거리를 두었다.

프로이트는 훗날 최초의 '대화 치료' 방식으로 많은 이들에게 영향을 미친 정신

분석학을 발전시켰지만 자신의 이론을 맹렬하게 옹호하면서 한때 절친한 친구이자 '제자'였던 칼 융Carl Jung을 비롯해 그의 생각에 의문을 제기하는 사람들을 거부했다.

나치즘의 부상으로 인해 프로이트는 1938년에 비엔나를 탈출해 말년을 런던에서 보냈다. 그는 박해받을 위험에 처해 있었고, 아버지의 뒤를 이어 정신분석가로 활약하던 그의 딸 안나 프로이트는 게슈타포의 심문을 받기도 했다. 82세의 노령에 이전부터 앓던 구개암과 후두암으로 건강이 몹시 안 좋았던 프로이트는 네 명의 누이를 구출할 방도를 마련하지 못했고, 결국 네 명 모두 강제수용소에서 사망하고 말았다. 유명한 시가 흡연 습관 때문에 발병한 구개암으로 엄청난 고통을 겪던 그는 주치의에게 서둘러 임종을 맞게 해달라고 부탁했고, 결국 모르핀 과용으로 사망하게 된다.

프로이트가 남긴 유산은 그 자신만큼이나 논란의 여지가 많다. 그는 정신요법의 창시자이고, 그가 보여준 통찰은 오랜 시간이 지난 뒤에도 여전히 빛을 발하고 있다. 하지만 그의 이론 때문에 불필요한 고통을 겪는 이들도 있다. 아이들이 자기 부모에 대해 무의식적인 성적 욕구를 품고 있다는 프로이트의 생각 때문에 성적 학대를 받은 어린 희생자들의 간곡한 호소가 단순한 '상상'으로 치부되어 오랫동안 무시당해 왔던 것이다. 이와 반대로 사람들은 고통스러운 기억을 '억압'한다는 프로이트의 생각을 신봉한 심리 치료 전문가들이 아동 성폭력과 관련된 가짜 기억을 '찾아내려고' 애쓴 탓에 죄 없는 사람들이 투옥되는 결과를 낳기도 했다.

오늘날에도 프로이트에 대한 의견은 여전히 양분되어 있다. 우리의 내면을 이해하는 데 지대한 공헌을 한 위대한 인물로 여기는 이들도 많지만, 해롭고 파괴적인 의사擬似과학을 전파한 인물로 보는 사람들도 있다.

## ● 어린이의 지성 발달 과정

아이를 정서적·신체적으로 제대로 돌보면 인지 능력도 함께 발달한다. 일상생활을 제대로 이해하려면 엄청난 양의 지식을 습득해야 하는데(우리가 아는 기본 상식은 수백만 가지의 사실로 이루어져 있다), 심리학에서 가장 흥미로운 부분 가운데 하나가 바로 아이들이 이 힘든 과업을 수행해가는 방식을 알아내는 것이다. 지금까지 알아낸 내용들을 다각도로 연구했지만 이 영역에서는 여전히 논란의 여지와 의견 차이가 심하다.

장 피아제<sup>Jean Piaget</sup>는 이 분야에서 가장 영향력 있는 인물 중 한 사람으로 손꼽힌다. 그는 아이들을 세상을 이해하는 적극적인 행위자로 보았다. 피아제는 사고 능력이 4단계에 걸쳐 발전하는데, 각 단계는 이전 단계를 발판으로 삼는다고 믿었다.

## 출생~2세

피아제는 이 시기를 어린 아기가 자신의 감각과 운동을 통해 세상에 대한 지식을 키워나가는 '감각운동' 단계라고 불렀다. 이 발달 단계에서 아기들은 행동과 그에 따르는 결과 사이의 관계를 알아내는 일에 집중한다. 아기는 자기가 식탁 위에 놓인 그릇을 밀쳐서 떨어뜨리는 등의 다양한 행동을 했을 때 벌어지는 일을 관찰하는 데 적극적인 관심을 보인다. 이러한 방법을 통해 인과법칙을 발견하는 것이다.

아기들은 생후 9개월이 될 때까지는 눈에 보이지 않는 대상을 머릿속으로 재현할 수 없다. 9개월 미만의 아기가 원하는 물건을 눈에 안 보이게 숨길 경우 아기는 그것을 찾지 않는다. 그 대상을 마음속에 계속 간직하고 있을 능력이 아직 없기 때문이다. 생후 9개월 정도가 되어야 그 물건이 어딘가로 갔다는 사실을 알고 찾기 시작하는데, 이를 '대상영속성의 발달'이라고 한다.

이러한 사실이 유아의 애착 형성이 생후 7개월까지는 시작되지 않는 이유와 연관이 있을까? 볼비는 그렇다고 생각한다. 아기들은 자기 엄마 때문에 대상영속성이 발달하는 것이기 때문에 이제 엄마가 실제로 옆에 없으면 엄마의 존재를 마음속에 떠올릴 수 있게 된다.

---

**반짝반짝 마음 눈치채기**

아기가 갖고 놀던 인형에 천을 씌워서 모습을 감춰보자. 아기가 즉시 흥미를 잃어버리는가? 만약 그렇다면 아직 대상영속성이 발달하지 않은 것이다.

---

## 2세~7세

피아제는 이 시기를 '전조작' 단계라고 불렀다. 이때가 되면 장난감이 눈에 보이든 아니면 천 아래에 감추어져 있든 상관없이 사물에 대한 심적 표상이 '지금, 이곳'의 수준을 뛰어넘는다. 아이는 기호를 사용해 생각하기 시작하고, 단어가 무언가 다른 것을 나타낸다는 것을 이해하며, 단어를 직접 사용할 수도 있게 된다. 이러한 심적 표상의 발달은 이제 아이가 '역할놀이'에 참여할 수 있게 되었음을 의미한다. 즉 인형을 가지고 사람인 척하면서 놀 수 있는 것이다.

하지만 이 단계의 아이들은 정보 조작 및 변환 기술이 아직 미약하기 때문에 정보를 능숙하게 '조작'하지 못한다. 머릿속으로 어떤 일을 '원상태로 되돌리는' 기술이 좋은 예다. 어린아이를 대상으로 이 능력을 시험하려면 넓은 컵에 담겨 있던 물을 긴 컵에 부은 뒤 어떤 컵에 물이 더 많이 들어가는지 물어보는 것이다. 아이들은 긴 컵에 물이 더 많이 들어간다고 대답할 것이다. 아직까지는 머릿속으로 물을 넓은 컵에 다시 부어 그 양이 동일하다는 것을 깨닫는 과정을 전개하지 못하기 때문이다.

피아제의 말에 따르면, 이 나이대의 아이들은 자기중심적이라서 다른 사람의 시각이 자신과 다르다는 사실을 이해하지 못한다.

## 7세~11세

이 시기는 피아제가 '구체적 조작기'라고 부르는 단계다. 아이들은 이제 실제적이고 구체적인 개념에 관한 정보를 조작하고 변환할 수 있다. 또한 대상을 분류하고 논리적인 순서에 따라 배열할 수 있다. 예컨대 사물에는 다양한 측면이 있다는 사실을 인지하면서 자기 책을 크기나 작가, 표지 색상 등을 기준으로 분류하는 것이다.

이 나이가 되면 자기중심적인 태도가 대부분 사라지지만 피아제는 다른 사람의 관점에서 사물을 바라보는 능력은 아직 미숙할 수 있다고 생각한다.

추상적인 개념보다는 실제적인 의문이나 문제를 해결하는 능력이 더 뛰어나고, 지적 추론을 이용하기보다 매우 실용적인 방법으로 문제를 푸는 것을 선호한다. 마음속으로 미리 최선의 방법을 결정하는 것이 아니라 시행착오를 거치는 쪽을 택하거나 먼저 해결 방안을 추측하고 나중에 그것을 시험해 보는 식이다. 8세 아이가 컴퓨터로 익숙하지 않은 소프트웨어를 사용하거나 새로운 게임을 하는 모습을 관찰하다 보면 계속해서 여러 가지 버튼이나 메뉴를 시도하는 것을 볼 수 있다. 따라서 이 나이의 아이들은 여러 가지 능력이 향상되기는 했지만 아직까지는 현실적이고 구체적이며, 실용적인 생각을 가진 사색가들이라고 할 수 있다.

## 11세 이상

피아제는 이 시기를 '형식적 조작기'라고 부른다. 청소년들은 추상적인 관점에서 사고할 수 있으며, 이제 더 이상 자연계에 존재하는 구체적인 대상에 대한 생각에만 매여 있지 않는다. 이들은 논리적인 추론을 통해 관념적인 가설을 세울 수 있고, 다른 대안을 실제로 시도해 보지 않고도 문제의 해결책을 추정할 수 있다.

아이들에게 다음과 같은 질문을 던져보자. "쥐가 고양이보다 크고, 고양이가 고래보다 크다면 어떤 동물이 가장 클까?" 11세 미만의 아이들은 사실에 입각한 정보를 활용하려고 하고, 고래와 쥐에 대한 실제 지식을 무시하기 어렵기 때문에 이 문제를 놓고 한참 고민한다. 하지만 그보다 나이가 많은 아이들은 엄격한 정신적 논리를 고수할 수 있기 때문에 이 문제에 답하면서 현실을 무시하는 심리 게임을 즐긴다.

청소년들은 추상적인 의문에 호기심을 갖는다. 불공평이나 자유의지 등에 대해 생각할 수도 있고, 인생의 의미 같은 추상적인 질문과 씨름하기도 한다.

## 피아제의 생각은 옳았을까

이후 연구를 통해 인간의 사고가 발달하는 과정은 이보다 더 복잡하다는 사실이 밝혀졌다. 일례로 대상영속성은 피아제의 생각보다 훨씬 이른 시기에 발달했다. 한 연구에서는 생후 5개월 반 된 아기들에게 판지로 만든 토끼가 말도 안 되는 방식으로 나타났다 사라지는 등의 불가능한 시나리오를 보여주었다. 그러자 아기들은 가능한 시나리오보다 불가능한 시나리오 쪽을 더 오래 응시했는데, 이는 어떤 대상이 눈에 보이지 않을 때도 그것이 존재한다는 사실을 아기들이 알고 있음을 의미한다.

피아제는 모든 청소년이 '형식적 조작기'에 다다른다고 생각했다. 하지만 이것은 인간 능력의 다양성을 과소평가한 것이다. 개중에는 추상적으로 사고하는 데 어려움을 겪는 사람들이 있으며, 이런 현상은 성인이 된 뒤에도 계속 이어진다.

가장 중요한 의문 가운데 하나는 다른 사람의 관점에서 세상을 이해하는 방법은 어떻게 배우게 되는가 하는 것이다. 피아제는 7세 미만의 아이들은 자기중심적이기 때문에 다른 사람의 머릿속에 들어가 세상을 바라보는 것이 불가능하다고 생각했다. 하지만 현재는 그 생각이 옳지 않다는 사실이 밝혀졌다. 대부분의 아이들은 어릴 때부터 자신과 다른 관점을 이해할 수 있다.


## 관점의 중요성

한 연구를 통해 18개월밖에 안 된 어린아이들도 타인의 마음을 이해할 수 있는 능력을 지니고 있다는 사실이 밝혀졌다. 아이들에게 자기 물건을 다른 사람에게 빼앗기거나 망가진 어른의 모습을 보여주고 어떤 반응을 나타내는지 살폈다. 이 아이들은 물건을 빼앗긴 사람에게 관심을 보였다. 그 사람의 심정이 어떤지 약간이나마 알아차렸던 것이다.

아이들은 '관점 획득' 능력이 발달함에 따라 생각·욕구·의도·감정 등 타인의 심리 상태를 이해하게 된다. 사회적 동물로서 다른 사람의 마음이 어떻게 움직이는지 이해하고 예측할 수 있는 능력은 인간으로 살아가는 데 있어 매우 중요한 부분이다.

다른 사람의 마음을 이해하는 능력의 경우에도 그 능력만을 위한 특별한 뇌 회로가 존재할지도 모른다. 사이먼 배런코엔은 타인의 마음을 이해하지 못하는 것(그는 이를 가리켜 마음맹mind blindness이라고 불렀다)은 자폐증의 근원적인 문제다. 자폐증을 앓는 사람들은 사회적 상호작용을 처리하는 일에 특정한 어려움을 겪는다. 하지만 대부분의 아이들은 다른 사람의 관점을 획득하는 능력이 있고, 역할놀이를 통해 이 능력을 개척하는 것을 좋아한다. 자기가 고양이나 공주 혹은 경찰인 척하면서 놀고 있는 어린아이는 지금 다른 사람의 마음을 이해하는 정신적 능력을 키우고 있는 것이다.

## 놀이의 중요성

새끼 호랑이들이 노는 모습을 보면 서로를 사냥하거나 몰래 접근하거나 갑자기 덤벼들기도 하면서 논다. 이러한 놀이는 신체적인 기술을 발달시킬 뿐만 아니라 정신 발달에도 중요하다. 마찬가지로 아이들의 역할놀이를 살펴보아도 부모나 의사, 교사 등의 역할을 맡아서 어른이 된 척하면서 노는 경우가 많다.

신체놀이가 아이들의 신체 발달에 도움을 주는 것처럼 역할놀이는 아이의 정신을 계발하고 인지·정서·지적 능력을 키워준다. 아이들은 상상의 놀이에 빠져 지내면서도 어린 나이부터 상상과 현실의 차이를 구분할 줄 안다. 예를 들어 한 연구에서 3세 이상의 아이들은 대부분 진짜 쿠키와 상상의 쿠키를 확실하게 구별할 수 있다는 사실을 밝혀냈다.

러시아의 유력한 심리학자인 레프 비고츠키Lev Vygotsky는 아이들이 상상놀이를 통해 사회적 규칙을 학습한다고 주장한다. 아이들은 다른 사람이 된 척하면서 노는 동안 우리의 사회생활을 지배하는 규칙을 배우고 이해하게 된다. 예를 들어 가게놀이를 하는 아이는 돈이라는 추상적인 개념을 배울 뿐만 아니라 고객과 상점 주인의 역할에 대해서도 알게 된다. 곰 인형에게 다과회를 베풀어주는 아이는 행사 주최자로서의 행동규범을 배운다. 유치원에서 사회적 규칙에 따른 역할놀이를 해본 아이는 학교에 입학한 뒤에 교실에서 지켜야 하는 규칙을 잘 따를 가능성이 높다는 연구 결과도 있다.

언젠가 아이들이 노는 모습을 지켜볼 기회가 생기면 사회적 규칙을 적용하면서 노는지, 사물이나 장난감에 상상의 심리를 투영하는지 살펴보자. 또 혼잣말을 하는지도 관찰해 보자.

비고츠키는 아이들의 발달을 돕는 도구로 언어의 중요성을 강조했다. 특히 취학 전 아동들은 문제를 풀거나 과업을 수행하거나 놀 때에도 혼잣말을 하곤 한다. 비고츠키는 아이들이 언어를 이용해 스스로를 돕는다고 생각한다. '사적 언어'는 행동을 조직하는 데 도움이 되며, 이 과정을 거친 아이들은 문제해결 과제에서 남들보다 나은 성과를 올린다.

아이가 차차 나이가 들면서 이러한 사적 언어는 속삭임으로 바뀌고, 다시 소리 없는 입술 움직임으로 바뀌었다가, 이윽고 완전히 멈추면서 사적인 내면 언어로 자리 잡는 듯하다. 언어는 인간의 정신 발달과 밀접한 관련이 있을 것으로 생각된다.

## 어린이의 언어 발달 과정

단어를 이용하여 정보를 나타내고, 타인과 그 정보를 교환하는 능력은 인간이 하나의 종으로서 커다란 성취를 거둘 수 있게 한 중요한 요소다.

PART 01에서 언급한 것처럼 유명한 언어학자이자 사상가인 노암 촘스키는 다양한 언어가 모두 동일한 기본적 특성을 지니고 있다고 생각하는데, 이를 가리켜 '보편적 문법'이라고 한다. 예를 들어 모든 언어에는 명사와 동사가 존재한다. 현재 대부분의 이론가들은 아기들의 뇌에는 언어를 배울 수 있는 천부적인 능력이 각인되어 있다고 생각한다.

언어 발달 순서는 모든 문화권에서 대동소이하다. 사람과 사물을 가리키는 하나의 단어로 시작해서 1세 무렵이 되면 여러 가지 단어를 깨우치고, 2세가 되면 두세 개의 단어로 구성된 문장으로 발전한다. 3세가 된 아이들은 문법에 맞는 문장을 사용하고, 4세가 되면 어른과 같은 문장을 구사하게 된다. 스티븐 핑커는 일부 문화권에서는 사람들이 어린아이에게 직접 말을 걸지 않기 때문에 초반의 언어 노출 수준이 다른 문화권과 다름에도 불구하고 언어가 동일한 순서로 발달한다는 사실을 지적한다.

언어와 관련된 중요한 단서 한 가지는 6세 이전에 언어에 노출되지 않으면 평생 제대로 배울 수 없다는 것이다. 아마도 단어의 순서와 언어 규칙을 인지하는 뇌의 기능이 출생 직후부터 6세 사이에 중요한 발달 과정을 거치는 것으로 보인다.

스티븐 핑커는 농아로 태어났지만 '발달장애'라는 잘못된 진단을 받은 소녀 첼시를 예로 든다. 첼시의 주변 사람들은 그녀가 31세가 될 때까지 농아라는 사실을 몰랐기 때문에 그때가 되어서야 겨우 보청기를 착용하게 되었다. 첼시는 독립적으로 살아가는 방법은 겨우 익혔지만 언어 능력은 끝끝내 제대로 발달하지 못했다. 구문과 어순에 대한 직관적인 이해력이 부족했던 것이다. 예컨대 첼시는 이런 식으로 말을 했다.

- 배가 물에 앉아 위다.
- 여자는 가는 버스다.
- 아침이 소녀 먹는다.
- 빗는 머리 소년이다.

---

### ✨반짝반짝 마음 들여다보기

**말, 말, 말**

인간은 놀라운 언어 습득 능력을 지니고 있다. 생후 18개월이 되면 대부분의 아이들이 25개 정도의 어휘를 익힌다. 6세가 되면 아는 어휘 수가 1만 5,000개로 늘어나 매일 새로운 단어를 10개씩 배운 셈이 된다. 17세 즈음에는 대부분의 사람들이 6만 개 정도의 어휘를 알게 된다. 이는 살면서 90분에 하나씩 새로운 단어를 배운 것과 마찬가지다.

## 🔵 발달의 사회적 요인

레프 비고츠키는 어린이의 발달에 있어서 다른 사람의 역할이 중요하다고 강조했다. 이는 아이들이 비교적 독립적인 방법으로 새로운 능력을 습득한다고 생각한 피아제의 주장과 대조된다. 비고츠키의 생각은 어른이나 혹은 자기보다 나이가 많고 능력이 뛰어난 형제자매와의 상호작용이 아이들의 인지 능력 및 사회적 이해력 발전에 도움이 된다는 것이다.

심리학자 주디스 해리스Judith Harris는 인간의 사회적 발달에 있어 동료의 역할이 중요하다고 지적한다. 아이들은 연장자는 물론이고 또래 아이들에게서도 많은 것을 배운다. 그렇다면 우리의 성장 발달에 가장 큰 영향을 미치는 사람은 누구일까? 부모님? 형제자매? 아니면 친구들? 이러한 의문에 대해 해리스는 가장 중요한 영향을 미치는 것은 동료 관계라는, 다소 논란의 여지가 있는 주장을 펼친다. 이에 대한 근거로 가족이 새로운 곳으로 이사해 자리를 잡으면 아이들은 자기 부모가 아니라 새로 사귄 친구들의 말투와 억양을 따라 한다는 사실을 지적한다. 또한 청소년 범죄에 연루될 가능성은 어떤 부모 밑에서 자랐느냐가 아니라 어떤 동료들과 어울리느냐에 따라 달라진다는 주장도 덧붙인다.

## 🔵 형제자매의 영향

통념에 따르면 아이들의 출생 순서가 성격에 영향을 미친다고 한다.

첫째는 성공 지향적이고, 막내는 버릇없고 반항적이며, 가운데 아이는 중간에 끼어 혼란을 겪으면서 무시당한다는 느낌을 받는다는 것이다. 그리고 '최초의 우주비행사 23명 가운데 21명이 첫째였다'와 같은 일화적인 근거를 내세우기도 한다. 그러나 이러한 결과는 가족 규모와 생활수준의 차이 때문에 나타난 것일지도 모른다. 우주비행사들은 부유하고, 교육수준이 높으며, 자녀수는 적은 가족 출신일 가능성이 높기 때문에 이러한 가정에서 태어나 성공을 거둔 아이는 첫째일 확률이 높은 것이다.

형제자매가 미치는 영향과 관련해 심리학계에서는 많은 논의가 진행되고 있지만 아직까지 일관된 연구 결과는 나오지 않고 있다. 그중 가장 신뢰할 만한 내용은 남자아이에게 형이 많을수록 동성애자가 될 가능성이 높다는 것뿐이다. 이 경우 남자 형제가 없는 다른 가정으로 입양되어도 마찬가지 성향을 나타내는 것으로 보아 모종의 생물학적인 이유가 있을 것으로 생각된다.

외동으로 자라는 것은 성격에 어떤 영향을 미칠까? 외동으로 자라면 성격에 부정적인 영향이 생긴다는 심리학적 통념은 한때 프로이트와 함께 일했던 알프레드 애들러Alfred Adler에게서 비롯되었다. 애들러는 외동으로 자라는 것 '그 자체가 질병'이라는 말까지 했다. 하지만 이러한 생각이 연구를 통해 확인되지는 않았다. 외동아이와 형제자매가 있는 아이들의 유일한 차이는 외동아이 쪽이 성취욕이 더 높다는 것뿐이다. 이는 아마도 부모가 외동아이에게 더 많은 시간과 지원을 투자하기 때문인지도 모른다.

## 10대 청소년 부모의 영향력

연구에 따르면 부모의 양육 태도가 아이의 발달에 영향을 미친다고 한다. 일례로 10대 청소년과 그 부모를 대상으로 한 연구에서 다양한 양육 스타일이 미치는 영향이 드러났다. 다이애나 바움린드<sup>Diana</sup> Baumrind의 주장에 따르면, 부모의 양육 태도는 대개 두 가지 유형으로 나뉜다.

- 민감하게 반응하는 태도 : 10대 자녀의 요구를 수용하고 지원하는 쪽으로 반응한다.

- 많은 것을 요구하는 태도 : 10대 자녀에게 많은 것을 요구한다.

부모들은 이 두 가지 범위 안에서 다시 또 다양한 모습을 보이기 때문에 기본적으로 네 가지 양육 태도로 구분할 수 있다.

- 권위 있는 부모 : 자녀의 요구에 매우 민감하게 반응하는 동시에 자녀에게 요구하는 것도 많다. 온화한 태도로 자녀를 지지하지만 수용 가능한 행동에 대해서는 명확한 지침을 제시하고, 그에 대한 기대치가 확실하다.

- 권위주의적 부모 : 자녀의 요구는 잘 들어주지 않으면서 기대하는 것은 무척 많은 유형. 자녀를 따뜻하게 지지해 주지 않으며, 높은 행동 기준을 강요하면서 무조건적인 복종을 기대한다.

- 관대한 부모 : 자녀의 요구는 잘 들어주지만 부모 쪽에서 요구하는 것은 거의 없다. 자상한 태도로 자녀를 대하지만 10대 자녀의

행동을 지도하는 일에 소극적이며, 많은 자유를 허용한다.

- 무관심한 부모 : 아이의 요구에 반응하지도 않고, 부모 쪽에서 무언가를 요구하지도 않는 유형. 이런 부모는 10대 자녀에게 별 관심이 없기 때문에 아이에게 들이는 시간과 에너지를 최소화한다.

이 중 가장 좋은 결과를 얻는 것은 권위 있는 부모 쪽이다. 당신의 부모가 이러한 유형이라면 당신은 자립적이고, 학교에서 좋은 성과를 거두며, 자제력과 창의력이 뛰어나고, 호기심이 많으며, 어디에서나 적응을 잘하는 사람이 될 가능성이 높다. 반대로 권위주의적인 양육 태도는 사교 기술이 떨어지고, 자신감과 호기심이 부족한 청소년을 낳는다. 관대한 부모 밑에서 자란 청소년은 미성숙하고, 책임감이 없으며, 리더십이 부족하고, 또래 친구들의 영향을 많이 받는다. 마지막으로 무관심한 부모의 자식들은 충동적이고, 사회규범에 어긋나는 행동을 하며, 어릴 때부터 섹스와 술, 약물에 빠져들 가능성이 있다.

권위 있는 양육 태도가 가장 좋은 결과를 얻을 수 있다.

## 청소년기 : 투쟁과 탐구

1905년 G. 스탠리 홀<sup>G. Stanley Hall</sup>이 사춘기를 혼란의 시기라고 칭한 이후부터 심리학자들은 청소년기를 질풍노도의 시기로 규정하고 있다. 에릭 에릭슨<sup>Erik Erikson</sup>은 본래 자신의 생각을 정립하기 전에 프로이트의 영향을 많이 받은 심리학자인데, 청소년기에는 다들 자기가 누구이고 어떻게 살아가야 할지 잘 모르기 때문에 자신의 정체성을 찾기 위해 애쓴다는 이론을 제시했다.

　자신의 정체성을 확실하게 정립하는 것은 청소년기의 과제다. 청소년들은 자신에게 일관된 방향을 제시해 주는 답을 찾을 때까지 계속해서 다양한 이데올로기와 가치관, 라이프스타일을 실험한다.


## 성인기 : 지속적인 발전

에릭슨의 관점에 따르면 인간은 성인이 된 뒤에도 계속 발전하며, 다양한 시기에 겪는 다양한 딜레마와 맞서 싸운다고 한다. 그는 인간의 발전은 이러한 딜레마를 성공적으로 헤쳐 나갈 수 있는, 혹은 그의 표현을 빌자면 '심리사회적 과업'을 달성할 수 있는 방법을 찾아가는 과정이라고 생각했다.

　성년 초기인 20~24세 사이에 겪는 딜레마는 다른 이와 친밀한 성적 관계를 맺으면서 내 삶을 그와 공유할 것인지, 아니면 독자적인 생활을 유지할 것인지 하는 것이다. 이때 남을 신뢰할 수 있는 능력 등 앞서 진행된 발전 과정에서 얻은 능력이 결정에 도움을 준다. 성인 중기인 20~60대에 완수해야 하는 과업은 자녀 양육이나 일 등을 통해 사회에 기여하는 것이다. 이 시기의 딜레마는 사회에 기여하는 것과 자신에게 당면한 욕구를 해소하는 일 사이에 갈등이 발생하는 것이다. 65세쯤 되면 지금까지의 삶을 되돌아보면서 평가하는 시간을 갖게 된다. 인생 초반에 발생한 딜레마를 잘 해결했다면 만족스러운 기분으로 노년기에 접어들 수 있다.

　이렇듯 우리의 발달 과정에 영향을 미치는 요소들은 매우 많기 때문에 오늘의 나는 이와 같은 다양한 요소들의 복잡한 상호작용의 결과로 빚어진 산물인 셈이다. 이를 통해 당신은 어떤 성격을 지니게 되었는가? 이 의문은 다음 PART에서 해결해 보자.

---

### 📝 PART 03의 속·마·음

- 우리는 빈 서판 상태로 태어나는 것이 아니라 인지 · 정서 · 사회적 능력 발달에 필요한 정신 프로그램이 선천적으로 내재되어 있다.

- 어렸을 때 어떤 감정적 보살핌을 받았는가에 따라 정서적 · 사회적 발달이 영향을 받는다.

- 어려서 형성된 애착관계가 훗날 타인과의 관계에까지 영향을 미친다.

- 우리의 발달에는 놀이와 동료 그리고 타인을 통한 학습이 중요한 부분을 차지한다.

- 부모의 양육 태도(권위 있는 부모, 권위주의적 부모, 관대한 부모, 무관심한 부모)가 아동의 행동 방식을 결정한다.

- 심리적 변화는 성인기에도 내내 계속된다.

---

타인의 기본적인 욕구를 이해하면 그 사람을 있는 모습 그대로 받아들일 수 있다. 그들의 성향을 나와 비슷하게 바꾸려는 것은 실패할 것이 뻔한 시도다. 일례로 당신의 파트너에게 호기심 성향이 부족하다면 아무리 재미있는 책에 대해 이야기하고, 흥미로운 강연회 티켓을 내밀어도 애초에 새로운 지식을 얻고자 하는 욕구가 없기 때문에 지식에 대한 갈망을 높일 방법이 없다.

PART 04

# 성격에 대한
# 이해

성격은 운명이다.

– 헤라클레이토스, 그리스 철학자

모든 사람은 '외향적', '수줍음', '공격적' 같은 꼬리표를 이용해 자기 자신과 다른 이들의 성격을 판단한다. 이러한 생각이 사람을 이해하고 예측하는 데 있어 정확하고 유용할 때도 있고, 그렇지 않을 때도 있다. 심리학은 개인적인 차이에 대해 우리가 가지고 있는 상식적인 지식 외에 또 무엇을 가르쳐줄 수 있을까?

고든 올포트Gordon Allport는 1920년대에 이 분야에서 활약하면서 '성격personality'이라는 용어를 대중화시킨 최초의 심리학자 가운데 한 명이다. 성격에 대한 면밀한 연구를 처음 시도한 개척자 중 한 사람인 한스 아이젱크는 수많은 기본적인 사실들을 밝혀냈다.

> 🔵 반짝반짝 마음에 새겨두기
>
> 성격이란 개인의 정신–신체적 체계 안에서 그의 특징적인 행동과 사고, 감정 패턴을 결정하는 역동적인 조직이다.
>
> – 고든 올포트, 1961

올포트와 오드버트Odbert는 성격을 이해하기 위한 노력의 일환으로, 우리가 자신의 행동을 묘사하는 데 사용하는 단어 1만 8,000개를 분석한 뒤 이것을 기본적인 성격적 특성을 나타내는 여러 개의 소그룹으로 나누었다. 수십 년에 걸쳐 설문조사 결과를 연구하고, 여기에서 드러난 특징들을 세심하게 갈고닦은 끝에 루이스 골드버그Lewis Goldberg

같은 심리학자들은 우리가 하는 행동 대부분을 다섯 가지 기본 요인으로 설명할 수 있다는 사실을 알아냈다. 이것을 '5대 요인'이라고 하는데 친화성, 성실성, 신경증 성향, 개방성, 외향성으로 구성된다.

## 5대 성격 특질

### 친화성

이 특징에 대한 설명을 읽기 전에 다음 6개 문항이 본인의 성향과 얼마나 일치하는지 0에서 10점까지 점수를 매겨보자.

- 누구에게나 칭찬을 해줄 수 있다.
- 다른 사람들도 선한 의도를 갖고 있다고 믿는다.
- 다른 사람들을 존중한다.
- 사람들을 있는 모습 그대로 받아들인다.
- 사람들의 기분을 편안하게 해준다.
- 다른 사람을 모욕하지 않는다.

친화성이 높게 나온 사람은 타인의 요구를 상당히 중요하게 여기는 사람이다. 다른 사람들과 쉽게 친분을 쌓고, 남을 신뢰하는 경향이 있다. 모든 사람과 전반적으로 화목한 관계를 유지하며, 섣불리 화를 내지 않고, 다른 사람과 사이가 '틀어지는' 경우가 적다. 또 그러한 상황이 발생하더라도 상대방을 금세 용서한다.

친화성이 높을 때의 장점은 타인과의 좋은 관계를 통해 이익을 얻거나 협력의 대가를 누릴 수 있다는 점이다. 하지만 높은 친화성에도 불리한 면은 있다. 다른 사람이 '나를 못살게 굴거나' 남을 위해 자신의 요구를 희생하는 경우가 생기기 때문이다. 친화성은 타인과의 협력 또는 경쟁 사이에서 균형을 유지하는 역할을 한다.

친화성이 낮은 사람은 일반적으로 타인의 요구를 충족시키는 일보다는 자신의 이익을 도모하는 일에 더 관심이 많다. 이들은 태도가 비우호적이고, 남을 쉽게 믿지 않으며, 타인의 고통에 별다른 반응을 보이지 않는다. 사회규범에 따르지 않거나 적대적인 태도를 보일 가능성도 높다. 친화성이 높은 사람이 보기에 이러한 사람들은 적의에 차 있고 매정하다는 인상을 준다.

그러나 친화성이 낮은 성격도 나름의 이점이 있다. 기업 경영진들을 대상으로 조사한 결과, 친화성이 낮을수록 소득이나 회사 내에서의 지위가 높은 것으로 나타났다. 또한 친화성이 낮은 사람들은 창조 산업처럼 경쟁이 심한 다른 분야에서도 성공할 확률이 높다.

심리학자 대니얼 네틀Daniel Nettle은 공감 능력이 이러한 성격적 특성의 열쇠라고 생각한다. 그는 친화성이 높은 사람들을 가리켜 '공감 능력자'라고 부른다.


## 성실성

다음의 문장이 본인의 성향과 얼마나 일치하는지 0에서 10점까지 점수를 매겨보자.

- 나는 항상 준비를 갖추고 있다.

- 세부적인 부분에까지 관심을 기울인다.

- 자질구레한 일이 생기면 즉시 해결한다.

- 내가 세운 목표를 달성한다.

- 계획을 세우면 반드시 지킨다.

- 자기의 의무를 게을리하지 않는다.

성실성 매우 낮음　　　　　　　　성실성 매우 높음

성실성이 높은 사람은 계획을 세우거나 장기적인 목표를 달성하기 위해 당장의 기쁨을 나중으로 미루는 데 능하다. 성실한 이들은 많은 목표를 세우고 그것을 끝까지 고수하며, 단정하고 논리 정연한 태도를 보이는 경우가 많다.

이 특성에는 여러 가지 장점이 있다. 우선 성실성은 직업 및 학문상의 성공을 예견한다. 그리고 성실한 사람은 남들보다 오래 사는데, 이는 아마도 평소 자신의 건강을 꼼꼼하게 돌보고 중독 행위 같은 위험하고 충동적인 행동에 빠져드는 일이 드물기 때문일 것이다. 성실성의 단점은 가끔씩 임의의 상황이나 계획 변동에 유연하게 대처하지 못하는 경우가 있다는 것이다. 이러한 성향을 지닌 이들은 질서 정연하게 통제된 상황에 지나치게 집착한 나머지 재미와 여유로움을 잃어버리며, 강박적인 행동에 젖어들기 쉽다.

성실성이 부족한 사람은 '느긋하고 태평스럽다.' 이들에게 노력은 중요하지 않으며, 단정하고 논리 정연하기보다는 즉흥적으로 행동하는 경향이 있다. 성실성 점수가 낮은 이들은 스스로 목표를 세우는 경우가 적으며, 설령 세웠다 하더라도 잘 지키지 않는다. 이들은 성실한 사람을 엄격하고, 융통성이 없으며, 옹졸하다고 생각한다. 성실성이 많이 부족한 사람은 집중력이 떨어지고, 주어진 과업을 끝까지 완수하는 데 어려움을 겪으며, 충동조절장애가 있을 수도 있다. 이 특성이 부족한 이들은 중독 성향을 보이거나 반사회적인 행동을 할 확률이 높다.

성실성은 충동적인 즉흥 행동과 계획 사이에서 균형을 이룬다. 대니얼 네틀은 성실성이 높은 사람의 성향은 한마디로 '통제자'라는 말로 요약할 수 있다고 한다.

## 신경증 성향

다음 문장의 내용 가운데 자신과 닮은 부분이 있는가?

- 우울할 때가 많다.
- 나 자신이 싫다.
- 의기소침하게 지내는 일이 잦다.
- 기분이 자주 바뀐다.
- 쉽게 당황한다.
- 스트레스를 쉽게 받는다.

0   10   20   30   40   50   60

신경증 성향 매우 낮음          신경증 성향 매우 높음 신경증 성향 점수가 높게 나온 사람은 불안감, 저조한 기분, 슬픔, 분노 같은 부정적인 감정을 많이 느끼는 사람이다. 하지만 이것도 장점이 될 수 있다. 부정적 정서도 다 이유가 있어서 존재하는 것이기 때문이다. 부정적 정서가 진화한 이유는 우리가 신체적 위험이나 상실, 사회적 배척 같은 해로운 일들을 피할 수 있게 하기 위해서다. 평소 부정적인 감정이 많으면 위협이 다가오는 것을 쉽게 파악할 수 있기 때문에 미리 조심해서 자신을 안전하게 보호할 수 있다. 또 높은 신경증 성향은 많은 동기를 부여하기도 한다. 학생의 신경증 성향에 조직과 규율의 힘이 합쳐지면 대학 진학 결과가 더 좋아진다.

> 높은 신경증 성향이 많은 동기를 부여하기도 한다.

신경증 성향이 높을수록 사색적인 경향을 보인다는 것도 또 하나의 장점이다. 한 연구를 통해 신경증 성향이 높은 사람들은 고도의 사고력이 필요한 전문직에서 성공할 가능성이 특히 높다는 사실이 밝혀졌다. 하지만 단점도 있으니, 신경증 성향이 높으면 정신적으로 많은 고통을 겪거나 우울증 또는 불안감에 사로잡힐 가능성이 높다.

신경증 성향이 낮은 사람들은 평소 침착하고 스트레스를 쉽게 받지 않는다. 하지만 위험에 민감하지 않기 때문에 위기 상황에 처할 가능성이 높은데, 때로는 위기를 통해 보상을 얻는 경우도 있기 때문에 이러한 성향이 장점이 될 수도 있다. 또 몇몇 직업의 경우에는 도움이 되기도 한다. 신경증 성향이 낮은 이들은 위험과 위협에 능숙하게 대처하고, 당면한 문제를 냉정하게 처리할 수 있어서 경찰과 군인 업무에 적합하다. 일례로 에베레스트 등반가처럼 위험한 활동을 택하는 이들은 신경증 성향이 낮을 확률이 높다. 단점은 진짜 위험을 무시하게 될 수도 있다는 것이다. 에베레스트 등반가 15명 중 1명은 등반

도중에 목숨을 잃는다.

네틀은 신경증 성향이 위협에 민감한 사람과 그렇지 않은 사람 사이에서 균형을 잡아준다고 생각했다. 이러한 특성이 강하게 나타나는 사람들은 '걱정꾼'이다.

## 개방성

경험에 대한 개방성과 관련해서는 점수를 얼마나 얻었는가?

- 예술이 매우 중요하다고 생각한다.
- 상상력이 풍부하다.
- 고차원적인 주제로 대화를 이끈다.
- 새로운 아이디어에 귀 기울이는 것이 즐겁다.
- 상상의 나래를 활짝 펴는 것을 좋아한다.
- 새로운 생각에 열광한다.

0  10  20  30  40  50  60

개방성 매우 낮음              개방성 매우 높음

이 특성은 독창적인 생각과 새로운 아이디어에 대한 개방성을 나타내는 것이다. 개방성이 높은 사람은 마음이 여러 갈래로 뻗어나가 다양한 개념을 서로 연결 짓고, 독창적인 관점을 제시하기도 한다. 이러한 확산적인 사고방식 때문에 개방성이 높은 사람들은 사회규범에 도전하는 경향이 있다. 대부분 예술과 시, 문학을 사랑하고 진보적인 시각을 가지고 있다. 예술 혹은 창조적인 분야의 직업에 마음이 끌리고, 인습을 거부하며, 직업을 자주 바꾸는 등 스스로 정한 자기만의

개방성은 톡톡 튀는 창의성과 신뢰할 수 있다고 증명된 지혜 사이의 균형 지점이다. 인생길을 걸어간다. 이들의 창의성은 파트너를 매료시키는 데 유리하게 작용한다.

개방성이 높은 성격의 단점은 창의적인 성격 때문에 이상한 신념에 빠질 위험이 높다는 것이다. 네틀은 개방성이 높은 이들은 마음속의 다양한 성향을 가로막는 경계가 별로 없기 때문에 정신질환에 걸릴 가능성이 높다고 생각했다. 개방성은 창조적인 활동을 예견하지만 정신 건강 문제와도 맞닿아 있는 것이다. 실제로 작가와 화가들 중에는 정신질환을 앓는 이들이 많다.

개방성이 낮은 사람들은 전통을 선호하고, 친숙한 대상 곁에 머물려고 하며, 새로운 아이디어를 탐구하는 데 별로 관심이 없다. 삶을 대하는 태도도 틀에 박혀 있으며, 보수적인 관점을 지녔다.

개방성은 창의성과 오랜 경험을 통해 신뢰할 수 있다고 증명된 지혜 사이의 균형 지점이다. 네틀은 개방성이 높은 이들을 '시인'이라고 부른다.

## 외향성

이 척도에서 자신이 어디쯤에 속할지 이미 잘 알고 있을 수도 있다.

- 나는 언제 어디서나 그 자리의 주인공이 된다.
- 사람들에게 둘러싸여 있어야 기분이 좋다.
- 내가 대화를 주도한다.
- 모임에 참석하면 다양한 부류의 사람들과 이야기를 나눈다.
- 남들의 관심이 내게 집중되어도 상관없다.

- 사람들과 빨리 친해진다.

이것은 칼 융이 처음으로 대중화시킨 가장 유명한 성격 차원이다. 외향적인 사람이 대개 사교적이고 남과 어울리기 좋아한다는 사실은 다들 알고 있다. 그렇다면 이러한 성격을 지니게 되는 이유는 무엇일까? 한스 아이젱크는 외향적인 사람과 내성적인 사람의 차이는 유전적으로 타고난 뇌 생리 기능의 차이 때문이라는 학설을 제시했다.

심리학자들은 외향적인 사람은 내성적인 사람에 비해 긍정적인 감정을 더 격렬하게 느끼기 때문에 보상에도 보다 민감하게 반응한다고 생각한다. 이 말은 곧 외향적인 사람은 성취, 사랑, 섹스, 즐거움, 동료 등 '인생의 좋은 부분'에 강하게 이끌릴 가능성이 높다는 말이다.

외향적인 사람은 다른 사람과 함께 있는 것을 좋아하지만 그렇다고 해서 반드시 내성적인 이들에 비해 사회석인 기술이 뛰어난 것은 아니다. 외향적인 사람은 파티에 가는 것을 좋아하지만 아무도 관심 없는 주제에 대해 큰 소리로 떠들어대거나, 다른 사람을 불쾌하게 만들거나, 방 안에 있는 이들에게 집적대서 모든 이들의 분노를 사게 될 가능성도 있다. 다른 사람들과 잘 어울릴 수 있는 능력은 외향성이 아니라 친화성으로 결정되기 때문이다.

연구에 따르면 외향적인 남녀는 내성적인 이들에 비해 성관계를 갖는 상대가 많다고 한다. 그리고 외향적인 사람은 보상에 따라 움직이는 경향이 강하기 때문에 부정을 저지르고자 하는 유혹에 쉽게 넘어간다. 따라서 불륜관계도 자주 맺고, 다중 결혼을 하는 경우도 많으므로 그만큼 이혼이나 가정 파탄을 겪을 가능성도 높아진다.

외향적인 사람은 보상을 얻기 위해서라면 새로운 길을 개척하거나 위험을 무릅쓰는 것도 마다하지 않는다. 이러한 행동을 통해 기대했던 성과를 올리는 경우도 있지만 위험이 많으면 더불어 사고도 많아지는 법이다. 한 연구에서는 자동차 사고를 일으킨 사람 중에는 외향

### 한스 아이젱크 Hans Eysenck

아이젱크(1916~1997)도 심리학계에 많은 논란을 야기한 인물이다. 부모가 둘 다 배우였던 아이젱크는 독일에서 태어나 자랐다. 히틀러가 권력을 잡자 아이젱크는 나치당원이 되지 않으면 대학에 갈 수 없다는 말을 듣고 히틀러와 그가 상징하는 모든 것에 반대했기에 독일을 떠나 영국에 정착했다.

아이젱크는 다양한 주제를 연구했지만 그중 가장 유명한 것은 지성과 성격에 관한 연구다. 그는 자기가 극도로 내성적인 사람이라 처음 만나는 사람과 이야기를 나누거나 청중들 앞에서 연설을 하기가 힘들다고 했다. 당시 사람들은 모든 행동은 학습된 것이라고 생각했는데, 아이젱크는 성격에는 유전적인 요소가 강하게 작용한다고 믿었기 때문에 그의 생각은 환영받지 못하고 의혹만 사게 되었다. 그러나 아이젱크는 논란을 두려워하지 않았고, 자신이 비과학적이고 비효율적이라고 여겼던 프로이트파 심리 치료사들을 비롯해 학계 동료들을 거침없이 비판했다.

그는 또 인간의 지성에도 강력한 유전적 요소가 있다고 믿었고, 여러 인종의 지성에 유전적인 차이가 존재한다고 추측함으로써 많은 이들의 분노를 사기도 했다.

아이젱크를 비판하는 이들은 그를 우익 인종차별주의자라고 비난했고, 런던 정치경영대학교에서 열린 좌담회에 참석했다가 한 여성에게 얼굴을 얻어맞는 일이 벌어지기도 했다. 또 그와 그의 자녀들에 대한 살해 협박도 있었다. 하지만 이러한 비난에도 불구하고 아이젱크는 젊은 시절 독일에서의 경험 때문에 인종이나 다른 이유를 바탕으로 타인을 억압하는 행동에 격렬히 반대한다는 입장을 고수했다.

아이젱크는 행동 치료의 창시자 가운데 한 명이고, 100권이 넘는 책을 펴낸 열성적인 연구가이자 작가였다. 그의 아들인 마이클 아이젱크도 유명한 심리학자가 되어 현재 런던대학교 로열 홀로웨이 교수로 재직 중이다.

성 점수가 높은 사람이 많다는 결과가 나오기도 했다.

내성적인 사람은 외적 보상에 좌우되는 일이 적고, 삶의 기쁨을 통해 자극을 얻는 일도 없지만 훨씬 신뢰할 수 있는 사람들이다. 외향성은 위험이 따르는 보상을 얼마나 추구하는가와 관련이 있다. 네틀은 외향성이 높은 사람들의 성향을 '탐험가'라는 말로 요약하고 있다.

## 제6의 성격 요인

일부 심리학자들은 정직−겸손성은 '5대' 성격 요인의 범주에 맞지 않기 때문에 이것을 여섯 번째 요인으로 추가해야 한다고 주장한다. 이것은 우리의 성실성 · 공정성 · 탐욕에 대한 회피 · 겸손함의 정도를 나타내는 것이다. 정직−겸손성 특징의 한 측면인 공정성을 살펴보면 이 성향에 대한 점수가 어떻게 나올지 예상할 수 있다.

- 내 것이 아닌 물건을 가지려고 하지 않는다.
- 납부해야 할 세금을 속이려고 들지 않을 것이다.
- 계산원이 실수로 거스름돈을 많이 내준 경우 반드시 돌려준다.
- 만약 물건을 훔쳤다면 오랫동안 심한 죄책감에 시달릴 것이다.
- 규칙을 따르려고 노력한다.
- 충동적으로 다른 이를 속일 경우 내 행동을 후회하게 될 것이다.

0　10　20　30　40　50　60

공정성 매우 낮음　　　　　　공정성 매우 높음

정직-겸손성이 높은 사람은 항상 진실한 태도로 다른 사람을 대하며, 자신의 이익을 타인의 이익보다 우선시하는 것을 꺼린다. 반면이 성향과 관련해 낮은 점수를 받은 사람은 반사회적인 행동 또는 복수심에 불타는 행동을 하거나, 직장에서 절도나 잦은 결근 등으로 문제를 일으키기 쉽고, 성적 관계를 맺는 파트너에게 불성실한 태도를보일 가능성이 높다.

## 🔘 시간이 지나면 성격도 바뀔까

성격은 생각보다 쉽게 바뀌지 않는다. 한 연구에서는 5대 성격 요인테스트를 실시하고, 그로부터 6일 뒤 혹은 12년 뒤에 똑같은 테스트를 해도 점수가 이전과 비슷하게 나온다는 사실을 밝혀냈다. 물론 성인기를 거치는 동안 아주 약간 변화가 생기기는 한다. 전보다 태도가

> 성격은 생각보다 쉽게
> 바뀌지 않는다.

상냥해지고, 성실성이 높아지며, 신경증적인 태도도 줄어드는 것이다.

이처럼 기본적인 성격을 바꾸는 것은 어렵지만 그것을 표현하는 방식은 바꿀 수 있다. 일례로 당신이 스카이다이빙을 좋아하는 외향적인 사람인데 가족과 친구들이 스카이다이빙은 너무 위험하다면서 말린다면 산악자전거처럼 흥미진진하면서도 위험성이 적은 취미로 바꾸는 것도 괜찮을 것이다.

자신의 성격을 이해하면 보다 효과적인 결정을 내리는 데 도움이된다. 다른 이들과 함께 일하는 것을 좋아하고, 친화성이 높은 사람은 판매직이나 자신의 의견을 고수하면서 힘든 결정을 내려야 하는

관리직보다는 남을 돌보는 직업이 잘 맞을 것이다. 물론 현재 하는 일이 천성적으로 자기에게 맞지 않는다는 사실을 깨달았다 하더라도 금세 직업을 바꾸는 것이 쉬운 일은 아니다. 예를 들어 개방성이 높은 사람 중에도 경제적인 현실 때문에 독창적인 사고를 억압하는 단순반복 업무에 매여 사는 이들이 많다. 당신이 바로 이러한 상황에 처해 있다면 여가 시간에 창의력을 발휘할 수 있는 일을 찾는 것이 중요하다.

타인의 성격을 정확하게 평가하면 그들의 행동을 예측하고 변화를 현실적으로 예상하는 데 도움이 된다. 상사나 친구, 자녀, 파트너의 기본 성격 유형을 자신의 취향에 맞게 고치려 든다면 결국 좌절과 실망만 맛보게 될 것이다.

> 타인의 성격을 정확하게 평가하면 그들의 행동을 예측할 수 있다.

---

**✦반짝반짝 마음 눈치채기**

**세부적인 사항에 유의하라**

어떤 사람의 성격을 알고 싶다면 그가 하는 행동의 세부적인 부분에 주의를 기울이는 것이 좋다. 때로 사람들은 아주 사소한 부분에서 자신의 성격을 드러낸다. 일례로 연인과 식당에 갔을 때 상대방이 포크와 나이프, 소금과 후추통의 위치를 바꾸면서 테이블을 다시 정리하는 경우가 있다. 이런 모습은 전반적으로 성실성이 높은 사람임을 드러낸다. 아니면 웨이터가 실수로 와인을 한 방울 흘렸을 때 눈살을 찌푸리는 모습을 보인다면 전체적으로 친화성이 낮은 사람이라는 사실을 알 수 있다.

네틀은 이런 사소한 행동은 프랙탈fractal과 같아서 이 축소 패턴을 자세히 들여다보면 그 사람의 전체적인 행동 패턴과 유사하다는 사실을 알게 된다고 말한다.

## 성격에 대한 다양한 접근 방식

심리학자 스티븐 라이스$^{Steven Reiss}$는 이와 다른 접근 방식을 취한다. 그는 성격을 가장 확실하게 이해하는 방법은 동기의 측면에서 바라보는 것이라고 생각한다. 라이스는 다양한 사회적 지위를 가진 수천 명의 사람들에게 자신을 움직이는 가장 중요한 동기가 무엇이냐고 질문했고, 이들의 대답을 바탕으로 인간에게는 16가지 기본 욕구가 있다는 결론을 내렸다. 이 16가지 욕구에 대한 개인적인 관심이 그 사람의 성격을 결정한다.

다음 목록을 읽어보자. 당신에게는 어떤 욕구가 가장 중요한가? 자신에게 중요한 것, 애매한 것, 중요하지 않은 것으로 나누어 등급을 매겨보자.

- 권력에 대한 욕구 : 다른 사람들을 통제하고 영향을 미치고자 하는 욕구. 이 욕구를 지닌 사람들은 매우 야심만만하고, 리더의 자리를 얻으려고 노력하며, 여러 사람이 모인 자리에서 분위기를 주도하려는 모습을 보인다.

- 자기 본위의 욕구 : 타인에 대한 의존에서 벗어나고자 하는 욕구. 이 욕구가 높은 사람들은 다른 사람의 조언을 받아들이려 하지 않고, 무엇이든 혼자 힘으로 해결하는 것을 좋아하며, 무슨 일로든 타인에게 의존하는 것을 싫어한다.

- 호기심의 욕구 : 지식과 통달에 대한 욕구. 질문을 많이 하고, 진리를 탐구하는 것을 좋아하며, 사고와 사색에 많은 시간을 할애하는 사람들에게 주로 보이는 특징이다.

- 소속감의 욕구 : 사회적으로 받아들여지고자 하는 욕구. 소속감을 원하는 사람들은 거부와 비판을 극도로 싫어하며, 스스로에 대해 자신감을 갖기 위해 다른 이들의 동의를 필요로 한다.

- 질서에 대한 욕구 : 조직화에 대한 욕구. 질서를 원하는 사람들은 계획 수립, 청결, 명확한 규칙 등을 좋아한다.

- 부의 욕구 : 물건을 소유하려는 욕구. 물건을 수집하거나 지출을 세심하게 관리하고, 절약하는 습관이 있는 사람들은 대개 이러한 성향을 지니고 있다.

- 명예 욕구 : 자기 부모나 문화권 · 종교 · 나라의 도덕률을 따르고자 하는 욕구. 원칙 · 의무 · 충성심을 높게 평가하는 사람에게는 이 성격이 중요하다.

- 사회 정의의 욕구 : 보다 공정한 사회에 대한 욕구. 이 특성이 강한 사람들은 자신을 기꺼이 희생하여 가난한 사람을 돕거나 좋은 일을 위해 봉사한다.

- 친교 욕구 : 다른 사람과 함께 시간을 보내고자 하는 욕구. 혼자 있는 것을 싫어하거나 대부분의 시간을 사람들에게 둘러싸여 있어야 행복감을 느끼는 경우를 들 수 있다.

- 가족에 대한 욕구 : 자기 아이를 낳아 보살피고자 하는 욕구. 이러한 특성을 지닌 사람들은 아이를 가지는 것이 자기 행복의 중심이라고 생각하며, 다른 부모들에 비해 아이들과 함께 보내는 시간이 많다.

- 지위에 대한 욕구 : 사회적 위신에 대한 욕구. 이 특성은 늘 수중에 넣을 수 있는 것 가운데 가장 좋은 것을 구입하고, 남에게 깊은 인상을 남길 목적으로 어떤 일을 하거나 물건을 소유하며, 명

망 있는 그룹에 속하려고 노력하는 사람들을 가리킨다.

● 앙갚음의 욕구 : 당한 만큼 갚아주고자 하는 욕구. 다른 사람과 경쟁하는 것을 좋아하고, 남에게 피해를 입히거나 모욕을 당하면 반드시 복수하려고 한다. 앙갚음 욕구가 높은 사람들은 다른 이들에 비해 분노와 공격성을 자주 드러낸다.

● 로맨스 욕구 : 섹스와 미에 대한 욕구. 연애 욕구가 높은 사람들은 연애와 섹스, 아름다운 것을 추구하거나 탐닉하면서 보내는 시간이 매우 많다.

● 음식 욕구 : 먹을 것에 대한 욕구. 이 욕구가 높은 사람들은 음식을 먹거나 다이어트를 하면서 많은 시간을 보낸다.

● 신체 활동의 욕구 : 운동에 대한 욕구. 스포츠나 육체 활동이 본인에게 중요하고, 평생 늘 해오던 일인 경우 신체 활동 욕구가 높은 사람들이다.

● 평온함에 대한 욕구 : 고요함과 정서적 안정에 대한 욕구. 평온함을 원하는 사람들은 쉽게 겁을 먹고, 스트레스에 대한 내성이 낮은 편이다.

라이스는 비록 형태는 조금 다르지만 동물에게서도 이러한 기본적인 욕구를 거의 대부분 찾아볼 수 있다고 주장한다. 예를 들어 동물들도 새로운 대상을 접하면 호기심을 느끼고 그것에 대해 조사하며, 먹을 것을 비축하는 것으로 부에 대한 욕구를 충족시킨다.

그는 우리의 모든 행동은 직접적으로든 간접적으로든 이러한 욕구를 충족시키고자 하는 목표를 가지고 있다고 한다. 일례로 당신이 이 책을 읽게 된 동기는 무엇인가? 이해와 지식에 대한 욕구인 '호기심'

때문이었는가? 아니면 자신의 지식으로 누군가에게 감명을 주고자 하는 '명성'에 대한 욕구 때문이었는지도 모른다. 혹은 깊은 내면의 평화, 즉 '평온'을 원하는 마음 때문에 이 책을 읽고 자기 자신을 이해하고 싶었을 수도 있다.

> 날마다 잠에서 깨면 당신의 욕구가 무의식적으로 당신의 행동에 영향을 미치기 시작한다. 당신이 어떤 일을 하는 것도 욕구가 시키기 때문이다. 그 욕구를 만족시키면 가치에 바탕을 둔 행복을 얻을 수 있는데, 자기 인생에는 목적과 의미가 있다는 내면의 느낌이 바로 그것이다.
>
> — 스티븐 라이스

라이스는 자기 자신과 타인의 독특한 동기 패턴을 이해하면 보다 만족스러운 삶을 살아가는 데 도움이 된다고 말한다. 우리는 자신의 기본적인 욕구를 파악하고, 그 욕구를 보다 확실하게 충족시킬 수 있는 방향으로 주변 환경을 변화시켜야 한다.

타인의 기본적인 욕구를 이해하면 그 사람을 있는 모습 그대로 받아들일 수 있다. 그들의 성향을 나와 비슷하게 바꾸려고 하는 것은 실패할 것이 뻔한 시도다. 일례로 당신의 파트너에게 호기심 성향이 부족하다면 아무리 재미있는 책에 대해 이야기하고, 흥미로운 강연회 티켓을 내밀어도 애초에 새로운 지식을 얻고자 하는 욕구가 없기 때문에 지식에 대한 갈망을 높일 방법이 없다.

**끝없는 논쟁**

평소 알고 지내는 사람과 같은 논쟁을 벌이는 일이 자주 있는가? 논쟁이 벌어지는 이유는 두 사람의 기본적인 욕구가 서로 다르기 때문인가?

라이스의 말에 따르면, 아무리 논리 정연한 주장을 펼치고, 말다툼이나 싸움을 벌여도 다른 사람의 사고방식을 바꿔놓는 것은 불가능하다고 한다. 예를 들어 커플 가운데 한 명은 부에 대한 욕구가 높은데 다른 한 명은 그렇지 않다면 서로 자주 싸울 수밖에 없다.

라이스의 말이 옳다면, '부를 추구하는 쪽'은 꿈꾸던 휴가를 보내느라 돈을 다 써버리는 것보다 이율이 높은 계좌에 돈을 넣어두는 편이 낫다는 사실을 파트너에게 납득시킬 수 없다. 그러니 아무리 말해 봤자 괜히 입만 아픈 말다툼은 그만두고 다른 방법으로 문제를 해결해야 한다. 이러한 상황에서는 두 사람의 기본적인 욕구가 다르다는 사실을 인정하고, 둘의 욕구를 모두 충족시킬 방법을 궁리하는 것이 좋다. 한 가지 방법은 조금 더 저렴한 휴가 여행을 가고, 남은 돈을 저축하는 식으로 두 사람 모두의 욕구를 부분적으로 만족시킬 수 있는 절충안을 마련하는 것이다.

## ● 정형화되는 것이 싫은가

앞서와 같은 방식으로 분류되는 것에 본능적인 저항감을 느끼는 사람도 있을 것이다. 우리의 성격은 곧 우리의 개성이기 때문에 심리학자가 만든 일정한 특성이나 욕구의 틀 안에 넣어서 분류한다는 게 말도 안 되는 일처럼 여겨질 수도 있다. 우리 인간은 그렇게 쉽게 꼬리표를 달아 상자에 나누어 담을 수 있는 존재인 걸까?

요즘에는 성격상의 특징을 일일이 나열한 뒤 거기에 맞춰 사람들의 성격을 분류하는 것이 별 의미가 없다고 생각하는 심리학자들이 많

**✎ 네 마음을 보여줘] 나 자신을 이해하자**

개인적인 비판을 받아들이는 것은 쉽지 않은 일이다. 하지만 지금까지 개인적으로 받았던 비판을 되돌아보는 것은 자신에 대한 통찰력을 갖는 좋은 방법이다.

사람들이 당신을 보고 너무 으스댄다거나, 너무 소극적이라거나, 너무 성급하다거나, 너무 정리를 안 한다거나, 너무 엄격하다거나, 너무 게으르다고 말하는가? 대부분의 사람들은 본능적으로 그러한 비판이 부당하다고 여기면서 자신을 열심히 변호하고 그 비판을 잊으려고 애쓴다. 하지만 똑같은 이야기를 여러 번 듣는다면(그리고 비판을 받아들여 솔직하게 자신을 되돌아볼 수 있다면) 비판을 통해 교훈을 얻게 될 가능성이 높다.

대니얼 오프먼Daniel Ofman이라는 경영 컨설턴트는 직장에서 나타나는 사람들의 성격을 이해하기 위한 유용한 도구를 개발했는데, 이것을 우리의 개인적인 삶에도 그대로 적용할 수 있다. 오프먼의 말에 따르면, 가장 부정적인 특성은 좋은 속성이 지나치게 많을 때 생긴다고 한다. 일례로 사람들이 당신을 너무 엄격하다고 비판한다면 이는 매우 높은 기준을 고수한다는 좋은 속성을 너무 많이 가지고 있기 때문일 것이다.

오프먼은 모든 긍정적인 속성에는 '함정'이 있다고 말한다. 다시 말해 과유불급, 지나치면 모자라니만 못한 것이다. 훌륭한 특성에 따르는 함정을 몇 가지만 살펴보면 다음과 같다.

- 근면성? 근면성의 함정은 일 중독자가 될 수 있다는 것이다.
- 자신감 넘치는 태도? 지나치게 오만하고 으스대는 태도를 취할 수 있다.
- 느긋함? 매사에 느긋하다 보면 심하게 게을러질 가능성이 있다.

당신이 매사에 높은 기준을 적용하는 사람이라는 사실을 깨달았다고 가정해 보자. 이 경우 지나치게 엄격해지는 함정에 빠질 수 있다. 또 단정치 못한 사람을 싫어하고, 자신과 반대되는 성향을 지닌 이들에게 매우 비판적인 태도를 취하게 되리라고 예측할 수 있다.

오프먼은 이것을 '반감'이라고 부른다. 당신은 자기가 '반감'을 느끼는 특성을 지닌 사람들과 충돌할 가능성이 높다. 당신의 과제는 다른 사람들에 대해 좀 더 현실적인 기대를 품어야 한다는 것이다. 다음과 같이 표를 이용해 정리할 수 있다.

| 긍정적인 속성 : | 함정 : |
|---|---|
| 높은 기준 | 너무 엄격함 |
| 반감을 느끼는 대상 : | 과제 : |
| 단정치 못한 사람 | 현실적인 기대 |

　실습 삼아 자기가 지닌 중요한 성격적 특성마다 하나씩 4사분면 도표를 그려보자. 먼저 본인의 긍정적인 속성을 파악하는 일부터 시작해야 한다. 예컨대 당신은 친절하고 근면하며 자신감이 넘치고 정리정돈을 잘하며 느긋한 성격일 수 있다. 이제 사분면의 다른 항목을 채워보자. 당신이 특히 '반감'을 느끼는 부분, 타인에게서 정말 싫어하는 특성이 있다면 이 사분면에 적은 뒤 그것과 관련된 긍정적인 속성이 무엇일지 생각해 보자. 또 긍정적인 속성이 지나친 나머지 빠지게 된 함정은 없는가?

　이러한 방법으로 사분면을 채워가다 보면 당신과 타인 사이에서 발생할 가능성이 있는 문제를 미리 예측할 수 있다. 자신이 누군가와 충돌할 가능성이 있다고 생각하면 그에 대비할 수 있는 것이다. 충돌이 발생하는 이유를 알면 어느 지점쯤에서 타협할 수 있는지도 알게 된다. 이 실습에는 얼마간의 시간과 상당한 정직성이 요구되지만, 이를 통해 당신 자신과 타인에 대한 통찰력을 얻을 수 있다.

다. 월터 미셸은 환경에 따라 사람들의 행동에 차이가 발생할 수 있다는 점을 지적한다. 우리는 모든 상황에서 늘 일관되게 행동하는 것이 아니다. 일례로 직장에서는 정리정돈을 잘하고 성실한 모습을 보이면서 집에 와서는 온통 어질러놓고 살 수도 있다. 미셸은 다양한 상황에서 나타나는 그 사람만의 '행동 특징'을 이해하려고 하는 쪽이 더 이치에 맞는다고 주장한다.

미셸은 한 사람의 성격은 상황을 바라보는 방식이나 그가 지닌 역량, 자기 자신과 타인에 대한 기대, 가치관, 자신의 행

사람들의 독자적인 '행동 특징'을 이해하려고 하는 쪽이 더 이치에 맞는다.

동을 계획하고 통제할 수 있는 능력에 따라 결정된다고 생각한다. 이러한 접근 방식을 가리켜 '사회적 인지 이론'이라고 한다. 따라서 성격을 분류하는 것이 도움이 될 수도 있지만 자신과 타인의 독자적인 패턴이나 다양한 상황에서 반응하는 방식의 차이에도 주목하는 것이 좋다. 예를 들어 어떤 사람은 직장에서는 강한 권력욕을 드러내지만 집에서는 뒷전에 물러나 있으면서 행복감을 느끼기도 한다.

## 절대 좋아할 수 없는 사람들

사람들은 대부분 주변 사람이 자기가 좋아하지 않는 성격적 특성을 가지고 있더라도 그 사람과 잘 지내려고 노력한다. 충돌을 피하기 위해 타협을 하고, 또 우리가 만나는 사람들을 다 좋아할 수는 없으며 개중에는 나를 좋아하지 않는 사람도 있을 것이라는 사실을 받아들인다. 그리고 대개의 경우 지인이나 직장 동료의 성격 중 마음에 안 드는 부분이 있더라도 마음에 드는 몇몇 측면만으로 만족하는 경지에 도달한다.

하지만 도저히 참을 수 없는 사람이 있다면 어떻게 해야 할까? 처음에는 매력적으로 보였지만 사실 불쾌한 성격을 감추고 있었다는 것을 나중에 알게 된 사람의 경우에는? 사적으로 만나는 사이라면 절교를 하거나 서로 마주치지 않도록 해서 이런 사람들을 피할 수 있다. 하지만 학교나 직장에 그런 사람이 있는 경우에는 어쩔 수 없이 하루 몇 시간씩 사무실이나 강의실에서 함께 시간을 보내야 한다.

흔히 '어둠의 3요소'라고 부르는 사기성·자아도취·사이코패스 같은 성격적 특성을 지닌 이들은 남들과 갈등을 빚을 확률이 높다. 이러한 성격을 지닌 사람들은 친화성이 매우 낮고 정직-겸손성도 부족하다. 세 가지 어둠의 속성은 서로 공통되는 부분이 있다. 이기적이고 부정직하며 매정하고 공격적이라는 것이다.

## 사기적 성향

회사에서 새로운 상사와 함께 일을 하게 되었다. 그런데 얼마 지나지 않아 당신은 그 상사가 원하는 일을 이루기 위해 다른 사람을 멋대로 조종하는 자기 본위적인 음모가라는 사실을 알게 되었다. 그녀는 프로젝트에 대해 거짓말을 하고, 기만적인 태도로 고객을 대한다. 그녀가 상무이사에게는 아첨을 하면서 부하 직원은 무시한다는 이야기도 들었다. 전혀 부끄러워하는 기색 없이 사람들이 듣고 싶어 하는 말만 하고, 자기 이익을 위해 늘 이해타산적인 모습을 보인다는 사실도 알게 되었다.

당신은 지금 사기적인 성향을 지닌 사람과 만난 것이다. 이러한 성격의 소유자들은 냉소적인데다가 모든 인간이 자기처럼 이기적이고 부정직하다고 믿는다. 이들의 주된 관심사는 성취·권력·돈·승리 등이다. 사기적 성향의 인물들은 소설에서 무시무시한 악당으로 등장하곤 한다. TV 시리즈 〈댈러스〉에 나오는 J. R. 유잉이 전형적인 예인데, 함께 일하기 정말 싫은 유형이다.

이들이 우리에게 미치는 위험은 우리를 배반하고, 속이고, 거짓말을 하며 또 우리가 더 이상 쓸모없어질 경우 헌신짝처럼 버린다는 것이다. 이때 사용할 수 있는 방어 전술은 미리 경계하는 것뿐이다. 그들의 성격을 바꿀 수는 없지만 그들의 행동이 미치는 영향을 완화시키는 것은 가능하다. 사기적 성향의 사람들은 정상까지 올라가 강력한 리더나 군사 독재자가 되기도 하지만, 사실 이런 성격을 지닌 이들은 우리 주변 어디에서나 찾아볼 수 있다. 가벼운 사기적 성향을 가진 사람들은 꽤 많기 때문이다.

## 자아도취적 성향

당신이 대학에 다닐 때 한 남자를 만났는데 처음에는 그의 자신만만한 태도에 깊은 인상을 받았다. 그는 자기가 장차 큰 성공을 거둘 것이라고 확신했고, 돈도 많이 벌게 될 거라고 했다. 자기 능력에 대한 그의 설명이나 여러 가지 처신 등을 통해 당신은 그가 대부분의 사람들보다 특별한 인물이라고 생각하게 되었다. 하지만 곧 그가 다른 사람들의 감탄을 사는 것을 좋아하고, 자기는 언제나 특별한 대우를 받을 자격이 있다고 생각한다는 사실을 알게 되었다. 그는 늘 사회적 지위가 높은 사람들과 어울리려 했고, 어느 날인가는 다른 사람들이 모두 자신의 재능과 멋진 외모를 부러워한다고 생각한다는 사실을 얼핏 발설하기도 했다. 그리고 한 학생이 그에게 특별대우를 해주지 않자 불같이 화를 냈다.

　이것은 자아도취적 성향이다. 사기적 성향이 있는 사람들과 마찬가지로 자아도취자들도 다른 사람을 자신의 욕구를 만족시키기 위한 수단으로 여기며, 여기에 스스로에 대한 과장된 의견이라는 특징이 더해진다. 이들은 자신의 능력을 과장되게 평가하며, 엄청난 성공과 부·명성·이상적인 사랑을 꿈꾼다. 자기가 받을 만하다고 생각하는 대접을 해주지 않는 사람에게는 분노를 터뜨리는 것이 이들의 전형적인 반응이다.

TV 시리즈 〈오피스〉에 나오는 데이비드 브렌트가 자아도취적 성격의 좋은 예다. 배우나 연예인 등 엔터테인먼트 업계에 종사하는 사람들의 경우 일반인에 비해 자아도취 수준이 높은 경향이 있지만, 사실 살다 보면 곳곳에서 자아도취자들을 만나게 된다.

자아도취적 성향의 사람을 만나면 그들이 당신의 요구에는 별 관심이 없다는 사실을 알게 된다. 그리고 그런 이들과의 관계는 당신의 희생을 발판 삼아 그들과 그들의 자존심을 높여주는 관계가 될 것이다. 또 스스로를 엄청나게 과대평가하고 있는 이들의 콧대를 꺾으려고 할 경우 역효과를 낳아 결국 그들의 분노만 살 가능성이 있다.

## 사이코패스 성향

사이코패스 성향이 있는 사람과 같은 직장에서 일하게 되었다면 그의 어떤 점이 눈에 띌까? 아마 아무런 특징도 눈에 띄지 않을 가능성이 높을 것이다. 사이코패스들은 노련한 전문가도 속일 수 있다. 사이코패스 성향을 측정하는 표준검사법을 고안한 심리학자이자 FBI 자문관으로 일하는 로버트 헤어Robert Hare는 자신조차도 그런 사람들에게 속은 적이 있다고 인정한다.

사이코패스들은 개인적으로 상당한 매력을 발휘할 수 있으며, 사회 모든 계층의 모든 직업군에서 찾아볼 수 있다. 다시 말해 교사 · 의사 · 변호사 · 심리학자 중에도 사이코패스 성향을 지닌 이들이 있다는 이야기다. 사이코패스에 대한 일반적인 시각은 그들을 정신 나간 연쇄살인범으로 보는 것이다. 하지만 이러한 관점은 정확한 것이 아니다. 사이코패스가 정신적인 장애가 있지도 않고, 살인범이 아닐 수도 있기 때문이다. 대부분의 사이코패스들은 살인을 저지르지 않는다. 로버트 헤어는 우리가 마주칠 가능성이 가장 높은 사이코패스는 번지르르한 말재주로 우리를 속여서 힘들게 번 돈을 능숙하게 빼앗아 가는 사기꾼이라고 말한다.

사이코패스는 자아도취자와 비슷해서 자신의 목적을 위해 남을 이용하고, 스스로를 과대평가하지만 이들이 주변에 해를 미치는 것은 이들이 지닌 또 다른 특성 때문이다. 사이코패스 성향의 사람들은 감정을 거의 느끼지 못하고, 남에게 공감하는 능력이 없다. 따라서 다른 사람이 고통을 겪어도 그 고통을 느끼지 못하는 것이다.

> 사이코패스는 타인을 매혹시켜 자기 멋대로 조종하며, 무자비하게 자기 길을 헤치고 나아가면서 많은 이들의 마음에 상처를 주고, 기대를 산산이 부숴버리는 사회적 약탈자들이다.
>
> — 로버트 헤어

로버트 헤어는 사이코패스의 결정적인 특징을 다음과 같이 몇 가지로 정의하고 있다.

감정/대인관계

- 입심이 좋고 피상적인 말만 늘어놓는다.
- 자기중심적이고 젠체한다.
- 양심의 가책이나 죄책감을 거의 느끼지 않는다.
- 공감 능력이 부족하다.
- 남을 잘 속이고 자기 멋대로 조종하려고 든다.
- 감정이 부족하다.

- 충동적이다.

- 자기 행동을 잘 통제하지 못한다.

- 자극을 원한다.

- 책임감이 부족하다.

- 어려서부터 문제행동을 일으킨다.

- 성인이 되면 반사회적인 행동을 한다.

감옥에 수감된 범죄자들 가운데 약 20퍼센트가 사이코패스이며, 심각한 범죄의 절반 이상이 사이코패스가 저지른 것이다. 정상적인 감정과 공감 능력이 부족하다는 것은 다른 사람을 해치는 일도 태연히 자행할 수 있다는 뜻이다. 그 악명 높은 예가 바로 연쇄살인범 제프리 다머다. 그러나 대부분의 사이코패스는 감옥에 수감되어 있지 않으며, 연속체 상에 놓인 모든 성격적 특성과 마찬가지로 우리 중에도 약간이나마 사이코패스 성향을 지닌 이들이 적지 않다.


## 🐍 양복을 입은 뱀

대부분의 사이코패스는 살인자나 범죄자가 아니라 평범한 직업을 가진 평범한 사람들이다. 심리학자 폴 바비악Paul Babiak과 로베트 헤어의 말에 따르면, 우리 주변에는 사이코패스가 매우 흔하기 때문에 평소에도 매일 한 명 이상의 사이코패스를 만날 가능성이 있다고 한다. 사이코패스는 남의 마음을 조종하는 능력과 인정사정 봐주지 않는 무자비한 성격을 이용해 사회의 높은 자리까지 오를 수 있다.

바비악과 헤어가 함께 쓴 『직장으로 간 사이코패스 Snakes in Suits: When Psychopaths Go to Work』라는 책을 보면, 현대 기업 세계는 야심만만한 사이코패스들에게 이상적인 환경이라고 한다. 그들의 카리스마, 상황을 통제하려는 열망, 분란도 마다하지 않는 의지 등은 성과가 낮은 부서를 맡아서 대대적인 개편을 통해 현 상태를 바꿔놓기에 완벽한 인물로 비춰진다.

그러나 사이코패스들은 직장에 큰 손해를 끼칠 수 있다. 그들의 기만적이고 남을 조종하려는 태도와 자기 본위적인 행동 때문에 피해를 입는 이들이 많기 때문이다. 당신이 불행히도 사이코패스 성향의 보스 아래에서 일하게 된다면 그는 당신의 약점을 빌미로 당신을 이용하고 심지어 괴롭히기까지 할 것이다. 하지만 상사가 뿜어내는 매력과 카리스마 때문에 다른 이들은 그런 사실을 잘 알아차리지 못한다. 바비악과 헤어는 이런 상사 때문에 직장생활이 고통스러워질 경우 취할 수 있는 최선의 방법은 다른 직장을 찾는 것이라고 조언한다.

이렇듯 성격은 우리 자신과 타인을 이해하는 데 중요한 요소이며, 자신의 개인적인 성향을 파악하게 되면 앞으로의 행동도 어느 정도 예측이 가능하다. 그러나 개인에 대한 탐구를 통해 얻을 수 있는 성과는 이 정도까지이므로 이제 다른 사람이 미치는 영향도 함께 살펴보아야 한다.

- 우리가 하는 행동의 상당 부분은 여섯 가지 기본적인 성격 특질로 설명할 수 있다.

- 대부분의 성격 특질은 장점과 단점의 양극단 사이에서 균형을 이룬다.

- 16가지 기본 욕구 중에서 자신의 기본적인 동기를 알아내면 본인의 성격을 이해하는 데 도움이 된다.

- 사람들에게는 다양한 상황에서 드러나는 독자적인 '행동 특징'이 있다.

- 누군가의 성격을 바꾸려는 노력은 성공할 가능성이 희박하므로 서로 조화를 이룰 방법을 찾는 것이 현실적이다.

- 우리가 경계해야 할 세 가지 극단적인 성격이 있으니, 바로 '어둠의 3요소'라고 하는 사기적 성향 · 자아도취적 성향 · 사이코패스 성향이다.

우리는 가까운 친구뿐만 아니라 친척이나 직장 동료, 이웃 등과의 관계를 통해 서로 연결되어 있다. 그리고 그들을 통해 그들의 모든 친구와 친척, 동료, 이웃 등과도 연결되어 있는 셈이다. 이러한 사회적 네트워크는 우리의 행동에 엄청난 영향을 미치고 신념, 기분 심지어 육체적·정신적 건강에까지 영향을 준다.

PART 05

# 타인과
# 어울리는 방법

성격이 자신과 타인을 이해하기 위해 중요한 요소이기는 하지만 우리의 행동에 영향을 미치는 훨씬 강력한 요소가 있다. 그것은 바로 주변 사람들이다. 적어도 얼마 동안은 주변 사람이 긍정적인 영향을 미친다.

우리는 서로 협력하면서 어울려 지내고, 이러한 협력 덕분에 인간이라는 종이 번성할 수 있었다. 호모사피엔스는 협업 능력이 매우 뛰어난 종이다.

## 🔵 사회적 촉진 효과

다른 사람의 존재는 그 자체만으로도 우리에게 도움이 된다. 연구에 따르면 옆에서 지켜보는 사람이 있으면 달리기를 하거나 자전거를 타는 속도가 빨라지고, 간단한 작업도 더 신속하게 처리한다고 한다. 타인의 존재가 심박수 · 혈압 · 감각 각성도를 높여 우리 몸을 준비된 상태로 만들기 때문이다. 이렇게 생리적 각성이 수행 능력을 향상시키는 현상을 가리켜 '사회적 촉진' 효과라고 한다.

그렇다면 어떤 일을 할 때마다 항상 보는 사람이 있어야 하는 걸까? 반드시 그렇지는 않다. 유익한 효과는 여기까지뿐이기 때문이다. 어렵거나 익숙하지 않은 일을 할 때 옆에 누가 있으면 오히려 방해가 될 수 있다. 잘 모르는 분야에 관한 질문에 답하거나, 수학 문제를 풀거나, 어려운 단어 목록을 배울 때처럼 힘든 과제를 수행할 때는 생리적 각성과 남에게 비판을 받는다는 두려움이 성과에 지장을 줄 수 있다. 따라서 입사 지원 과정에서 시험을 봐야 하는데 그 시험 내용이 어렵고, 당신에게 선택권이 있다면 혼자 시험을 보는 것이 가장 좋을 수 있다. 그러나 자기가 잘 아는 분야의 일을 하면서 성과를 높이고 싶다면 여러 사람과 함께하는 편이 낫다.

## 상부상조

누군가 당신에게 호의를 베풀면 그 보답으로 무언가를 주고 싶다는 생각이 강하게 드는가? 대부분의 사람들이 그렇다. 이처럼 신세를 갚고자 하는 마음, 보답하려는 열망이 협업 능력의 핵심이다. 우리의 삶은 남에게 무언가를 주고, 그 대가로 다시 무언가를 받는 행위를 발판으로 삼는다. 이러한 상호관계는 사회의 모든 단위에서 작용한다. 개인적인 관계에서도 쌍방의 타협이 균형을 이루고 있고, 상거래에서는 서비스나 제품을 얻는 대가로 기꺼이 정당한 값

> 신세를 갚고자 하는 마음, 보답하려는 열망이 협업 능력의 핵심이다.

> **반짝반짝 마음에 다가서기**
>
> 보답에 대한 열망은 합리적인 의사 결정을 무시할 정도로 강력하다. 설문지를 작성하면 그 대가로 1달러를 주겠다고 했을 때와 50달러를 주겠다고 했을 때, 둘 중 어느 경우에 설문지를 작성해 줄 확률이 높을까? 연구진이 조사한 바에 따르면, 1달러가 더 강력한 동기가 될 수도 있다고 한다. 50달러를 지불하겠다고 약속하고 설문지를 발송했을 때는 회수율이 매우 낮았다. 그러나 설문지와 함께 1달러짜리 지폐를 동봉해서 보내자 회수율이 크게 높아졌다. 거저 1달러를 받게 되자 그 호의에 보답해야 한다는 의무감과 충동이 강하게 들었던 것이다.

을 치른다. 우리는 고용주를 위해 일을 하고 그 대가로 급여를 받으며, 훌륭한 정부를 유지하는 대가로 기꺼이 세금을 납부한다.


## ● 사람을 조종하는 기술

사소한 표현이나 작은 선물만으로도 보답하려는 욕구를 유발할 수 있다. 자선단체와 기업들은 열쇠고리나 펜 같은 소소한 선물을 보내는 경우가 많은데, 이것이 호의에 보답하고자 하는 마음을 불러일으키는 데 좋은 전략이라는 것을 알기 때문이다.

사람들의 협력을 이끌어내는 또 하나의 방법은 비용도 전혀 들지 않는다. 자선단체 직원이 당신에게 하루 시간을 내서 문제 청소년들을 동물원에 데려가 달라고 부탁한다면 그 부탁을 받아들이겠는가? 처음에는 80퍼센트가 거절했다. 하지만 연구원들이 그에 앞서 다른 부탁을 먼저 하게 하자 상황이 완전히 달라졌다. 사람들에게 앞으로 2년 동안 매주 두 시간씩 자원봉사를 해달라고 부탁했던 것이다. 사람들이 그 부탁을 거절하자 연구원은 너무 지나친 요구였음을 인정하면서 그 대신 동물원에서 하루만 자원봉사를 해달라고 부탁했다. 이 방법을 쓰자 이번에는 50퍼센트가 그러겠다고 했다.

사람들은 질문자가 첫 번째 요청을 철회하자 그것을 자기에게 호의를 베푼 것이라고 느꼈기 때문에 이 방법이 효과를 발휘한 것이다. 호의에 보답해야 한다는 의무감을 느낀 것이다.

## 남을 돕는 인간의 능력

물론 우리가 좋은 일을 할 때 항상 상대방의 보답을 바라는 것은 아니다. 인간은 보답을 기대하지 않고 자기 자신을 희생해서 남을 돕는 위대한 이타주의의 위업을 이룰 수 있다.

　이런 엄청난 대가를 치르면서도 남을 도울 수 있는 힘은 어디에서 나오는 걸까? 사회적 동물에게는 남을 돕고 싶다는 생각이 들게 하는 기본적인 메커니즘이 존재하는 듯하다. 뇌 연구를 통해 남에게 무언가를 베풀면 애착이나 긴밀한 유대감과 관련된 뇌 부위가 활성화된다는 사실이 드러났다. 이타적인 행동은 고통에 공감하고, 피해자에게 연민을 느끼는 능력에 달려 있다. 올리너Oliner 부부는 나치 치하에서 고통받는 유대인들을 구조하는 일을 도운 사람들을 면담한 결과, 이들은 유대인 구조에 가담하지 않은 비슷한 부류의 사람들에 비해 공감 능력이 뛰어나다는 것을 발견했다.

심리학자들은 언뜻 보기에 개인의 '적자생존' 원칙에 위배되는 듯한 이타주의 때문에 곤혹감을 느끼곤 했다. 하지만 늘 이기적으로 행동하는 인간집단은 가족과 친구, 이웃, 낯선 이들에게 친절을 베푸는 다른 집단에 비해 자식을 적게 남긴다. 때로는 '가장 친절한 자가 생존'하는 경우도 있는 것이다. 개인적인 수준에서 보면 사회적 동물로서 집단의 좋은 구성원이 되면 그만큼 이익이 돌아온다. 무리 안에서 높은 평가를 받으면 여러 면에서 성공을 거둘 수 있고, 추방당할 위험도 줄어든다. 긴 안목으로 보면 결국 이타적인 행동이 생존에 도움이 되는 것이다.

> 때로는 '가장 친절한 자가 생존'하는 경우도 있다.

사람들은 어떠한 상황에서 이타주의를 발휘할 가능성이 높을까? 심리학 연구를 통해 우리가 상식으로 짐작하던 일들이 확인되었다. 즉 자신의 기분이 좋을 때 그리고 상대방이 육체적으로 매력이 있거나 자신과 외모, 옷차림, 태도 등이 비슷한 경우에 돕고자 하는 마음이 더욱 강하게 든다는 것이다. 이 연구에 따르면, 이름이나 생일이 같다는 등의 사소한 공통점만 있어도 상대방을 도우려는 생각이 강해진다고 한다.

무언가에 대해 죄책감을 느끼는 경우에도 이타심이 높아진다. 그 죄책감이 당면한 상황과 아무런 관계가 없는 경우에도 마찬가지다. 연구진이 실험 참가자들을 속여 실수로 카메라를 고장냈다고 생각하게 만들자, 이런 식으로 죄책감을 느끼게 된 사람들은 나중에 실험에 보다 협조적인 태도를 보일 가능성이 높아졌다고 한다.

---

**반짝반짝 마음 눈치채기**

다른 사람들의 도움을 받고 싶은가? 그렇다면 상대방이 기분 좋은 때를 택해서 부탁하고, 본인의 외모도 최대한 매력적으로 꾸며보자. 또 두 사람 사이의 진짜 공통점을 찾아내야 한다. 좋아하는 휴가 여행지나 음악, 음식이 같다든가 하는 공통된 부분에 상대방이 관심을 갖게 하는 것이다. 그리고 가능하면 상대방과 비슷한 스타일의 옷을 입어야 한다. 예컨대 편안한 옷차림을 좋아하는 삼촌에게 돈을 빌리고 싶다면 좋은 인상을 주기 위해 말쑥하게 차려입는 것보다는 삼촌이 즐겨 입는 청바지와 티셔츠에 어울리는 옷을 입는 것이 좋다.

---

지금까지 살펴본 이러한 연구 결과들은 우리의 일상 경험과 일치한다. 하지만 좀 더 놀라운 사실이 하나 있다. 자신의 죽음에 대해 생각하게 되면 마음이 너그러워진다는 것이다. 한 실험에서 참가자들에게 자기가 죽으면 육신이 어떻게 될 것 같은지에 대한 글을 써보게 했

*자신의 죽음에 대해 생각하면 마음이 더 너그러워진다.*

다. 본인의 죽음에 대해 곰곰이 생각해 본 참가자들은 자선단체에 더 많

은 액수를 기부하겠다고 했다. 하지만 이들이 관대한 모습을 보인 것은 자기 나라 사람들을 돌보는 자선단체에 대해서뿐이었다.

이러한 현상을 설명하는 이론으로 '공포관리 이론'이라는 것이 있다. 인간은 죽음을 두려워하며 자신의 문화, 다시 말해 삶에 의미를 부여하는 공통된 가치관을 계속 지켜 나가기 위한 대처 전략을 가지고 있다. 따라서 죽음에 대해 곰곰이 생각하다 보면 자기 동족들에게는 더 너그러워지지만 다른 문화권에 사는 이들에게는 그런 너그러움이 발휘되지 않는 것이다.

## 🔘 방관자 효과

이와 관련된 심리학계의 유명한 사례가 바로 1960년대 뉴욕에서 발생한 살인 사건이다. 키티 제노비스라는 여성이 몰래 뒤를 따라온 남자의 칼에 찔려 죽었는데, 그 공격 장면을 목격한 사람이 38명이나 되었음에도 그녀를 도우려고 하거나 경찰을 부른 사람이 아무도 없었다. 지금은 이 이야기가 지나치게 과장된 것이라고 여기고 있지만(실제로는 목격자 수가 그보다 적었고, 몇몇 사람은 도와주려고 했다) 당시 이 살인 사건은 지역사회를 충격에 빠뜨렸고, 심리학자들은 왜 사람들이 좀 더 적극적으로 그녀를 돕지 않았는지 그 이유를 알아보고자 했다.

이때의 연구를 통해 사회심리학 분야의 가장 신뢰도 높은 연구 결과인 '방관자 효과'가 발견되었다. 주변에 사람이 많을수록 긴급한 상황에 처한 사람을 자기가 직접 나서서 도울 가능성이 줄어든다는 것이다. 일례로 한 연구에서는 여성 연구원들이 가짜로 부상을 당한 척하면서 도와달라고 소리를 지르며 고통에 울부짖었다. 이때 근처에 사람이 한 명밖에 없으면 70퍼센트의 확률로 '구조'되었다. 그러나 구경꾼이 한 명만 더 있어도 '구조' 확률이 40퍼센트로 떨어졌다.

왜 그런 걸까? 한 가지 이유는 '책임감 분산' 때문이다. 다들 내가 아닌 다른 누군가가 행동을 취하리라고 생각하는 것이다. 또 다른 이유는 일반적인 규범에 벗어나는 행동을 하는 것을 두려워하기 때문이라는 것이다. 마지막으로 어떤 행동을 취해야 할지 확신이 서지 않는 상황에서는 다른 사람의 행동을 그대로 따라 하는 경우가 많다. 방관자 효과가 나타날 때는 아무 소용이 없지만 일단 한 사람이 돕기 시작하면 다른 사람들도 따라서 돕게 된다는 장점이 있다.

---

**✨ 반짝반짝 마음 들여다보기**

이제 방관자 효과에 대해 알게 되었으니 이러한 효과에 빠져드는 일도 줄어들 것이다. 연구에 따르면 방관자 효과에 대해 배운 사람들은 곤란에 처한 사람을 돕기 위해 자기가 먼저 나서는 경우가 많다고 한다.

---

## ● 도덕성의 실체

당신이 실제로 다른 사람을 도왔든 돕지 않았든 간에 대부분의 사람들은 그것이 옳은 일이라는 데 동의할 것이다. 대다수의 사람들은 타고난 도덕성을 갖추고 있다. 도덕성은 타인에게 긍정적인 행동을 하는 데 있어 중요한 기초가 된다. 우리는 무엇이 예의바른 처신이고,

무엇이 아닌가에 대해 정해진 규칙을 가지고 있으며, 그것에 맞춰 살아가려고 노력한다. 일례로 다음과 같은 행동을 생각해 보자. 이것은 잘못된 행동인가? 만약 그렇다면 그 이유는?

- 자기 나라 국기로 변기 청소를 한다.
- 죽은 닭과 섹스를 한다.

대부분의 사람들은 이것이 잘못되었다고 느끼지만 무엇 때문에 잘못인지 정확한 이유는 말하지 못한다. 어째서 윤리의 나침반이 그 방향을 가리키는 것일까? 이것은 단순한 느낌일까, 아니면 태어날 때부터 우리 마음을 이끌어주는 힘일까? 윤리의 나침반은 교육의 결과일까, 아니면 타고나는 것일까?

이 두 가지 예를 고안한 심리학자 조너선 하이트Jonathan Haidt는 어느 수준까지는 도덕성이 타고난 본능이라고 여긴다. 그는 다양한 문화권에서 살아가는 사람들도 옳은 것과 그른 것에 대해서는 비슷한 생각을 가지고 있다는 사실을 발견했다. 하이트는 모든 인간사회는 여섯 가지 동일한 윤리적 기초 위에 서 있다고 생각한다.

## 여섯 가지 윤리적 기초

- 배려/위해 : 우리의 타고난 본능은 타인의 고통에 같이 아파하고, 남을 해치는 것을 피한다. 이러한 윤리관이 이타주의와 남을 도우려는 친절한 행동의 밑바탕이 된다.

- 공정/속임수 : 이 도덕관은 상호주의의 기초가 되며, 정의와 개인의 권리에 대한 신념을 인도한다.

- 자유/억압 : 우리에게는 선택의 자유와 타인에게 통제되거나 지배받지 않을 권리가 있다고 생각한다.

- 충성/배신 : 자신의 조국과 가족, 자기가 속한 사회적 집단에 대해 늘 진실한 태도를 보여야 한다는 도덕관이다.

- 권위/전복 : 우리가 지도자와 전통에 대해 경의를 표하고 존중하는 것은 이러한 윤리적 토대 때문이다. 이것의 기원은 위계질서에 따르려는 우리의 속성이다. 우리 집단의 일부 구성원들은 다른 이들보다 강한 권력과 높은 지위를 가지고 있다.

- 순수/존엄 : 오염된 것에 대해 느끼는 본능적인 혐오감에 기초한 도덕관이다. 이때의 오염은 물리적인 것일 수도 있고, 보다 추상적인 도덕적 타락일 수도 있다.

하이트에 따르면, 이러한 윤리적 기초가 앞서 살펴본 두 가지 예시에 대해서 우리가 느끼는 감정을 설명해 줄 수 있다고 한다. 죽은 닭과 섹스를 하는 것이 잘못인 이유는 그 행위가 우리의 순수/존엄성 기준에 어긋나 신체적·도덕적 혐오감을 불러일으키기 때문이다. 자기 나라 국기로 변기 청소를 하는 것은 본인이 속한 집단에 대한 충성심에 반하는 일이기 때문에 그릇된 행동이다.

사람들은 서로 도덕심이 결여되었다며 근거 없는 비난을 하는 경우가 종종 있다. 대개 다른 사람들도 우리만큼 확고한 윤리관을 갖고 있지만, 문제는 그들의 윤리관이 우리와 다른 기초에 근거한다는 것이다. 예를 들어 우연히 만난 사람들과의 성관계를 즐기는 이들은 선택의 자유에 대한 도덕적 권리를 강조하는 반면, 이것이 그릇된 행동이라고 생각하는 이들은 순수/존엄성을 역설한다.

> ### ✨반짝반짝 마음 들여다보기
>
> 사람들 사이에서 벌어지는 충돌 가운데 상당수는 옳은 것과 그른 것에 대한 생각이 서로 다르기 때문에 발생한다. 일례로 당신의 배우자는 자신에게 자유를 누릴 도덕적 권리가 있다고 생각해 밤늦은 시간까지 집에 돌아오지 않는 경우가 많은데, 당신은 그가 당신 곁에서 충실한 애정을 보여주어야 한다고 생각할 수도 있다.
>
> 다음에 누군가와 말다툼을 벌이게 된다면 두 사람이 서로 다른 윤리적 기반을 가지고 있기 때문에 언쟁이 벌어진 것은 아닌지 자문해 보자. 그런 경우에는 상대방을 설득해 당신과 동일한 방식으로 생각하게 하는 것이 불가능하므로 둘 사이에서 타협점을 찾아야 할 것이다.

## ● 도덕의 어두운 측면

도덕이 항상 선을 실행하는 힘이 되어주는 것은 아니다. 때로는 자신의 도덕관념 때문에 복수를 하거나 강력한 응징을 가하기도 하고, 죄를 범한 사람을 벌주고자 하는 욕구의 밑바탕에는 도덕적인 분노가 깔려 있다. 예를 들어 폭력적인 남편이 자신에게 거역하는 아내를 때리면서 남편의 권위를 인정하기 않기 때문에 그러는 거라고 자신의 행동을 정당화하는 경우가 많다.

심리학자 스티븐 핑커는 사람들이 남을 고문하고 살해하거나 집단 학살을 자행하는 이유는 도덕적 분노 때문이라고 생각한다. 도덕성의 어두운 면에 대해서는 PART 06에서 좀 더 깊이 있게 다룰 것이다.

## 🔵 우정

도덕성이 효과적인 협업에 중요하듯이 우정도 마찬가지다. 친구를 사귀는 것은 우리에게 무척 중요한 일이며, 심지어 신체 건강에까지 긍정적인 영향을 미치는 듯하다. 사회적으로 고립된 사람들은 사회적 네트워크가 발달한 사람에 비해 일찍 사망하게 될 가능성이 높다.

우정이 이토록 중요한 이유는 무엇일까? 대인관계가 건강과 관련된 행동에 영향을 미치는 것도 한 가지 이유다. 스스로 필요하다고 느끼는 경우에는 자신의 건강을 잘 돌보고, 병원도 자주 찾기 때문이다. 게다가 친구들은 우리가 스트레스를 극복하도록 도와주고 우리 삶에 의미와 목표를 안겨주는데, 이것만으로도 건강에 도움이 된다.

당신은 친구를 사귈 때 분별력 있게 심사숙고해서 선택하는 편인가? 대부분의 사람들이 그렇게 하지만 우정은 우연히 생겨나는 경우가 많은 듯하다. 배우 피터 유스티노프는 "반드시 자기가 가장 좋아하는 이들과 친구가 되는 것이 아니라 그저 가장 먼저 곁에 있던 이들과 친구가 되는 것이다"라고 말하기도 했다.

> 🔵 **반짝반짝** 마음 들여다보기
>
> 친구가 없는 것은 하루에 담배를 15개비씩 피우거나, 지나치게 과음을 하거나, 운동을 전혀 하지 않는 것만큼이나 사망률을 높인다는 연구 결과가 나왔다. 외롭게 지내는 사람은 비만인 사람처럼 일찍 사망할 확률이 2배나 높다고 한다. 사회적 네트워크를 통해 다른 사람과 자주 어울리는 이들은 생존율이 50퍼센트 더 높다. 연구진은 이제 의사들이 다른 건강 위험 요인을 살피듯 외로움에도 관심을 기울여야 한다는 결론을 내렸다.

유스티노프의 말이 옳다는 것을 입증해 주는 연구 결과도 있다. 심리학자들은 새 학기가 시작될 때 학생들을 강의실 좌석에 무작위로 앉혀놓았다. 1년 뒤 학생들은 수업 첫날 우연히 자기 옆자리에 앉았던 사람과 친구가 되어 있을 확률이 높았다. 또 친구를 선택할 때는 상대방의 특출한 품성을 바탕으로 나를 자극하고 지평을 넓혀줄 만한 사람을 친구로 고른다고 생각하지만 실은 자기와 비슷한 성향을 지녔기 때문에 그 사람을 선택했을 가능성이 높다. 사람들은 자기와 나이 · 인종 · 성격 · 태도 등이 비슷한 사람을 친구로 사귄다.

우정은 어떻게 발전할까? 우정을 맺는 방식은 우리가 서서히 자신의 진실한 모습을 보여주고, 상대방도 마찬가지로 자신의 본모습을 드러내면서 차차 관계가 발전하게 되는 것이다. 자신을 너무 많이 혹은 너무 적게 드러낼 경우 우정이 무너질 우려도 있다. 서로 간의 우정이 약해지면 상대방에게 알려주던 정보의 질과 친밀감이 줄어든다. 따라서 제3자를 통해 친구의 개인적인 소식을 듣게 된다면 우정에 문제가 생겼다는 사실을 알 수 있다.

## 유머 감각

우리가 다른 이들과 함께 오랜 시간을 보내면서 우정을 쌓는 이유는 무엇일까? 아마 우리의 유머 감각도 그 이유 가운데 하나일 것이다. 로빈 던바Robin Dunbar는 유머가 발달한 이유는 사회적 유대감을 형성하기 때문이라고 생각한다. 웃으면 좋은 기분이 들게 하는 호르몬인 엔도르핀이 분출된다. 던바의 말에 따르면, 인간은 다른 영장류들처럼

유머가 발달한 이유는 사회적
유대감을 형성하기 때문이다. 엔도르핀 분비를 위해 서로의 털을
말끔히 다듬어 주는 것이 아니라 서
로를 웃게 함으로써 상대의 기분을 좋게 해준다는 것이다. 실험자들
은 서로 모르는 사람들끼리 함께 코미디 비디오를 보면서 한바탕 웃
고 나면 예전부터 잘 아는 사이들인 것처럼 서로에 대해 관대해진다
는 사실을 발견했다.

웃음은 낯선 이들을 친구로 만든다.

– 로빈 던바

다음에 여러 사람이 모인 자리에 가면 사람들끼리 서로 대화를 나
누면서 웃음을 유발하는 이야기에 귀를 기울이는 모습을 관찰해 보
자. 그들이 하는 말 가운데 정말 재기 넘치는 유머는 얼마나 될까?
유머에 대한 연구 결과를 보면, 대부분의 웃음은 '또 시작이야'라든가
'말도 안 돼' 같은 상당히 평범한 말에서 유발된다. 그런 발언 가운데
상당수에는 유머가 전혀 내포되어 있지 않지만 그 말을 웃음 띤 어조
로 말하거나 그에 대한 반응으로 웃음이 터져 나왔던 것이다.

로버트 프로빈Robert Provine이라는 한 전문가는 우리가 나누는 대부분
의 대화는 '재능이라고는 눈곱만큼도 없는 작가가 쓴 지루한 시트콤
대본' 같다고 말한다. 한마디로 웃음은 재치 있는 농담보다는 사회적
인 유대감 때문에 짓는 경우가 많다는 이야기다.

유머는 공격성과 지배성에 대응하기 위한 메커니즘이기도 하다. 사
람들은 그러한 상황에서 맞서 싸우는 대신 '웃어넘긴다.' 때로 유머는
남을 깎아내리는 데 사용되기도 한다. 평소 오만하고 고압적으로 행

동하던 상사가 발이 걸려 넘어지는 모습을 보면 정말 우습겠지만, 연약한 할머니가 넘어지는 모습에는 결코 웃음이 나오지 않는다. 여자보다 남자가 유머를 구사하는 일이 많은 이유도 이것으로 설명된다. 남자는 공격적인 행동을 하거나 서열을 결정하기 위해 남과 충돌을 빚는 경우가 많기 때문이다.

웃음은 이런 중요한 사회적 기능을 하는 것 외에도 면역 기능을 뒷받침하고, 병에 걸렸을 때 회복을 촉진하기도 한다.

## ● 끊임없는 수다

사람들이 모였을 때 즐겨 하는 또 하나의 소일거리는 자기 자신이나 다른 사람의 사생활에 관한 정보를 교환하는 것이다.

심리학자 로빈 던바는 술집, 기차, 대학 구내식당 같은 공공장소에서 대화를 나누는 사람들의 이야기를 엿들었다. 그 결과 장소가 어디든 상관없이 사람들이 평상시 나누는 대화의 65퍼센트 정도는 일상적인 잡담이라는 사실을 알아냈다. 남자들도 여자들만큼이나 잡담을 즐기지만 차이가 있다면 남자들의 대화 내용이 주로 자기 자신과 자신의 관계에 대한 것이라면 여자들은 다른 사람에 관한 이야기를 더 많이 한다는 점이다.

누가 누구와 무엇을 하는지에 대한 소식을 서로 공유하는 것은 우리에게 매우 자연스러운 일이라서 자기가 왜 그런 일을 하는지에 대해 의문조차 품지 않는다. 그러나 왜 우리는 늘 수다를 떨면서 시간을 보내는 걸까? 던바의 말에 따르면, 이런 사교상의 정보를 교환하

사교상의 정보를 교환하는 것은 사회생활을 원활하게 유지하는 데 꼭 필요한 일이다.

는 것이 원활한 사회생활에 필수적인 일이기 때문이다. 우리는 자신의 경쟁자 · 사기꾼 · 친구 · 협력자가 누구이고, 누가 누구와 잘 지내며, 누가 연인 사이인지 아니면 적인지를 기억하고 있어야 한다. 누가 어떤 일을 하고, 왜 우리를 돕는지 기억해 두면 그 사람의 행동을 미리 예측하고 올바른 사회적 결정을 내릴 수 있다. 우리는 주변 사람들 중에서 사회적 지위가 높고 영향력 있는 인물에 대한 소식을 더 듣고 싶어 하는데, 이는 그들의 행동이 우리의 생존에 남들보다 중요한 영향을 미치기 때문일 것이다.

요즘에는 연예인이나 사회지도자 그리고 우리가 결코 만날 일이 없는 인물들에 대한 잡담을 주고받는 사람들이 많다. 이는 우리의 마음이 잡지나 신문, 텔레비전에서 자주 본 사람들을 우리와 같은 '일족'이라고 착각하기 때문이다. 오늘날에는 연애결혼 · 성행위 · 불륜 · 경쟁 · 갈등 · 신분 · 외모 · 건강 · 질병 등에 관한 소식이 신문 헤드라인을 장식하고 있는데, 이러한 사안들은 모두 다 생존 및 번식과 관련이 있다.

---

**반짝반짝 마음과 친해지기**

다음에 버스나 커피숍 등에서 누군가가 나누는 일상적인 대화를 엿들을 기회가 생기면 그 대화 내용 중에서 남의 뒷얘기가 차지하는 비율이 얼마나 되는지 알아보자. 아마도 60~70퍼센트쯤 되지 않을까?

## 🔵 사회적 네트워크

우리는 가까운 친구뿐만 아니라 친척이나 직장 동료, 이웃 등과의 관계를 통해 서로 연결되어 있다. 그리고 그들을 통해 그들의 모든 친구와 친척, 동료, 이웃 등과도 연결되어 있는 셈이다. 이러한 사회적 네트워크는 우리의 행동에 엄청난 영향을 미치고 신념, 기분, 심지어 육체적·정신적 건강에까지 영향을 준다.

과학자 니콜라스 크리스타키스Nicholas Christakis와 제임스 파울러James Fowler가 사회적 네트워크에 대해 연구한 결과, 비만·흡연·우울증 심지어 행복까지도 전염병처럼 사람들 사이로 퍼져나갈 수 있다는 사실을 발견했다. 당신에게 체중이 늘어난 친구가 있다면 당신도 체중이 늘 가능성이 3배나 된다. 그리고 친구의 친구가 체중이 늘어난 경우에도 당신의 체중이 늘어날 가능성이 덩달아 높아진다. 그 사람을 직접 만나지 않아도 영향을 받을 수 있다는 이야기다.

연구에 따르면, 세 다리 건너 아는 사람도 우리에게 영향을 미칠 수 있다고 한다. 다시 말해 친구의 친구의 친구가 과식을 할 경우 당신까지 체중이 증가할 위험에 처하는 것이다. 친구의 이웃 사람의 직장

---

🟣 **반짝반짝 마음 들여다보기**

우리의 행동은 우리가 직접 접촉하는 사람들뿐만 아니라 그들이 아는 사람의 아는 사람들에게까지 영향을 미친다. 따라서 당신이 사람들에게 친절하게 행동하고 운동을 시작하고 담배를 끊으면, 당신이 한 번도 만나본 적이 없는 사람들까지 여기에 영향을 받아서 남에게 친절해지고 담배를 끊고 운동을 하기 시작하는 것이다.

동료가 당신을 살찌게 할 수도 있다.

왜 이런 일이 생기는 걸까? 우리는 다른 사람이 어떤 일을 하는 것을 보거나 들으면 그것을 그대로 흉내 낸다. 예를 들어 누군가가 먼저 헌혈에 동의하는 모습을 보면 나도 따라서 헌혈을 할 가능성이 높아진다. 행동 방식에 대한 생각이 사람에게서 사람에게로 퍼져나가는 것이다. 내 친구에게 뚱뚱한 친구가 많으면 그것이 정상적인 모습이라고 생각해서 저도 모르게 그들을 따라 하게 된다. 작가 에릭 호퍼의 표현처럼 '사람들이 하고 싶은 대로 하게 놔두면 대부분 서로의 모습을 흉내 낸다.'

## 신분 서열에 따라 살아가기

모든 인간사회에는 사회적 지위라는 개념이 있고, 지위가 높을수록 자원에 접근할 기회가 늘어난다. 우리는 끝없이 싸움을 벌이기보다는 서열이 낮은 사람이 높은 사람에게 복종하는 계급제도를 만드는 데 동의했다. 덕분에 많은 물리적 투쟁을 피할 수 있게 되었다.

계급제도나 자기보다 지위가 높은 사람에게 복종하는 행태는 지나간 구시대의 유물이라서 자유로운 현대사회에서는 더 이상 중요하지 않다고 생각할지도 모른다. 하지만 사회적 지위는 지금도 여전히 건재하며, 지방 대지주에게 모자를 벗고 인사하던 시절보다 훨씬 복잡하고 다양한 형태로 발전했다.

당신이 일하는 직장의 위계제도를 살펴보자. 출입문 앞에서 상사와 우연히 마주치는 경우 그가 먼저 문으로 들어가게 하고, 이야기를 나눌 때는 상사가 선택한 주제에 따라 그가 대화를 주도해 나가게 할 것이다.

모든 하위 집단에는 구성원의 서열을 정하는 나름의 기준이 있다. 학계의 경우에는 출판된 논문 수, 배우는 외모, 은행가는 연간 보너스 액수 등이 그 기준이 될 것이다. 어떤 사람은 자기가 소유한 차의 제조사와 모델이 자신의 사회적 계급을 결정짓는 중요한 요소라고 생각한다. 또 다른 사람은 이러한 과시욕을 비웃는 한편으로 자기가 모금한 자선기금 액수를 통해 자신의 사회적 지위를 알리려고 애쓴다. 어떤 집단은 최신 유행 핸드백을 통해, 어떤 집단은 시민 농장의 생산성을 통해 서열을 나타내기도 한다.

당신은 자기가 속한 다양한 사회집단 내에서 본인이 차지하는 지위를 어떻게 인식하고 있는가? 직장 같은 사회 영역에서는 자신의 서열이 낮다고 생각해 고분고분하게 행동하지만 가족 영역에서는 본인의 서열이 가장 높다고 판단해 직장에서와는 상당히 다른 행동을 보일 수도 있다.

자신의 행동과 동기에 대해 생각해 보자. 당신이 평소 하는 행동이나 구입하는 물건 중에서 자기 삶의 다양한 서열과 위계제도 속에서 본인의 위치를 정확하게 밝히고, 그 지위를 드러내기 위해서 하는 행동이나 사는 물건이 얼마나 되는가?

## ● 서열을 알아차리는 방법

어떤 집단 내에서 가장 유력한 인물이 누구인지 어떻게 알아낼 수 있을까? 이것을 판단하는 가장 기본적인 방법은 발언 분량을 살펴보는 것이다. 지배적인 위치에 있는 사람은 남들보다 말을 많이 한다. 또 남들에게 영향력을 행사하려는 시도도 자주 한다. 직장의 경우 직급이 낮은 사람이 발언을 할 때는 그 자리에서 가장 지위가 높은 사람을 보면서 말을 하는 데 반해, 최고 지위의 사람이 말을 할 때는 모든 사람을 향해 말하는 모습을 볼 수 있다.

시선을 맞추는 방식도 지위를 나타내는 또 다른 표시다. 사람들이 '엄격한' 시선을 던지는지 아니면 '부드러운' 시선을 던지는지에 따라 그들의 지위를 평가해 보자.

그 외의 다른 신체언어를 통해서도 단서를 얻을 수 있다. 똑바로 선 자세로 별로 웃지 않으면서 큰 소리로 말하는 사람을 찾아보자. 외모가 매력적이고 몸가짐이 단정하며, 운동을 잘하고 지적이면서 유머러스한 사람이 우세한 지위를 차지할 가능성이 높은 것은 당연한 일처럼 보인다. 연구에 따르면, 지배적인 위치에 있는 사람들은 거짓말도 더 잘한다고 한다.

## ● 계속해서 형성되는 계급

1970년에 피섹Fisek과 오프셰Ofshe는 사람들을 여러 그룹으로 나눈 다음, 그들의 발언 분량을 기준으로 지배성을 평가하고자 했다. 연구진은 전체 그룹의 절반이 1분 만에 계급을 형성하는 모습을 보았다. 나머지 그룹들도 5분 안에 계급이 정해졌다.

사람들은 어디를 가든, 어디에서 무리를 형성하든 간에 그 안에서 계급을 만들려는 경향이 있다. 그러면 충돌 가능성이 대폭 줄어든다. 서로의 이해관계가 충돌할 경우 지위가 높은 사람이 이긴다는 무언의 합의가 있기 때문이다. 감정을 폭발시키면서 싸우는 것이 아니라 한 쪽이 다른 쪽의 지위에 대한 판단을 내린 뒤, 눈을 내리깐다든가 몸을 똑바로 일으키지 않는다든가 고개를 숙이는 등의 신체언어를 통해 복종의 뜻을 전한다.

신분 계층 내에서 자기가 처한 위치를 받아들이면 사람들끼리 문제 없이 잘 지낼 수 있다. 다시 말해 각자가 자신의 지위를 인지하는 한 충돌 없이 공존할 수 있다는 이야기다.

## 지위 상실의 위험

사회적 지위를 잃으면 수치심·우울함·굴욕감 같은 부정적인 감정이 든다. '명예 실추'에 관한 이야기는 문학의 중요한 소재이기도 하다. 선거에서 진 정치가들은 유권자들의 거부와 지위 상실이 자신의 삶을 얼마나 크나큰 충격에 빠뜨렸는지 이야기하곤 한다.

정리해고를 당하거나 실직한 사람들의 경우, 사회적 지위를 상실한 것이 경제적 손실만큼이나 심각한 고통으로 다가온다. 우리의 자존감은 사회적 집단 내에서의 지위에 따라 측정되는 부분도 얼마간 있다. 이것을 '사회계기판 이론'이라고 한다. 다른 사람이 우리에게 보여주는 존경은 우리가 얼마나 가치 있는 인간인지를 나타내는 척도가 되고, 이것이 다시 자아상의 일부로 자리 잡는 것이다. 따라서 지위 상

> 자존감은 사회적 집단 내에서의 지위에 따라 측정되기도 한다.

실은 자존감 상실로 이어지는 경우가 많다.

## 소속 욕구

사람들은 자기가 어떤 집단에 속해 있다고 느끼고 싶어 한다. 그리고 아주 빈약한 근거를 바탕으로 자신을 그 집단과 동일시한다.

대니 윌리스Danny Wallace는 즉흥적으로 잡지에 '동참해 주세요'라는 광고를 내고는 사람들에게 자신의 여권 사진을 보내달라고 부탁했다. 동참을 부탁하는 이유를 말하지 않았음에도 불구하고 그는 엄청난 양의 사진을 받을 수 있었다. 결국 그는 이러한 행동에 무언가 목적이 있어야 한다고 결심하고, 동참해 준 사람들에게 금요일마다 주변에 무작위적인 친절을 베풀자고 제안했다.

소속 욕구와 거절에 대한 두려움은 인류의 진화가 한창 진행되던 먼 과거부터 생겨난 감정이다. 당시에는 무리에서 쫓겨나는 것은 곧 죽음을 의미하는 것이나 마찬가지였다.

사람들은 곧 자기 무리에 속한 사람이냐 아니냐를 기준으로 서로를 구분하기 시작했다. 누군가를 '내집단'이라고 판단하면 그들을 호의적인 시선으로 바라보면서 함께 협력할 가능성이 높다. 반면 누군가가 '타인'의 범주에 속한다고 판단할 경우 그를 차별하게 될 것이다.

## 🔵 순응 욕구

우리는 집단과 일치되는 행동을 하려는 강한 본능을 가지고 있다. 솔로몬 애쉬Solomon Asch는 한 고전심리학 연구에서 여러 그룹의 사람들에게 카드에 인쇄된 선을 보고 다른 카드에 인쇄된 여러 개의 선 중에서 그것과 길이가 같은 선을 찾아보라고 했다. 인쇄되어 있는 다른 선들은 한눈에 보기에도 길이가 너무 길거나 짧았기 때문에 매우 쉬운 작업이었다. 하지만 그룹에 속한 이들 가운데 진짜 실험 대상인 한 명을 제외한 나머지 사람들은 실험 진행자와 한 패가 되어 잘못된 답을 말하는 역할을 맡았다.

자신의 그룹에 속한 이들이 모두 오답이 분명한 답을 정답이라고 주장하는 상황에 처할 경우, 당신이라면 어떻게 하겠는가? 혼자 다른 대답을 말하겠는가 아니면 남들의 의견에 따르겠는가? 이 실험에서는 75퍼센트에 달하는 사람들이 다수의 의견에 반박하기보다는 최소 한 번 이상 남들과 같은 오답을 말했다. 집단의 규범을 거슬러 다른 사람들의 조롱과 반감을 사는 위험을 겪느니 차라리 자신의 의견을 억누르는 쪽을 택한 것이다. 이러한 현상을 가리켜 '규범적 사회 영향'이라고 한다.

애쉬의 실험에 참가한 사람들은 다른 참가자 가운데 한 명만 의견이 다른 경우에는 본인의 의견을 계속 고수하는 용기를 보였다. 이런 모습을 보면 누군가 오답을 말하더라도 다른 사람들도 함께 반대의 목소리를 낼 용기가 생긴다. 이것을 실생활에 응용해 보면, 그룹 내에서 자기 혼자만 다른 주장을 펼치게 될까 봐 두렵더라도 일단 용기를 내서 말하면 다른 사람들도 당신의 의견에 동참해 줄 가능성이 높다는 것을 알 수 있다.

여러 연구를 통해 우리가 자신이 속한 특정 집단에서 정상적으로 여기는 기준에 따르는 경향이 있다는 사실이 거듭 확인되었다. 특히 10대 청소년들은 규범적 사회 영향에 많은 감화를 받는다. 10대들은 자기가 반항적이라고 생각할 수도 있지만 실은 또래집단에 순응하는 것에 지나지 않는 경우가 많다. 또 자신의 개성을 표현하기 위해서 한 반항적인 문신도 대개의 경우 어떤 집단에 소속되어 있다는 표시일 수 있다.

### 🔅 반짝반짝 마음 눈치채기

다른 사람에게 영향력을 발휘하고 싶다면 규범의 힘을 이용해 보자. 그룹에 속한 사람들 대다수가 당신이 원하는 그 일을 하고 있다고 말하는 것이다. 일례로 직장 동료가 커피 마시는 장소 주변을 깔끔하게 정리하기를 원한다면 "이 사무실에서 일하는 사람들은 다들 커피를 마신 뒤에 정리정돈을 잘 하지. 그러지 않는 사람은 거의 없어"라는 식으로 말하는 것이다.

연구에 따르면 "이 사무실에서 일하는 사람들은 꼭 커피를 마시고 나서 뒷정리를 안 하고 엉망으로 만들어 놔. 제발 좀 치웠으면 좋겠어"라고 말할 경우 사람들의 행동이 더 악화된다고 한다. 다들 지저분하게 행동한다는 말을 들으면 그게 정상이라고 느끼게 되는 것이다.

## 🔘 순응에 따르는 문제

때로는 집단에 순응하고자 하는 본능이 문제를 일으키기도 한다. 여러 사람이 모여 있으면 토론이 진행될수록 서로의 의견에 동의하는 일이 많아져 결국 집단의 입장이 한쪽 또는 다른 쪽으로 너무 치우치게 된다. 집단은 개인보다 극단적인 결정을 내리는 일이 많은데, 이를 일컬어 '양극화'라고 한다.

일례로 모의재판을 이용한 연구 결과, 배심원단 가운데 한 명이 피고에게 관대한 태도를 보이면 다함께 어떤 판결을 내릴지 숙고할 때도 보다 관대한 결정을 내리게 된다는 연구 결과가 있다. 반대로 어떤 배심원이 가혹한 처벌을 내리고 싶어 하는 경우에는 다같이 논의한 뒤에 보다 혹독한 처벌을 결정하기도 한다.

당신이 다수의 의견에 동의하지 않는 경우, 어떻게 해야 그룹 전체

---

### 쿠르트 레빈 Kurt Lewin

**쿠르트 레빈**(1890~1947)은 우리의 행동을 결정하는 데 있어서 상황, 특히 당면한 사회적 상황이 얼마나 중요한 역할을 하는지 지적한 최초의 심리학자다. 그는 사회심리학의 '아버지'로 불린다.

독일에서 태어나 자란 레빈은 제1차 세계대전에 참전하여 용감하게 싸워 철십자 훈장을 받았다. 하지만 히틀러가 유대인을 박해하자 1933년 미국으로 이주했다. 나치 독일 치하에서의 경험을 통해 사회적 힘의 중요성을 인식하게 된 그는 이 문제를 과학적으로 연구한 최초의 심리학자가 되었다.

그의 가장 유명한 연구는 '권위주의적' 리더십 스타일이 사회에 미치는 영향에 관한 것이다. 그는 수많은 어린이들을 연구한 결과, 이전까지 활기차고 쾌활하고 독창적이던 아이들이 권위주의적인 리더를 처음 만난 이후 바로 주변에 무관심해지고 의욕을 잃고 활기도 떨어진다는 사실을 알아냈다. 레빈 이전의 심리학자들은 행동을 개인이 경험한 과거의 산물로 여기면서 주변 상황의 중요성을 간과했다.

여덟 권의 심리학 서적과 80편이 넘는 논문을 저술한 쿠르트 레빈은 57세의 나이에 심근경색으로 사망했다. 널리 알려진 인물은 아니지만 레빈을 20세기의 가장 중요한 심리학자 가운데 한 명으로 꼽는 이들이 많다.

의 의견에 영향을 미칠 수 있을까? 소수의 의견이라도 그것을 계속해서 표현하다 보면 그룹 전체를 움직일 수 있다는 연구 결과가 있다. 하지만 이때 자기 의견을 일관성 있게 주장해야지 혹여 흔들리기라도 하면 다른 이들에게 영향을 미칠 수 없다. 반대의 목소리가 그룹의 의사 결정에 이로운 방향으로 작용하는 경우도 많다. 소수의 의견을 겉으로 표현하면 그룹 전체가 보다 다양한 방법을 고려하면서 복잡하고 깊이 있는 사고를 하게 된다.


## 집단사고

어떤 집단의 결속력이 높을 경우, 이들은 극단적인 결정 혹은 잘못된 결정을 내릴 수도 있는데 특히 스트레스가 심한 상황일 때 그럴 가능성이 높아진다. 이러한 현상을 '집단사고'라고 부른다. 결속력이 강한 집단이 압박을 받는 상황에 처하면 시야가 좁아지고 편협해져 당장의 현실이나 윤리를 고려하기보다는 어떻게든 합의에 도달하는 일에만 집중하게 된다.

1986년 우주왕복선 챌린저호가 이륙 후 몇 초 만에 폭발하여 7명의 우주비행사가 목숨을 잃었던 참사가 그 실례다. 몇몇 엔지니어들이 야간 기온이 영하로 떨어진 뒤에 우주왕복선을 발사할 경우의 안전성에 대해 개인적으로 불안감을 표시했지만 그들이 한자리에 모였을 때는 발사 계획을 중단시키지 않아야 한다는 집단의 압력에 굴복하고 말았던 것이다. 심리학자 어빙 재니스Irving Janis는 집단사고를 예방할 수 있는 몇 가지 기술이 있다고 말한다.

- 그룹 내의 유력자들은 다른 사람들이 모두 의견을 말할 때까지 자신의 의견을 밝히지 않는다.

- 모든 구성원들이 다른 사람의 의견을 비판하고 의혹을 제기하도록 독려해야 한다.

- 개중 한 사람은 남들의 의견에 일부러 반대 입장을 취하는 역할을 맡아야 한다.

- 외부의 의견도 기꺼이 듣는다.

- 다른 대안들도 고려한다.

- 독립된 여러 개의 그룹이 같은 문제를 놓고 고민해야 한다.

남들과 협력하고자 하는 충동에는 어두운 일면도 있고, 비록 우리가 뛰어난 협업 능력을 지니고 있기는 하지만 살다 보면 충돌이 발생하는 경우도 있다. 인류는 평화로운 협력자들만 모인 종족이 아니다. 서로를 속이고, 거짓말하고, 싸우기도 한다. 이어지는 PART 06에서는 이러한 주제를 살펴보기로 하겠다.

📝 **PART 05**의 속·마·음

- 사람을 제대로 이해하려면 각 개인만 연구해서는 안 되고 사회적인 영향까지 함께 고려해야 한다.

- 유머·웃음·우정·잡담과 같은 일상적인 경험의 대부분은 사회적 결속을 위한 방법이다.

- 우리가 하는 행동 가운데 상당수는 타인과 협력해야 한다는 압박감에 의해 결정된 것이다.

- 우리는 도덕적 압력, 계급 서열, 집단 역학의 영향과 지배를 받는다.

- 집단과 사회의 영향력이 개인의 뜻을 압도함으로써 평소 친절하던 사람이 잔인한 행동을 하거나 똑똑한 사람들이 어리석은 짓을 저지르게 될 수도 있다.

우리의 도덕관념은 선을 행하는 힘이지만 거기에는 어두운 일면이 감춰져 있다. 도덕관념은 폭력적인 충동을 억제하는 브레이크 역할을 하지만, 다른 한편으로는 청신호처럼 작용 하기도 하는 것이다. 누군가가 도덕관념에 위배되는 짓을 저 질렀다고 판단되면 그런 나쁜 짓을 한 사람은 벌을 받아 마땅 하다고 생각하는 것이다. 분노에 사로잡힌 도덕성은 증오와 폭력적인 충동에 기름을 부을 수 있다.

PART 06

# 서로를 배신하고,
# 거짓말하고,
# 속이고,
# 싸우는 이유

인간 심리의 일부는 협력 쪽으로 맞춰져 있다. 우리는 서로 돕고 조화를 이루면서 살 수 있는 뛰어난 능력을 가지고 있다. 그러나 한편으로는 서로 경쟁도 하기 때문에 사회집단 속에서 살면서 이익을 얻는 또 하나의 방법은 자기의 목적을 위해 다른 사람을 이용하는 것이다. 때로는 남과 협력하는 것보다 그들을 이용하는 편이 더 이익인 경우가 많다. 따라서 우리 심리의 일부분은 충돌에 대처하는 일에 집중되어 있다.

살다 보면 갈등을 느낄 때가 있다. 평화롭게 협력하면서 나의 이익만을 위해 남을 이용하려는 마음을 참아야 하는 걸까? 아니면 사람들을 속이고 이용하면서 앞서 나가야 하는 걸까? 이러한 갈등은 사회적 동물로 살아가야 하는 모든 인간의 마음속에 내재되어 있다. 인생은 이와 같은 딜레마를 헤쳐 나갈 길을 찾는 일의 연속이다.

## 사람을 항상 믿는 건 위험하다

두 사람이 함께 공모해서 범죄를 저질렀다고 가정해 보자. 결국 둘 다 체포되어 각기 다른 감방에 수감되었다. 하지만 이들의 범죄 사실을 입증할 만한 증거가 빈약해서 누군가 한 사람이 상대방에 대한 증언을 해야만 유죄 판결이 날 수 있는 상황이다. 이들이 선택할 수 있는 방법은 다음과 같다.

- 두 사람 모두 입을 다물 경우, 각자 1개월의 징역형을 선고받게 된다.

- 둘 중 한 사람만 공범에 대해 증언할 경우, 그는 즉시 풀려나고 공범은 1년의 징역형을 선고받게 된다.

- 두 사람 모두 서로를 배신하고 증언할 경우, 둘 다 6개월의 징역형을 선고받게 된다.

당신이라면 이러한 상황에서 어떻게 하겠는가? 이것이 그 유명한 '죄수의 딜레마Prisoner's Dilemma'인데 협력과 충돌 사이의 갈등을 보여주는 본보기이자 '게임 이론'의 수많은 사례 가운데 하나다. 심리학자들은 의사 결정을 분석하기 위한 하나의 방법으로 게임 이론을 이용한다. 우리가 살면서 겪는 수많은 상황들은 일정한 규칙과 목표, 전략이 있는 '게임'으로 모델화할 수 있다. 그리고 사람들이 이러한 게임을 하면서 결정을 내리는 방식을 연구하면 그들이 앞으로 어떠한 행동을 하게 될지 예측할 수 있다.

죄수의 딜레마에서 대부분의 사람들은 가장 안전한 방법, 즉 자기 공범에 대해 증언하는 쪽을 택한다. 공범이 입을 열 것 같다는 생각이 들면 자기도 말을 해서 1년이 아닌 6개월 형을 선고받는 것이 가장 좋은 방법이다. 공범이 침묵을 지킬 것이라고 생각하는 경우에도 감옥에 한 달 동안 갇혀 있는 것보다는 증언을 해서 당장 풀려나는 편이 낫다. 각자의 입장에서 보면 상대방을 배신하고 속이는 것이 보다 합리적인 행동인 것이다. 하지만 두 사람 모두를 생각했을 때 가장 좋은 방법은 상대방을 완전히 신뢰할 수 있다는 가정 하에 서로 협력해서 침묵을 지키는 것이다.

다른 사람을 전적으로 신뢰할 경우, 우리에게 거짓말을 하거나 사기를 치거나 도둑질을 하거나 신의를 저버리거나 위해를 가하는 사람들에게 이용당할 위험이 있다. 따라서 이러한 위험을 감수하느니 차라리 우리가 먼저 상대방에 대해 행동을 취해야 하는 것이다. 자신이 해를 입지 않을까 하는 두려움 때문에 다른 사람에게 해를 가하려는 충동을 종종 느끼는 것이 우리 인간의 비극이다.

## 마지막으로 거짓말을 한 때는 언제인가

대부분의 사람들은 매일 적어도 한 번 이상 거짓말을 한다. 대개의 경우 이런 거짓말에는 좋은 의도가 담겨 있고, '사회적 윤활유' 역할을 하기도 한다. 수많은 사람들이 조화로운 관계를 위해 거짓말을 한다. 뚱뚱한 친구에게 뚱뚱해 보이지 않는다고 말하고, 친척이 보내준 선물이 마음에 든다고 하면서 실은 중고품 가게에 기부하기도 한다.

이런 선의의 거짓말을 제외하면 누구나 정직하려고 애를 쓴다. 여론조사를 해보면 정직성은 사람들이 자기 친구나 연인, 지도자에게 바라는 가장 중요한 5대 특성 가운데 하나로 늘 꼽히곤 한다.

---

### 반짝반짝 마음에 다가서기

**부정직한 개구리**

청개구리는 경쟁자를 물리치려고 큰 소리로 개굴개굴 우는데, 몸집이 큰 개구리일수록 우는 소리가 굵직하다. 이런 굵직한 소리는 다른 개구리들에게 더 위협적으로 들린다. 그래서 몸집이 작은 개구리들은 속임수를 쓴다. 보다 인상적인 개굴개굴 소리를 내기 위해 일부러 목소리를 낮추는 것이다.

---

하지만 이것은 부질없는 기대일까? 사람들이 거짓말을 하고 남을 기만하는 이유는 그것이 자기에게 도움이 되기 때문이다. 남을 속이면 이득을 얻을 수 있으며, 이는 어쩌면 인간의 타고난 속성 가운데 하나일지도 모른다. 속임수는 심지어 동물들이 사는 세상에서도 흔히 벌어지는 일이다.

인간은 자신들의 우월한 지적 능력과 상상력, 언어 능력을 이용해 속임수를 예술의 경지로 승화시킨다. 거짓말에 대한 광범위한 연구를 실시한 심리학자 폴 에크만은 우리가 거짓말을 하는 가장 일반적인 이유는 잘못한 일이 있을 때 벌을 피하기 위해서라고 한다. 그리고 두 번째 흔한 이유는 정직한 방법으로는 얻을 수 없는 보상을 받기 위해서이고, 그 외의 이유로는 다음과 같은 것들이 있다.

- 누군가를 보호하기 위해

- 자기를 공격하려는 사람에게 벌써 경찰을 불렀다고 거짓말을 하는 것처럼 신체적인 위해를 당할 위험을 피하기 위해

- 다른 사람들의 존경을 얻기 위해

- 난처한 사회적 상황에서 빠져나가기 위해(예 : 지루한 파티에 참석하지 않으려고 바쁘다는 핑계를 대는 것 등)

- 어색한 상황을 피하기 위해

- 사생활을 지키기 위해

- 정보를 공개하지 않고 다른 사람들에게 영향력을 행사하기 위해

## 🔵 거짓말쟁이 간파하기

자기는 거짓말을 간파하는 능력이 매우 뛰어나다고 자신하는 사람들이 많지만 실은 대부분의 사람들이 남의 거짓말을 알아차리지 못한다. 거짓말 탐지 연구에서 참가자 대부분은 어쩌다가 우연히 맞추는 수준을 벗어나지 못했다. 심지어 판사나 경찰관, 법정 정신의학자 같은 전문가들도 그 이상의 능력을 발휘하지 못하는 경우가 많았다. 능숙한 거짓말쟁이들은 누구라도 속일 수 있다. 히틀러가 영국 총리 네빌 체임벌린Neville Chamberlain을 설득하기 위해 자기는 적대적인 의도가 전혀 없다고 거짓말을 했던 것이 유명한 사례다. 체임벌린은 당시 편지에 이렇게 썼다. '그는 약속을 하면 반드시 지킬 사람이라는 인상을 받았다.'

> 능숙한 거짓말쟁이는 누구든 속일 수 있다.

사람들의 행동이나 발언에는 부정직의 특유한 징후라고 할 만한 단서가 드러나지 않는다. 대부분의 사람들은 남과 눈이 마주치는 것을 피하거나 하는 행동이 거짓말의 증거라고 생각하지만 실은 그렇지 않다. 어떤 이들은 남들이 이런 통념을 믿는다는 사실을 알고는 거짓말을 할 때 좀 더 진실을 말하는 것처럼 보이려고 일부러 상대방의 눈을 똑바로 쳐다보기도 한다. '시선을 이리저리 돌리거나' 앉은 자리에서 몸을 자꾸 움찔거리는 등의 행동도 오해를 불러일으키기 쉽지만, 이 경우 거짓말이 들킬까 걱정하는 것이 아니라 부정직한 사람이라는 오해를 살까 봐 두려워하는 것일 수도 있다.

폴 에크만은 몇 가지 행동 단서를 종합하면 거짓말을 간파할 수 있다는 사실을 알아냈다. 이 방법을 사용하면 80~90퍼센트의 확률로 거짓과 진실을 구분할 수 있다. 그가 제시하는 거짓말의 징후들이다.

## 슬쩍 드러나는 얼굴 표정

거짓말을 할 때 자신의 감정을 감춰야만 하는 경우가 있다. 대부분의 사람들은 감정을 철저히 숨기기 힘들기 때문에 얼굴 표정이나 행동을 통해 그 감정이 '드러나곤' 한다. 에크만은 이를 가리켜 '감정 누출'이라고 부른다. 감정은 '미세한 표정'을 통해 그 본성을 드러낼 수 있다. 몇몇 감정의 경우에는 그것을 드러내는 특징적인 얼굴 표정이 있어서 이것이 짧은 시간 순간적으로 얼굴에 나타났다가 사라질 수 있다. 이와 같은 표정은 포착하기 힘들기 때문에 특수한 훈련을 받지 않은 이상 알아차리기 어렵다.

에크만은 정신병원에 수용 중이던 우울증 환자가 병원에서 나가 자살을 시도할 생각으로 전보다 기분이 한결 나아졌다고 거짓말을 하는 모습을 녹화한 비디오테이프를 연구하던 중에 미세 표정을 발견했다. 그는 몇 시간 동안 테이프를 살펴보다가 어느 순간 환자의 얼굴에 절망적인 표정이 스쳐 지나가는 것을 보았는데, 환자는 재빨리 미소를 지어 그 표정을 은폐했다.

## 잦은 모순

거짓말을 하려면 기억력이 좋아야 한다. 진실만을 말하는 사람도 때로 예전에 했던 말과 모순되는 발언을 하기도 하는데 거짓말쟁이에게는 이런 일이 더 자주 벌어진다.

## 줄어든 손동작

자연스럽게 말할 때는 대부분의 사람들이 무의식적으로 손을 이용해 말하는 내용을 표현하는데 에크만은 이것을 '설명자'라고 부른다. 하지만 거짓말을 할 때면 이러한 손동작이 줄어들거나 완전히 사라진다. 그러나 모든 행동 단서와 마찬가지로 이것 또한 반드시 거짓말을 의미하는 것은 아니다. 사람들은 종종 지루함을 느낄 때도 손동작이 줄어들 수 있다.

## 간접 언어

말을 할 때 말하는 주제와 본인 사이에 감정적인 거리를 두는 방식이다. '나는'이라고 말하는 횟수가 줄어들고, 행동이 미치는 영향을 감소시키는 단어를 사용한다. 예를 들어 외도 사실을 부정할 때면 "나는 성관계를 맺지 않았다"라고 직접적으로 말하는 것이 아니라 "지나치게 친밀한 접촉은 없었다"라는 식으로 말하는 것이다.

## 거짓 감정

거짓말쟁이들은 자기가 실제로 느끼지 않는 감정을 '꾸며내기도' 한다. 거짓 감정은 너무 갑작스럽게 시작되거나 중단될 수 있고, 엉뚱한 순간에 드러나기도 한다. 또 얼굴 표정 가운데 일부는 가짜로 꾸며내기가 어렵거나 불가능한 경우도 있다. 진심으로 미소를 지을 때는 눈 주위의 근육이 움직이고 광대뼈가 치켜 올라가는 '뒤셴Duchenne' 미소를 짓게 된다. 반면 가짜 미소는 입 주변의 근육만 사용한다.

진짜로 슬픔이나 고통을 느낄 때는 이마 근육이 움직이고, 눈썹의 안쪽 가장자리가 위로 당겨지면서 특징적인 주름이 생긴다. 마찬가지로 공포를 느끼면 눈썹이 치켜 올라가면서 안쪽으로 모아지고 이마에 주름이 잡히는데, 이런 표정은 가짜로 흉내 내기가 힘들다.

### 거짓말을 간파하는 능력을 키우는 방법

· 상대방이 긴장을 풀고 방심하게 한다. 섣불리 의심을 드러내거나 비난할 경우 입을 다물어버리므로 그래서는 안 된다. 그냥 정보를 얻고자 할 때의 일반적인 대화 스타일을 취하는 것이 좋다. 상대방이 말을 많이 할수록 그가 거짓말을 하고 있다는 단서가 드러날 기회가 많아진다.

· 상대방이 하는 행동의 특정한 일면에만 주의를 기울여서는 안 된다. 거짓말을 간파하는 데 능숙한 사람들은 대개 한 가지 징후에만 의존하지 않고 다양한 정보를 살펴본다.

· 상대방의 독특한 스타일을 파악한다. 때로 사람들은 본인이 거짓말을 하고 있음을 드러내는 자기만의 단서들을 갖고 있는 경우가 있다.

· 이야기를 자세히 들려달라고 부탁한 뒤, 한동안 관련 없는 주제에 대해 이야기하다가 불시에 다른 질문을 던져 다시 그 세부 사항으로 되돌아간다. 거짓말을 한 사람은 자기가 말한 정보를 제대로 기억하기 힘들기 때문에 사소한 부분에서 모순이 드러난다.

· 상대방이 어떤 이야기를 처음 할 때 특히 주의를 집중해서 들어야 한다. 그가 예전에 한 적이 없는 이야기를 꺼내는 경우에 특히 거짓말을 간파할 가능성이 높아진다. 다른 여느 행동들과 마찬가지로 거짓말도 연습을 할수록 실력이 좋아진다.

그러나 에크만은 일상생활 속에서 거짓말쟁이를 찾아낼 수 있다고 자신하는 것은 불가능하다고 강조한다. 에크만처럼 80~90퍼센트의 정확도를 달성하려면 테이프를 수없이 돌려보면서 검토해야 한다.

## 말을 하기 전에 너무 많이 생각하는 것

말을 하다가 중간에 자주 멈추거나 말실수가 잦은 것도 거짓말의 징후일 수 있다. 금방 답할 수 있는 문제에도 빨리 대답을 못하고 머뭇거리면서 생각을 집중해야 한다는 뜻이다. 거짓말을 할 때는 진실을 말할 때보다 인지적인 노력이 더 많이 필요하다.


## 속임수, 인간 본성의 핵심

거짓말을 하는 목적 가운데 하나는 부정행위나 사기, 절도 같은 행위를 통해 남들보다 많은 이익을 얻으려는 것이다. 사기와 절도는 사회적 교환의 원칙에 위배되는 행동이다.

　인간사회는 다양한 사회적 계약, 즉 우리가 따라야 하는 관습의 지배를 받는데 개중 일부는 법으로 명시되어 있지만 일부는 그저 올바른 행동으로 규정되는 선에서 머문다. 그러나 우리는 자기가 얻는 혜택에 대해 정당한 대가를 지불하지 않는 '무임 승차자'들에게 취약하다. 레다 코스미데스와 존 투비 같은 일부 심리학자들은 인간의 정신은 이러한 사기를 알아차리는 데 선천적으로 뛰어난 능력을 가지고 있다고 주장한다.

　다음의 설명을 보고 제시된 2개의 퍼즐을 모두 풀 수 있는지 알아보자.


- 퍼즐 1 : 카드 4장이 있는데 각 카드의 한쪽 면에는 알파벳, 다른 쪽 면에는 숫자가 적혀 있다. 카드의 형태는 다음과 같다.

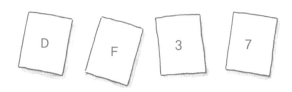

여기서 규칙은 카드에 적힌 알파벳이 D일 경우 그 뒷면에는 숫자 3이 적혀 있어야 한다는 것이다. 이 규칙이 제대로 지켜졌는지 확인하려면 이 가운데 어떤 카드(들)를 뒤집어봐야 할까?

- 퍼즐 2 : 친구 4명에게 당신이 여행을 간 동안 차를 빌려 써도 된다고 말했다. 하지만 차를 빌릴 경우 휘발유 값을 내야 한다는 규칙을 세웠다. 집에 돌아와 보니 친구 4명이 각자 자신이 한 일을 카드에 적어놓았다. 카드 한쪽 면에는 차를 빌렸는지 여부가, 다른 쪽 면에는 휘발유 값을 냈는지가 적혀 있다. 카드 4장의 모습은 다음과 같다.

친구들 가운데 휘발유 값에 대한 규칙을 지키지 않은 친구가 있는지 알아내려면 어떤 카드(들)를 뒤집어봐야 할까?

두 가지 퍼즐 모두 첫 번째 카드와 마지막 카드를 뒤집어야 한다. '차를 빌려 썼음'이라고 적힌 카드를 뒤집을 때는 '휘발유 값을 지불했음'이라는 글귀가 보이기를 바란다. 그리고 '휘발유 값을 지불하지 않았음'이라고 적힌 카드를 뒤집으면 그 친구가 과연 차를 빌려 썼는지 아닌지 알게 된다. 이 퍼즐의 경우 약 75퍼센트 정도가 정답을 맞힌다. 그러나 첫 번째 퍼즐을 제대로 푸는 사람은 매우 적다.

논리적으로 볼 때 첫 번째 퍼즐과 두 번째 퍼즐은 동일한 퍼즐이다. '만약 ~라면 ~다'라는 규칙이 제대로 지켜졌는지 여부만 확인하면 된다. 1번 퍼즐의 경우 D와 7이라고 적힌 카드를 뒤집어야 규칙을 어겼는지 알 수 있다. 개념상으로는 2번 퍼즐과 완전히 똑같다.

이 퍼즐을 사회적 교환의 형식으로 제시하면 쉽게 풀 수 있지만 추상적인 논리 문제가 되면 푸는 데 어려움을 겪는다. 코스미데스와 투비는 우리 마음이 속이는 사람을 찾아내는 일에 최적화되어 있어서 그런 것이라고 생각한다.

배신자에게 대처해야 하는 상황에 처하면 인간의 인지 능력이 한층 더 향상되는 듯하다. 일례로 당신은 사람들의 얼굴을 잘 기억하는 편인가? 한 연구에서 실험 참가자들에게 사람들의 얼굴 사진을 몇 장 보여주면서 그 사진의 인물 가운데 몇 명이 어떤 사람에게 사기를 쳐서 돈을 빼앗았다고 말했다. 그랬더니 사람들은 다들 그 '사기꾼'의 얼굴을 훨씬 잘 기억했다.


## 🔘 사람들이 남을 속이는 이유

사기꾼들의 심리를 연구한 내용을 살펴보면 그들 대부분이 자신의 행동을 정당화한다고 한다.

남에게 사기를 치는 사람들은 자기가 그들에게서 받아야 할 '빚이 있다'라고 생각한다. 예컨대 자기가 부당한 대우를 받았기 때문에 어떤 물건을 가질 수 있는 도덕적 권리가 있다는 것이다. 다시 말해 상호관계에 대해 왜곡된 생각을 품고 있는 것이다. 또 이들은 처음에는 사소한 일로 남을 속이다가 점점 행동이 대담해지는 특징을 보인다. 부정직의 길을 따라 조금씩 내딛던 걸음이 어느새 성큼성큼 대범한 걸음걸이가 되는 것이다. 그리고 언제나 그렇듯이 이러한 행동을 하는 사람들을 보고 그 선례를 따르는 이들이 있게 마련이다. 따라서 사기꾼들은 '다른 사람들도 다 하는 일이다'라는 말을 자주 한다.

> **진짜 사기꾼**
>
> 골드만삭스 투자은행에서 일하던 조이티 드 로리는 믿음직한 비서 행세를 하면서 자신의 지위를 이용해 상사들에게서 400만 파운드가 넘는 돈을 훔쳤다. 처음에는 4,000파운드짜리 수표를 위조해서 자기 앞으로 발급하는 일부터 시작했다가 점점 대담해져 결국 한 번에 200만 파운드를 훔치는 수준에까지 이르렀다. 그녀는 사치스러운 라이프스타일을 즐기면서 카르티에 보석과 키프로스 섬에 있는 빌라, 고급 자동차, 친구에게 줄 집 등을 구입했다.
>
> 언론 보도에 따르면 그녀는 상사들을 위해 열심히 일했기 때문에 더 많은 돈을 받을 자격이 있다고 생각했고, 특히 골드만삭스에서 일하면서 어마어마한 연봉을 받는 부자 상사들이 사는 모습을 보자 그런 생각이 더욱 강해졌다고 한다. 그녀는 자기 상사들이 생일파티 한 번에 50만 파운드를 쓴다고 말했다. 조이티는 고용주들이 자기에게 갚아야 할 빚이 있다고 생각했다. 당시 그녀가 쓴 일기를 보면 '원래 내 몫인 것을 더 받아야 한다'라고 적혀 있다.
>
> 그녀는 결국 체포되어 7년 형을 선고받았다. 그리고 3년 6개월을 복역한 뒤에 출소하여 현재는 범죄자들을 위한 자선단체에서 일하고 있다.

## 🔵 공격

타인보다 우위에 서기 위해 이용할 수 있는 가장 야만적인 방법은 신체적인 공격이다. 공격은 '해를 입고 싶어 하지 않는 타인에게 해를 끼치려는 의도로 하는 행동'이라고 정의할 수 있다.

심리학자들은 분노나 증오 같은 '격렬한' 감정 때문에 촉발된 '감정적 공격'과 계산에 따라서 수행하는 가해 행위를 구분한다. 범죄자가 건물에 침입하기 위해 '목적 달성을 위한 수단'으로 냉혹하게 경비원을 쏴 죽이는 것은 도구적 공격의 예다. 그런데 도구적 공격을 저지르는 사람은 대부분 사이코패스 범죄자가 아니라 정상적인 공감 능력을 지닌 보통 사람들이다. 어째서 평범한 사람들이 이런 잔인한 행동을 하는 걸까? 여기에는 두 가지 이유가 존재하는데, 바로 복종과 이데올로기다.

### 복종

심리학자 스탠리 밀그램은 제2차 세계대전 당시 나치 독일에서 유대인들에게 자행된 잔학한 행위에 가담한 사람들이 그토록 많았던 이유를 알고 싶었다. 이들 중 대다수는 사이코패스가 아니었지만 남자와 여자, 아이들을 몰살하기 위해 서로 결탁했다. 이 사람들은 자기는 그저 명령에 따랐을 뿐이라고 변명한다. 그러나 평범한 사람이 그런 명령을 받았다는 이유만으로 잔인한 폭력을 휘두를 수 있는 걸까? 밀그램은 이 의문에 대한 답을 얻기 위해 권위에 대한 복종과 관련된 그 유명한 일련의 실험들을 진행했다.

밀그램은 사람들에게 다른 방에서 의자에 끈으로 묶여 있는 '학습자'에게 전기충격을 가하라는 지시를 내렸다. 학습자가 잘못된 대답을 할 경우 전기충격을 주는데, 처음에는 '가벼운' 충격으로 시작해서 '위험할 정도로 심한 충격'인 최대 450볼트까지 점점 강도를 높이도록 했다.

학습자는 사실 실험 공모자였고, 전기충격도 가짜였다. 학습자는 전기충격의 강도가 높아짐에 따라 점점 더 고통스러워하는 모습을 연기했는데 신음소리를 내고, 고함을 지르고, 벽을 발로 차고, 제발 실험을 끝내달라고 애원하는 등 매우 실감나는 연기를 펼쳤다. 그러다가 충격 강도가 450볼트에 이르면 학습자는 돌연 조용해져서 의식을 잃거나 죽은 것처럼 느껴졌다.

이처럼 잔인하고 위험한 실험에 기꺼이 동조하는 사람이 과연 몇 명이나 되었을까? 실험을 시작하기 전 실시한 설문조사에서는 자기가 이런 식으로 누군가를 해치는 일에 동참할 수 있을 것이라고 답한 이가 전체의 1퍼센트밖에 안 됐다. 하지만 밀그램은 남녀를 불문하고 실험 참가자의 65퍼센트가 지시에 복종하여 상대방에게 최대 450볼트의 전기충격을 가했다는 사실을 발견했다.

이것은 그들이 남에게 고통을 주는 것을 즐기거나 원해서가 아니었다. 참가자 대부분은 괴로워하면서 명령을 수행하는 것을 꺼렸다. 그러나 실험 참가자들이 전기충격을 가하는 것을 그만두고 싶다고 말할 때마다 실험 진행자들은 일련의 단계적 명령을 통해 그들의 행동을 촉구했다.

- 계속해 주세요.

- 실험의 성공을 위해 계속하셔야 합니다.

- 무조건 계속해야 합니다.

- 당신에게는 선택의 여지가 없습니다. 계속해야만 합니다.

왜 65퍼센트나 되는 사람들이 명령에 복종했을까? 한 가지 이유는 권위에 복종하는 것이 사회적 규범이고, 그 규범이 우리의 행동에 강력한 영향을 미치기 때문이다. 또 처음에는 가벼운 전기충격으로 시작해서 각 단계마다 강도가 약간씩 증가하는 식으로 그 과정이 '점진적'으로 이루어졌다는 점도 중요하다. 그리고 우리는 다른 누군가가 시킨 행동을 할 때에는 그 행동에 대한 책임감을 느끼지 않는다. 이런 경우에는 자신의 행동에 대해 개인적인 책임이 없다고 생각하는 것이다. 이렇게 일상적으로 작용하는 힘이 '도구적 폭력'을 저지르도록 유도하는 것이다.

> 평범한 직업을 가진 평범한 사람들이 개인적으로 별다른 적개심을 품지 않고도 끔찍한 파괴 과정의 대리인이 될 수 있다.
>
> — 스탠리 밀그램

밀그램의 악명 높은 실험은 홀로코스트와 같은 잔학 행위가 본질적으로 사악한 민족에 의해 자행된 것이 아님을 보여준다. 그보다는 남에게 협력하고 복종하고자 하는 평범하고 일상적인 성향이 그런 끔찍한 결과를 가져온 것이다. 이론가인 한나 아렌트Hannah Erendt는 이를 가리켜 '악의 평범성'이라고 했다.

### 스탠리 밀그램Stanley Milgram

스탠리 밀그램(1933~1984)이 예일 대학교에서 그 유명한 복종 실험을 진행했을 당시 그의 나이는 28세로 하버드에서 박사 학위를 받은 지 얼마 안 된 상태였다. 이 실험은 그의 연구 과정 중의 일개 요소에 불과했지만 결국 그의 경력 전체를 지배하게 되었다. 그가 실험 참가자들에게 준 스트레스 때문에 그의 윤리성에 의문이 제기되었고, 당시 많은 사람들이 그의 실험 결과를 받아들이기 거부하면서 실험 방법에 결함이 있다고 말했다. 그러나 이후 실시된 다른 '권위에 대한 복종' 연구에서도 계속해서 동일한 결과가 나왔다. 심지어 사회 통념상 1961년에 비해 권위를 존중하는 태도가 훨씬 줄어든 오늘날에도 좀 더 윤리적인 방식으로 유사한 실험을 진행해 보면 이와 비슷한 수준의 복종을 보인다는 결과가 나온다.

밀그램은 사람들이 자신의 복종 실험에 반대하는 이유는 이것이 인간의 본성과 관련된 달갑지 않은 진실을 드러냈기 때문이라고 주장했다. 그의 실험 결과로 인해 우리가 스스로를 바라보는 시각이 바뀌었고, 또 누구든지 어떤 환경에 처하느냐에 따라 평소라면 절대 용납할 수 없는 행동도 저지를 수 있기 때문에 다른 국가나 집단을 '악마 취급하는 것'은 앞뒤가 맞지 않는 일이라는 사실이 입증되었다.

밀그램은 권위에 대한 복종은 우리 본성의 일부이며, 사회적 종으로서 우리 자신을 조직화하는 데 필요하다고 생각했다. 그의 실험 결과는 개인의 성향이 반드시 그 사람의 행동을 결정짓는 것은 아니라는 사회심리학의 핵심 견해를 절실히 느끼게 해주었다. 밀그램의 말대로 "금세기의 사회심리학은 중요한 교훈을 안겨준다. 그가 어떠한 성향의 사람인가보다는 어떠한 상황에 처해 있느냐에 따라 행동이 결정되는 경우가 많다."

밀그램이 야기한 논쟁 때문에 그는 하버드에서 종신교수직을 얻지 못했다. 그는 뉴욕 시립대학교로 자리를 옮겨 그곳에서 인기 있는 교수이자 실험자 겸 멘토로 활약하면서 겨우 51세의 나이에 심근경색으로 사망할 때까지 이 학교의 심리학 프로그램을 이끌었다.

## 이데올로기

복종 심리 이외의 또 다른 요인도 밀그램 연구에 참가한 이들의 행동에 영향을 미쳤을 것이다. 참가자들은 자기가 '옳은' 일을 하고 있다고 믿었다. 과학 발전을 위해 세워진 적법한 기관에서 공익을 위해 진행 중인 어떤 일에 참여하고 있다고 여긴 것이다.

평범한 사람이 이런 식의 폭력을 저지를 수 있는 이유 중 하나는 이 데올로기 때문이다. 심리학자 로이 바우마이스터<sup>Roy Baumeister</sup>는 사람들이 대의를 위해서라면 기꺼이 타인에게 해를 끼치는 일이 많다는 사실을 지적한다. 이러한 모습을 보면 '결과는 수단을 정당화한다'라는 말로 합리화한다. 위대한 궁극적 믿음을 위해서는 남에게 위해를 가해야만 한다는 사상이 깔려 있는 신념체계의 지배를 받을 경우, 모든 종류의 폭력 행위가 허용되는 셈이다. 여기에는 '다 너를 위해 이러는 것'이라면서 아이를 때리는 것부터 어떤 집단을 몰살시키는 일까지 다양한 유형의 폭력이 포함된다. 나치에게 설득당한 많은 독일인들은 유대인을 죽이는 것이 곧 평화로운 유토피아를 건설하는 길이라고 믿었다.

## 감정적 공격

물론 대부분의 폭력은 감정적 동기에서 발생하므로 정서적 폭력과 도구적 폭력을 구분하는 것은 시대에 뒤떨어진 일이다. 실제로는 두 가지 동기가 결합되어 있는 경우가 많다. 예를 들어 아이를 때리는 부모는 자기가 옳은 일을 하고 있다고 생각해서 그럴 뿐만 아니라 화가 나서 때리기도 하는 것이다. 히틀러의 동기도 증오와 이데올로기 두 가지 모두였다.

## 분노적 공격

단순히 분노로 인해 야기되는 공격도 있다. 이 주제에 관한 심리학 연구 결과는 우리가 상식적으로 알고 있는 사실들을 보강해 준다. 즉 갑작스럽게 부당한 좌절을 느끼거나, 날씨가 덥거나, 술에 취했거나, 기분이 나쁘거나, 자신의 처지가 불우하고 빈곤하다고 느끼거나, 사람들이 붐비는 좁은 공간에 갇혀 있는 경우에 공격적인 행동을 할 가능성이 높다는 것이다.

그러나 공격과 관련된 또 다른 상식들은 사실 그다지 정확하지 않다. 공격성은 에너지가 쌓일 대로 쌓여 밖으로 발산할 수단이 필요해졌을 때 나타나는 것이라고 생각하는 이들이 많다. 쌓인 공격성을 '배출'하고 나면 다시 마음이 진정되거나 '카타르시스'를 느끼게 된다는 것이다. 이러한 오해는 공격성도 배고픔이나 갈증 같은 기본적인 충동이므로 가로막기보다는 충족시켜야 한다고 여겼던 프로이트의 생각에서 비롯된 것이다.

그러나 분노를 표현하거나 행동으로 옮길 기회가 주어진 사람들은 분노가 가라앉는 것이 아니라 오히려 더 심해진다는 연구 결과가 있다. 한 연구에서는 화난 사람들에게 자기를 화나게 만든 대상에게 전기충격을 가할 수 있는 기회를 주었다. 이 방법은 화난 이들을 진정시키기는커녕 그와 반대되는 효과를 낳았다. 공격성이 더욱 강해져 상대방에게 더 심한 응징을 가했던 것이다.

또 자존감이 낮은 사람이 더 공격적이라는 것도 우리는 상식으로 받아들이고 있다. 그러나 바우마이스터의 연구에 따르면 이것은 사실이 아니다. 자존감이 낮은 이들은 별로 공격적이지 않으며, 오히려 자만심이 강한 쪽이 더 호전적인 태도를 보인다. 바우마이스터는 모욕을 당했을 때 자기애가 강한 사람이 더 적대적인 행동을 보인다는 사실을 알아냈다. 자신에 대한 거창한 시각에 의문이 제기되면 공격적인 반응이 유발되는 것이다. 그래서 자만심이 강한 사람에게 도전할 때는 그들의 자만심을 지킬 수 있도록 해주어야지 그렇지 않으면 앙갚음을 당하게 된다.

> 🔆 반짝반짝 마음 눈치채기
>
> 공격적인 사람과 맞서야 하는 경우, 그들이 감정을 '분출'시키거나 공격적인 행동을 하도록 유도해서는 안 된다. 이러한 방법으로는 그들의 분노를 가라앉히지 못하며 오히려 악화시킬 수도 있다.

## 🔵 공격성 확대

공격적인 행동의 주요 원인 중 하나는 공격성이다. 때로는 다른 사람이 나를 공격할 것이라는 두려움 때문에 자기가 먼저 공격을 하는 경우도 있다. 말로나 신체적인 위협을 당했을 때 나타나는 자연스러운 반응은 그 위협에 맞서는 것이다. 따라서 순식간에 공격이 더 격해질 수 있다. 한 사람이 적대적인 말이나 행동을 하면 상대방이 비슷하게 응수하다가 금세 싸움으로 번지는 것이다.

따라서 공격적인 사람과 대면하게 될 경우, 나도 상대방에게 맞서 공격적으로 행동하고 싶다는 본능을 신중하게 억제한다면 이론상으

## ✨ 반짝반짝 마음 눈치채기

### 공격적인 사람을 대하는 방법

해야 할 일

- 그의 주변에 개인적 공간을 충분히 확보해 준다.

- 그의 측면으로 90도 정도의 각도를 유지하면서 위협적이지 않은 자세로 선다.

- 눈이 마주치면 존중하는 눈빛을 보내고, 자주 먼 곳으로 시선을 돌린다.

- 위협적이지 않은 얼굴 표정을 짓는다.

- 양팔을 몸 옆에 붙이거나 손바닥을 위로 향하는 등 순종적인 몸짓을 취한다.

- 자기가 잘못한 일이 아니더라도 사과한다. 그 상황에서 미안하다고 말할 수 있을 만한 부분을 찾아본다.

- 상대방이 말하는 내용에 동의한다.

- 적극적인 자세로 듣는다. 상대방이 하는 말에 관심을 표하고, 중간 중간 "무슨 뜻인지 알겠어요"와 같은 말을 하거나 그가 한 말을 달리 표현하는 등의 방법을 통해 귀담아 듣고 있고, 그 내용을 잘 이해했음을 확인시킨다.

해서는 안 되는 일

- 상대방과 정면으로 얼굴을 맞대고 서는 것은 공격적으로 보일 수 있다.

- 그의 개인적 공간에 발을 들여놓는 것

- 위협적인 눈빛으로 똑바로 응시하거나 노려보는 것

- 양손을 허리에 올리거나 손가락질을 하는 등 적대적인 제스처를 취하는 것

- 눈을 흘기거나 냉소를 띠는 등 얼굴 표정에 적대감이나 경멸을 드러내는 것

- 그의 의견이나 비판을 무시하는 것

- 그에게 지시를 내리는 것

- 상대방을 위협하거나 논쟁을 벌이거나 이의를 제기하는 것

- 그에게 창피를 주거나 무례하게 굴려는 듯한 느낌을 주는 모든 행동

로는 말다툼이 몸싸움으로 격화될 가능성을 줄일 수 있다. 하지만 이러한 분노 감소 노력이 확실한 효과가 있는지에 대해서는 제대로 연구가 이루어진 적이 없다. 따라서 공격적인 사람과 마주쳤을 때 그 사람이 폭력을 휘두를 가능성이 있다고 생각된다면 가급적 안전하게 그 자리에서 벗어나는 것이 가장 좋다.

## 주도권을 차지하기 위한 싸움

사실 공격적으로 행동하는 상대방에게 나 또한 공격적인 태도로 맞서고 싶다는 충동을 억누르기란 정말 쉽지 않은 일이다. 한 가지 이유는 남들 앞에서 순종적으로 행동하면 자신의 지위의식이 낮아지기 때문이다. 그래서 '이런 대접은 못 참아!'라는 생각이 들게 된다. 위협적인 태도에 직면했을 때 뒤로 물러서야 한다면 수치심과 자신의 권위가 떨어진 듯한 느낌을 받게 된다. 어떤 사람들은 이런 식으로 '체면이 깎이는' 위험을 감수하느니 차라리 싸우다가 목숨을 잃을 수도 있는 위험 쪽을 택한다.

그 이유는 어디서든 계급을 형성하려는 인간의 성향과 관련이 있다. 사실 넓게 보면 계층제도가 공격을 감소시키는 구실을 한다. 서로 끝없이 싸우는 대신 상대방의 사회적 지위를 판단해서 지위가 낮은 사람이 높은 사람에게 '존경심을 보이면서' 한발 물러서는 것이다 (PART 05에서 이야기한 것처럼). 하지만 이러한 시스템이 모든 공격을 예방해주지는 못한다. 계층구조 내에서는 자기 서열을 지키거나 그보다 더 높은 지위로 올라가려고 싸우곤 하기 때문이다. 심리학자 마틴 데

일리<sup>Martin Daly</sup>와 마고 윌슨<sup>Margo Wilson</sup>은 사회적 계급을 잃거나 얻는 것과 관련해서 벌어지는 폭력이 매우 많다는 사실을 지적한다.

현대인의 생활 속에서는 대부분 법과 질서가 이 원시적인 제도를 대신하고 있다. 이제는 다른 사람을 공격해서 얻을 수 있는 이익이 없고, 사회적 지위는 폭력에 개입하는 능력 이외의 다양한 방식으로 측정되고 있다. 그러나 법과 질서가 확실하게 뿌리내리지 못한 일부 문화권에서는 이렇게 신체적인 공격을 우선시하는 계층제도가 여전히 만연해 있다. 통계에 따르면, 가난한 주거 지역에 살거나 갱단에 가입한 15~32세 사이의 남자들이 주로 이런 부류에 속한다고 한다. 주도권을 차지하기 위한 싸움의 결과로 벌어지는 많은 살인은 주로 사회적 지위가 낮은 젊은 남자들이 저지르는 것이다.

계급 내에서 자기 위치를 걱정하는 남자들은 위협에 민감하다. 상대방과 시선을 맞추는 것은 존경 또는 위협의 신호를 전달하는 하나의 방법이다. 상대를 똑바로 응시하는 것은 경의를 표하지 않는 행동

---

🔆 **반짝반짝** 마음 들여다보기

**자기 고양적 편향**

싸움이 끝나고 나면 양측 모두 자기가 정당한 행동을 했다고 확신한다. 두 사람 다 그저 자기방어를 위해 싸웠을 뿐이라고 항의하거나 자신의 행동을 정당화한다.

자신과 타인의 행동에 대한 설명은 편견에 좌우될 수밖에 없다. 사람들은 타인의 행동은 그의 본질적인 특성 때문에 일어난 것이라고 생각한다. 예를 들어 '그가 나를 때린 건 그 사람이 못되고 심술궂은 사람이기 때문이다'라고 여기는 것이다. 반면 자신의 행동은 당시의 상황 때문에 벌어졌다고 생각한다. '그 상황에서는 어쩔 도리가 없었기 때문에 그 사람을 때렸다'라는 식으로. 이러한 심리적 편견을 '기본 귀인 오류'라고 한다.

이고, 눈을 아래로 내리까는 것은 존경을 뜻한다. 따라서 남이 자기에게 무례한 시선을 던졌다고 여기는 것 같은 아주 사소한 일로도 싸움이 벌어질 수 있다. 그가 사회계층에서 차지하는 정당한 위치에 맞는 대접을 해주지 않았다고 여기는 것이다. 여기에 그가 공격적인 말로 응수하면 금세 폭력의 수위가 올라갈 수 있다.

## 복수에 대한 욕망

데일리와 윌슨이 지적한 것처럼 공격적인 행동을 하는 또 하나의 동기는 바로 복수심이다. 전체 살인 사건의 20퍼센트가 복수 때문에 벌어진 것으로 추정되는데, 특히 학교에서 벌어지는 총격 사건의 경우에는 복수심이 가장 흔한 동기로 전체의 60퍼센트가 넘는다. 복수하고자 하는 욕구 때문에 테러리스트 조직에 가입하는 사람들도 있다. 평소 폭력적인 행동을 전혀 하지 않는 사람들도 복수를 꿈꾸며 즐거워하기도 한다. 대학생들을 대상으로 연구한 결과, 이런 공격적인 상상을 하는 사람이 매우 흔하다는 사실이 드러났다.

복수는 상호관계의 이면이다. 누군가가 우리에게 피해를 입히면 우리도 그 앙갚음을 하고 싶어진다. 이것은 여러 세대에 걸쳐 이어지는 끝없는 '보복'의 악순환을 낳기도 한다. 복수는 많은 피해를 야기하지만 때로는 이것이 억제제 구실을 함으로써 폭력을 방지하기도 한다. 상대방이 어떻게든 보복하리라는 사실을 알면 그 사람을 해치지 않게 되는 것이다. 복수에 관한 한 실험에서 참가자들은 자기가 상대방에

복수는 상호관계의 이면이다.　　게 전기충격을 가할 경우, 그 사람도

똑같이 보복할 수 있다는 사실을 알게 되자 그에게 전기충격으로 벌을 주고 싶다는 유혹을 참아냈다.


## 증오에 대한 이해

사리 추구나 분노 또는 복수만으로는 공격적인 행동의 원인을 모두 설명할 수 없다. 우리가 흔히 '증오'라고 알고 있는 보다 복잡한 감정 때문에 유발되는 폭력도 있다. 예컨대 동성애를 질색하는 사람들은 동성애자에게 폭력을 행사하기 위해 일부러 그런 사람들을 찾아다니기도 한다. 이것이 소위 말하는 '증오 범죄'다. 개인·집단·국가·인종 등이 모두 증오의 대상이 될 수 있다. 전쟁이 벌어지면 양쪽 진영에서 적에 대한 증오심을 부추긴다.

증오는 강력하고 파괴적인 힘이지만 그에 비해 그다지 많은 연구가 이루어지지 않았다. 로버트 스턴버그Robert Sternberg는 증오가 세 가지 감정으로 구성되어 있다는 이론을 제시한다.

- 역겨움/혐오감 : 미워하는 사람에게는 혐오감을 느끼기 때문에 가까이 다가가기보다 거리를 두기를 원한다. 그들은 불쾌한 특성을 갖고 있거나 혐오스러운 행동을 한다. 당신은 증오의 대상을 인간 이하의 존재 또는 짐승 같다고 여긴다. 이것이 '친밀감 부인' 요소다.

- 분노/두려움 : 미워하는 사람 때문에 자율신경이 각성해서 강렬한 분노나 공포 혹은 그 두 가지 감정을 모두 느끼게 된다. 다시 말해 그들로 인해 투쟁도주반응이 야기되고, 마음속에 부정적인

감정이 폭발하는 것이다. 이것은 증오의 '격렬한' 일면이다. 스턴버그는 이를 가리켜 '열정' 요소라고 칭한다.

- 경멸 : 증오의 이 요소는 자기가 미워하는 사람을 인간으로서 가치가 없다거나 인간 이하의 존재라고 평가 절하하는 것이다. 이것은 '결정-개입' 요소라고 한다.

스턴버그는 사람들이 이 세 가지 감정을 얼마나 느끼느냐에 따라 다음과 같은 다양한 유형의 증오를 경험하게 된다고 말한다.

- 차가운 증오 : 증오하는 대상에게 느끼는 감정이 대부분 혐오감이다. 그 사람에게 불쾌감을 느끼고, 그와 아무런 관계도 맺지 않게 되기를 바란다.

- 격렬한 증오 : 증오하는 대상에게서 위협을 느끼기 때문에 주로 분노나 공포감을 많이 느끼며, 상대방에게 공격적인 행동을 하게 될 가능성이 높다. 다른 운전자의 불법행위에 대해 분노를 터뜨리는 것이 대표적인 예다.

- 타오르는 증오 : 세 가지 증오 요소를 모두 느끼는 경우, 증오 대상에 대해 혐오감과 격렬한 분노와 두려움을 동시에 느끼면서 인간으로서 전혀 가치가 없는 존재라고 생각하게 된다. '타오르는 증오'를 느끼게 되면 그 대상을 없애고 싶다는 욕망이 생긴다.

스턴버그는 세 가지 증오 요소 가운데 한 가지만 느끼는 사람은 타인에게 큰 위협이 되지 않지만 두 가지를 느끼는 사람은 중등도의 위협, 세 가지를 모두 느끼는 사람은 심각한 위협이 된다고 말한다.

왜 어떤 사람은 다른 이들에 비해 심한 증오를 느끼게 되는지 그 이유는 아직 밝혀지지 않았다. '증오 범죄'를 저지른 사람들을 연구한 결과, 공격적인 분위기에서 훈육을 받고 어려서부터 기본적인 욕구가 제대로 충족되지 않았던 사람들이 증오 범죄를 저지를 확률이 높다는 것을 알아냈다. 억압당하면서 살아온 사람들이 증오를 품게 되는 것은 당연한 일이다. 편견 때문에 고통받은 사람들은 자기를 억압한 이들을 증오한다. 증오는 증오를 낳는다. 당신이 누군가의 미움을 받는다면 당신도 그 사람을 미워하게 될 것이다.

스티븐 핑커는 우리 인간의 도덕적 감수성도 폭력적 정서의 또 다른 근원이 될 수 있다고 설명한다. 우리의 도덕관념은 선을 행하는 힘이지만 거기에는 어두운 일면이 감춰져 있다. 도덕관념은 폭력적인 충동을 억제하는 브레이크 역할을 하지만, 다른 한편으로는 청신호처럼 작용하기도 하는 것이다. 누군가가 도덕관념에 위배되는 짓을 저질렀다고 판단되면 그런 나쁜 짓을 한 사람은 벌을 받아야 한다고 생각하는 것이다. 예를 들어 동성애가 도덕적으로 옳지 않다고 생각하는 사람의 경우, 동성애자들은 잘못을 저질렀으므로 벌을 받아 마땅하다고 생각할 것이다.

분노에 사로잡힌 도덕성은 증오와 폭력적인 충동에 기름을 부을 수 있다. 일례로 '정숙하지 않다고' 생각되는 여자들을 죽이는 소위 '명예' 살인의 배후에는 분노에 사로잡힌 도덕성이 자리하고 있다.

증오는 어떤 개인이나 집단에게 도덕적인 결함이 있거나, 착취를 당하거나, 누릴 자격이 없는 부를 누리고 있을 때 더욱 거세게 타오른다. 한 집단 내에서 어떤 이들은 지위를 격상시켜주고, 다른 이들에 대해서는 별나고 어리석고 게으르고 불결하고

우리의 도덕관념은 선을 행하는 힘이지만 거기에는 어두운 일면도 있다.

'더 나은 세상'으로 나아가는 데 방해가 된다며 싸잡아서 평가 절하한다면 폭력이 발생할 수 있는 상황이 조성된다.

## 인간이 무리를 지을 때

앞에서 말한 폭력 유발 동기는 개인이나 집단 단위에서 생길 수 있지만 가장 규모가 큰 파괴 행위가 벌어지는 때는 사람들이 다른 집단에게 해를 가하기 위해 서로 협력하는 경우다. 사람들이 집단 내에서 행동하는 방식 때문에 이런 일이 빚어질 가능성이 더욱 높아진다.

사람들 사이에 아주 작은 차이만 존재해도 집단 정체성을 발전시키고 '외집단'을 해치고자 하는 마음이 생길 수 있다. 심리학자 헨리 타지펠Henri Tajfel은 실험을 진행하면서 참가자들에게 그들이 두 개의 집단 가운데 하나에 속해 있다고 말했는데, 두 집단의 차이점은 한쪽은 클레의 그림을 좋아하고 다른 한쪽은 칸딘스키의 작품을 좋아한다는 것이었다. 그런 다음, 각자 다른 이들에게 돈을 나누어 주거나 벌금을 물리라고 했다. 그러자 참가자들은 즉시 자기와 같은 그룹에 속한 이들에게는 돈을 주고, 다른 그룹에 속한 이들에게는 벌금을 부과하는 쪽을 택했다.

일부 심리학자들은 내집단과 자신을 동일시하는 행동 그 자체가 곧 외집단에 대한 경멸로 이어진다고 생각한다. 우리는 무의식적으로 외집단에 대해서는 별로 감정이입을 하지 않고, 크렙스Krebs와 덴튼Denton의 말처럼 '그들은 열등하고 다들 똑같으며 우리를 착취할 것'이라고 생각한다.

무자페르 쉐리프Muzafer Sherif라는 심리학자가 실시한 또 하나의 악명 높은 연구에서는 캘리포니아 주 로버스 케이브에서 열린 여름 캠프에 참가한 소년들을 두 개의 그룹으로 나누었다. 소년들은 '우리 그룹이 너희 그룹보다 낫다'라며 서로 놀려대는 등 자발적으로 다른 집단과 충돌을 빚기 시작했다. 쉐리프는 그들에게 스포츠 활동을 통해 서로 경쟁하도록 했다. 그러자 공격성이 더욱 커져 서로를 더욱 심하게 공격해댔고, 한쪽 그룹이 상대 그룹의 팀 마스코트를 불태우는 일까지 벌어졌다.

갈등이 걷잡을 수 없이 번져가자 연구진은 이러한 상황을 변화시킬 방법을 모색했다. 연구진은 아이들이 탄 버스를 일부러 고장내서 모든 소년이 힘을 합쳐 버스를 밀어서 다시 시동을 걸어야만 하는 상황을 만들었다. 이렇게 공동의 목표를 이루기 위해 힘을 모으고 나자 두 그룹이 서로를 폄하하거나 충돌하는 일이 줄어들었다.

---

### 🔆반짝반짝 마음 눈치채기

정치가들은 연설을 하면서 공동의 목표를 이루기 위해 우리 '모두 협력'해야 한다는 사실을 강조하는 일이 많다. 그들은 이것이 사람들 사이의 알력과 갈등을 감소시키는 효과가 있다는 사실을 알고 있다. 당신의 일상생활 속에서도 이와 같은 방법을 시도해 보자. 서로 대립하는 사람들 사이에 끼여 있을 때, 달성해야 하는 공동의 목표를 찾아서 다들 그것을 위해 노력하게 하는 것이다. 그러면 유대감이 높아져 싸움이 줄어들 수 있다.

사람들이 상대방이 '내집단'에 속하는지 아니면 '외집단'에 속하는지에 대한 판단을 얼마나 신속하게 내리는지 기억하자. 팀을 구성할 때는 '내집단'의 공통성을 강조하는 방법을 이용해야 한다.

## 독립심 상실

당신이 어떤 집단의 일원이라면 자신의 정체성을 잃고 대신 그 집단과 자기 자신을 동일시하게 될 수도 있다. 이러한 과정을 '몰개성화'라고 한다. 이 경우 집단의 규칙에 따르면서 본인의 행동에 대한 책임감을 덜 느끼게 되므로 공격성이 높아질 수 있다.

그룹 전체가 똑같은 제복을 입는 등 개개인의 개성이 억압되거나 억지로 숨겨야 할 경우, 이러한 상태가 더욱 심해진다. 한 실험에서 참가자들에게 큐 클럭스 클랜Ku Klux Klan, KKK이 입었던 것 같은 불길한 느낌을 주는 개성 없는 옷을 입고 누군지 알아볼 수 없는 모습으로 위장하게 하자, 이들은 타인에게 전기충격을 가하는 일에 더욱 적극적으로 참여했다.

그렇지만 몰개성화가 늘 나쁘기만 한 것은 아니며, 좋은 일에 활용할 수도 있다. 앞서와 같은 실험의 다른 부분에서 사람들에게 간호사 제복을 입히자 본인의 옷을 입고 있을 때보다 전기충격을 가하는 횟수가 줄어들었던 것이다.

## 권력은 타락하는 것일까

집단의 의사 결정 과정이 때로 남에게 해를 끼치기도 한다는 사실을 알게 된 심리학자들은 이러한 의문을 품게 되었다. 한 집단이 다른 집단을 지배할 수 있는 권력을 손에 넣을 경우 어떤 일이 벌어질까?

필립 짐바르도Philip Zimbardo가 진행한 또 하나의 고전 실험에서 그는 대학교 안에 가짜 감옥을 만든 뒤 실험에 자원한 학생들을 '죄수'와 '간수'로 나누었다. 간수에게는 제복을 입히고, 죄수들에게는 속옷 없이 무릎까지 내려오는 작업복만 입힌 뒤 발목을 묶는 등 감옥의 모습을 최대한 현실감 있게 재현했다. 실험이 시작된 지 이틀 만에 본인이 맡은 역할을 너무 진지하게 받아들이게 된 '간수'들은 죄수들의 옷을 벗기고, 팔굽혀 펴기를 시키고, 맨손으로 변기를 닦게 하고, 콘크리트 바닥에서 잠을 재웠다. 원래는 2주 동안 실험을 진행할 예정이었지만 죄수들의 안전을 염려한 여자친구의 설득에 따라 짐바르도는 6일 만에 실험을 중단해야 했다.

짐바르도는 한 집단에게 다른 집단을 통제할 수 있는 권력을 쥐어주면 필연적으로 폭력과 학대를 낳는다는 결론을 내렸다. 하지만 비평가들은 이런 결과가 나오게 된 것은 지배와 학대를 부추기면서 시작된 실험 구성 탓이라고 주장했다. 그래서 심리학자들이 BBC의 한 프로그램에서 그의 실험을 재현했다. 이번에는 실험 참가자들에게 억압과 복종에 대한 암시를 주지 않고 단순히 역할만 배정했다. 그러나 결과는 짐바르도의 실험과 별반 다르지 않았다. 죄수들이 간수들을 타도하고 평화로운 민주주의를 수립하려고 시도했지만 이것이 실패로 돌아가자 '새 간수들'은 스탠퍼드 대학에서 진행되었던 최초의 실험 때만큼이나 압제적인 체제를 구축하려고 했다. 상황이 진행되는 방향을 지켜보던 실험 진행자들은 이번에도 예정보다 일찍 프로젝트를 종료했다.

## ● 낙천적일 수 있는 이유

폭력은 불가해한 행동이 아니고, 정신적인 장애나 사이코패스 성향이 있는 개인이나 집단·국가 혹은 극소수의 악인만이 저지르는 행동도 아니다. 우리가 서로에게 미치는 피해는 모든 인간에게서 찾아볼 수 있는 심리적 동기에서 유발된 것이다.

그러나 높은 폭력 발생률을 당연한 것이라고 볼 수는 없다. 스티븐 핑커는 『우리 본성의 착한 천사들The Better Angels of our Nature』이라는 책에서 전 세계적으로(그중에서도 특히 서구 지역에서) 폭력 발생률이 감소하는 이유와 그 상황을 설명한다. 강력해진 정부, 국제 무역, 법과 질서, 교육 등 다양한 요인들 때문에 살인과 강간, 전쟁 발생 비율이 대폭 감소했다.

사내社內 정치, 기차에서 좌석을 놓고 싸우는 사람들, 술집에서의 말다툼, 뉴스에서 보도하는 전쟁의 참상 등 우리는 경쟁과 갈등의 심리가 작용하는 모습을 날마다 목격한다. 그러나 평소 경쟁과 협력 사이의 팽팽한 긴장감을 가장 확실하게 느낄 수 있는 장소는 바로 자신의 집, 남녀 간의 전쟁이 벌어지고 있는 그곳이다.

**📝 PART 06**의 속·마·음

- 인간생활의 중심에는 근본적인 갈등이 존재한다. 협력을 통해 얻을 수 있는 이익이 있는 것처럼 남을 속이고 해치는 방법으로도 대가를 얻을 수 있다.

- 우리는 남들의 속임수를 간파하는 능력을 타고났을 수도 있다.

- 뛰어난 인지 능력 덕분에 우리는 거짓말의 대가가 되었다.

- 인간이 저지르는 대부분의 폭력은 복종에 대한 규범 같은 일상적인 사회적 힘의 영향을 받는 보통 사람들이 저지르는 것이다.

- 폭력을 유발하는 다른 동기로는 감정, 이데올로기, 내집단과 외집단 사이의 경쟁 등이 있다.

- 한 집단이 다른 집단을 지배할 수 있는 권력을 가지게 될 경우, 이는 곧 억압의 온상이 된다.

심리학자들은 이제 남자와 여자에게 '타고난' 능력 차이가 있다는 생각을 버릴 때라고 믿는다. 한 줄의 질문이 성 고정관념을 강화하여 남녀 사이의 성과 차이가 증폭되고, 성 차별까지 조장할 수 있다. 전체적으로 볼 때는 남자와 여자 사이에 약간의 능력 차이가 존재한다고 하더라도 그것만 가지고는 남자나 여자의 개별적인 성과를 예측할 수 없다.

## PART 07

# 남자와 여자의
# 심리

**자연은** 남자와 여자에게 각기 다른 육체를 주었지만 그 육체 안에 담겨 있는 마음도 과연 다를까? '화성에서 온 남자, 금성에서 온 여자'라는 개념은 널리 알려져 있으며, 몇몇 심리학자들은 남녀 간에 선천적인 차이가 있다고 믿는다. 그러나 이 주제는 논란의 여지가 매우 많다.

## 여자는 어떤 일에 능숙할까

심리학자 사이먼 배런코엔은 여자들은 평균적으로 남자보다 공감 능력이 뛰어나다고 생각한다. 따라서 다음과 같은 두 가지 면에서 남자들보다 우수하다.

- 인지적 공감 : 다른 사람의 마음을 '읽는' 능력
- 정서적 공감 : 타인의 상황에 반응해 적절한 감정을 느끼는 능력

배런코엔은 다른 사람의 감정과 생각에 동조하는 이러한 능력 덕분에 여자들이 뛰어난 대인관계 기술을 갖추게 되었다고 생각한다. 공감 능력이 우수하다는 말은 곧 의사소통 능력이 뛰어나고, 다른 사람의 요구를 미리 예상할 수 있으며, 관계를 시작하거나 유지하는 일에 능하다는 뜻이다. 배런코엔의 말에 따르면, 이런 특성 때문에 여자들은 대개 남자들보다 공격성이 낮다고 한다. 여자는 공감 능력이 뛰어나기 때문에 폭력으로 인해 발생한 고통을 자기 일처럼 '느낄' 가능성이 높다. 따라서 배런코엔은 치료 전문가나 간호사, 인사 관리, 중재

인, 교사처럼 높은 공감 능력이 요구되는 직업에 여자들이 선천적으로 유리하고 관심도 많다고 주장한다.

여자들은 왜 공감 능력이 뛰어날까? 배런코엔은 이러한 성별 차이는 진화의 힘이 낳은 결과라고 생각한다. 공감 능력은 자녀를 잘 돌보는 데 유리하다. 엄마가 자녀의 요구에 민감하게 반응할수록 아이가 무사히 살아남아 좋은 애착관계를 형성할 가능성이 높다. 배런코엔은 또 여자들의 경우 협력이 더욱 중요하다고 주장한다. 여자들은 자녀 양육의 짐이 크기 때문에 남들에게 의존해야 할 필요성이 높다. 따라서 대인관계가 원만한 여자들은 친구들을 사귀고 유지하는 능력도 뛰어나기 때문에 장차 성공할 가능성이 높다.

여자들은 또 남자들에게 대응하기 위해 마음을 읽는 능력이 필요하다. 거짓말쟁이를 간파하는 데 능숙한 사람은 잠재적인 성적 관계가 시작될 무렵에 자기 의도의 진정성을 거짓으로 감추는 남자들에게 속아 넘어갈 확률이 낮다. 감정을 읽는 능력은 남성의 공격성에 대처할

✎ 네 마음을 보여줘 **당신의 공감 능력은 어느 정도일까?**

배런코엔은 '공감 지수'를 알려주는 설문지를 고안했다. 또 '눈빛으로 마음 읽기 테스트'를 통해서도 자신의 점수를 알아볼 수 있다. 이것은 눈에 드러난 표정만 보고 상대방의 심리 상태를 추측하는 능력을 측정한다. 여자들은 이 두 가지 척도 모두에서 남자보다 높은 점수를 받는 경향이 있다.

공감 지수 테스트에서 높은 점수를 받은 사람은 배런코엔이 'E' 두뇌 타입이라고 부른 두뇌형의 소유자일 가능성이 있다. 여자들의 경우 이런 두뇌 타입을 가질 확률이 높지만, 배런코엔은 남자들 중에도 'E' 두뇌 타입의 소유자가 많다는 사실을 강조한다.

때도 장점으로 작용한다. 위협을 미리 감지하고 자신을 보호할 조치를 취할 수 있다는 뜻이기 때문이다. 여자들은 먹을거리를 제공하고 자신을 보호해 줄 수 있는 자기 자녀의 아빠와의 관계를 유지할 때 이 기술을 이용한다.

배런코엔은 또 여자들은 남자에 비해 언어 능력이 발달했는데, 그 이유는 여자들의 생존은 친구를 사귀거나 적과 맞설 때 언어를 전략적으로 활용하는 기술에 많이 의존하기 때문이라고 말한다.


## 🔵 남자는 어떤 일에 능숙할까

배런코엔은 전체적으로 볼 때 남자는 '체계화'에 능하다고 생각한다. 이것은 무언가를 분석하거나 새로운 시스템을 만들어내는 능력이다.

시스템은 일정한 규칙에 따라 입력과 출력이 이루어지는 대상을 말한다. 따라서 자동차는 휘발유를 투입해서 속도를 얻는다는 엔지니어링 규칙을 따르는 시스템이다. 자연계에도 식물처럼 햇빛을 투입해서 성장을 이루고 생물학적 변화 과정의 규칙을 따르는 시스템이 존재하고, 수학이나 컴퓨터 프로그래밍 같은 관념적인 시스템도 있다.

배런코엔은 체계화를 위해서는 시각화 기술이 필요하기 때문에 남자들은 공간 능력이 더 뛰어나다는 말도 덧붙였다. 다시 말해 배런코엔의 학설은 남자들의 경우 시스템이 작동하는 방식을 밝혀내는 일에 관심이 많고, 이 분야의 능력도 출중하다는 것이다. 체계화의 장점은 주변에서 벌어지는 일들의 원인과 결과를 밝혀내 환경에 대한 통제력과 장악력을 높일 수 있다는 점이다. 그는 남자들은 배관공, 전기 기사, 프로그래머, 건축가, 엔지니어, 수학자처럼 체계화 능력은 많이 필요하지만 공감 능력은 부족해도 되는 직업에 선천적으로 더 많은 재능과 관심을 갖고 있다고 주장한다.

남자들의 체계화 능력이 더 좋은 이유는 무엇일까? 배런코엔의 말에 따르면 사물의 작동 방식을 이해하는 능력이 있으면 사냥꾼이나 추적자로서의 소임을 다하는 데 유리하고, 도구를 만들어 사용할 수 있는 새로운 길이 열리기 때문이라고 한다. 공감 능력이 부족하고 공격성이 강하면 지배 서열 내에서 자신의 지위를 높이고 짝을 유혹하는 데도 도움이 된다.

배런코엔은 남녀 사이의 커뮤니케이션에 문제가 자주 발생하는 이유는 남자가 여자를 예측 가능한 입출력이 진행되고, 규칙에 따라서 관리되는 시스템처럼 이해하려고 하기 때문이라고 한다. 배런코엔은 이러한 체계화 능력은 사람을 이해하는 데는 아무 도움이 되지 않는다고 말한다. 어떤 사람을 이해하려면 그의 심리 상태와 감정·의도·생각을 들여다볼 줄 알아야 한다. 감정이나 생각 등은 끊임없이

✎ 네 마음을 보여줘 **당신의 체계화 능력은 어느 정도일까?**

배런코엔은 '체계화 지수'를 측정하는 방법도 고안했는데, 평균적으로 이 테스트에서는 남자들이 여자들보다 높은 점수를 받는다. 이 테스트에서 높은 점수가 나온 사람은 배런코엔이 'S' 두뇌 타입이라고 부른 두뇌형의 소유자일 가능성이 있다. 여기에서도 배런코엔은 일반적으로는 남자들 중에 'S' 두뇌 타입의 소유자가 많지만 여자들 가운데에도 이런 두뇌 타입을 가진 이들이 많다는 사실을 강조한다.

배런코엔은 공감 능력과 체계화 능력이 모두 뛰어난 사람은 균형 잡힌 두뇌의 소유자, 즉 'B' 두뇌 타입이라고 말한다.

변화하고, 미묘한 전후 사정에 따라서도 달라지며, 명확한 '인과관계'의 법칙을 따르지 않는다.

---

**✨ 반짝반짝 마음에 다가서기**

벤의 여자친구 미셸은 자기 부모님이 방문하시기로 되어 있는 주말에 벤이 친구들과 낚시 여행을 예약하자 화가 났다. 이를 보상하기 위해 벤은 미셸을 데리고 낭만적인 분위기의 식당으로 외식을 하러 갔다. 그의 행동에 감동을 받은 미셸은 벤을 용서했다. 하지만 얼마 지나지 않아 미셸은 그에게 또 화가 났다. 이번에는 벤이 그녀가 열심히 준비 중인 중요한 시험에 대해 잊어버린 것이다. 그래서 벤은 사과의 표시로 지난번과 똑같은 식당을 다시 예약했다. 하지만 이번에는 미셸이 전혀 감동을 받지 않았다. 벤은 어째서 이번에는 효과가 없는지 어리둥절해했다.

벤은 미셸을 예측 가능한 입출력이 이루어지고, 규칙에 따라 관리되는 시스템처럼 바라보면서 그녀를 이해하려고 했다. '여자친구가 화가 날 경우 그녀가 좋아하는 낭만적인 식당을 입력하면 행복한 여자친구가 출력된다'라는 식으로 생각한 것이다. 그러나 미셸을 이해하려면 공감 능력이 필요하고, 또 벤이 그녀의 감정과 요구를 알아주지 못했기 때문에 그녀가 상처받았다는 사실을 알아야 한다.

---

## ● 남자와 여자는 정말 다른 행성에서 왔을까

여러 가지 연구를 통해 남녀 사이의 다양한 차이가 드러났다. 다음의 몇 가지 예를 살펴보자.

남자

- 두 살 된 남자아이는 인형보다 기계 장치가 달린 장난감을 갖고 노는 것을 더 좋아한다.

- 남자아이들은 사회적 기술이 부족하다. 일례로 처음 만난 아이들 무리에 섞일 때 남자아이는 무작정 끼어들어서 놀이 활동을 제멋 대로 바꾸려고 한다.

- 남자들은 수학 문제를 푸는 시험에서 더 좋은 성적을 올린다.

- 남자들은 공간회전 과제를 잘 수행한다.

여자

- 여자아이들은 남자아이들에 비해 말을 시작하는 시기가 1개월가 량 빠르고, 어휘력이 뛰어나며, 맞춤법을 잘 알고, 읽기 능력이 뛰어나며, 언어 기억력도 우수하다.

- 두 살 된 여자아이는 기계 장치가 달린 장난감보다 인형을 가지 고 노는 것에 더 흥미를 보인다.

- 여자아이들은 사회적 기술이 뛰어나다. 일례로 처음 만난 아이들 무리에 섞일 때 여자아이는 한동안 아이들이 노는 모습을 관찰한 뒤 현재 진행되고 있는 놀이에 참여한다.

- 여자들은 남자들보다 심리 상태에 대한 이야기를 많이 하며, '알 다', '생각하다', '원하다', '추정하다', '의도하다', '바라다', '믿다', '상상하다', '~척하다', '기대하다', '이해하다', '기억하다', '깨달 다'와 같은 단어의 사용 빈도가 높다.

- 성격 연구에서 여자들은 공감이나 협력, 사회적 기술과 관련된 성격 특성인 친화성 점수가 남자들보다 높게 나왔다. 친화성에 대한 남자들의 평균 점수는 여자의 70퍼센트에도 미치지 못했다.

## 남자와 여자의 공격성

남자는 여자보다 신체적인 공격성이 강하다. 남자아이들은 여자아이들보다 시끄럽게 야단법석을 떨면서 논다. 일례로 장난감 자동차를 가지고 놀 때면 남자아이들은 차를 서로 충돌시키면서 노는 데 반해 여자아이들은 자동차가 사람과 부딪히지 않도록 조심한다.

남녀는 폭력 스펙트럼의 양극단에 위치하기 때문에 어느 사회에서나 남자가 살인을 저지를 확률이 여자보다 훨씬 높다. 남자가 남자를 죽이는 경우가 여자가 여자를 죽이는 경우보다 30~40배나 많은 것이다. PART 06에서 설명한 것처럼 남자들이 벌이는 공격 가운데 상당수는 지배 서열 내에서 자리를 차지하기 위한 싸움이며, 남자들이 저지른 살인 중 3분의 2는 '무례한 태도'로 인해 벌어진 싸움의 결과다.

신체적 공격성은 남자들이 훨씬 강한 것이 사실이지만 언어 공격까지 포함시킬 경우 여자들도 딱히 비난을 피할 수 없다는 연구 결과가 있다. 청소년의 행동을 관찰한 심리학자들은 남자아이들은 서로 때리고 발로 차는 확률이 높지만 여자아이들은 서로에게 소리를 지르거나 욕설을 하는 경우가 많다는 사실을 발견했다.

여자아이들은 사람들에 대한 소문을 퍼뜨리거나 비밀을 폭로해서 다른 이들에게 배척당하게 하는 등 좀 더 교묘한 형태의 공격을 가하는 일이 많다. 여자에게도 서열이 존재하지만 겉으로 잘 드러나지 않는다. 여자들은 누군가를 무시하거나 시선을 맞추지 않거나 은근슬쩍 몰아세우는 등의 방법으로 자신의 우월한 지위를 드러내기 때문에 필요한 경우 적대적인 의도를 부인할 수도 있다.

배런코엔은 여자들은 남을 공격할 때 뛰어난 마음읽기 기술을 활용한다고 말한다. 여자들은 다른 사람의 생각을 읽는 데 능숙하기 때문에 미묘한 심리적 수단을 동원해 남에게 상처주는 방법을 안다.


## ● 배런코엔의 생각은 옳았을까

일부 심리학자들은 배런코엔의 주장에 매우 회의적인 입장을 취한다. 코델리아 파인Cordelia Fine은 『성의 착각Delusions of Gender』이라는 자신의 책에서 SQ와 EQ를 측정하는 설문지를 강도 높게 비판했다. 그녀는 이 설문지로 측정할 수 있는 것은 사람들이 남자와 여자에 대해 갖고 있는 성 고정관념뿐이라고 말한다. 본인의 성별에 대한 일반적인 시선을 아는 상태에서 설문에 답할 경우, 자신을 세간의 기준에 맞추어 평가하게 된다. 당신이 남자라면 본인의 체계화 기술이 뛰어나다고 평가할 테고, 여자의 경우에는 공감 능력이 높다고 평가할 것이다.

파인은 남자와 여자는 성장하는 과정에서 서로 다른 자아 개념을 갖게 되며, 그 이후 스스로의 기대치에 따라 행동하게 된다고 주장한다. 따라서 여자의 공간 능력이나 수학 능력에 대한 부정적인 시각은 자기실현적인 예언이라는 것이다. 여자들은 수학 시험을 치른다든가 하는 고정관념상 자신에게 불리한 일을 할 경우 나쁜 결과가 나올 것이라고 예상하면서 불안해하는데, 이를 '고정관념의 위협'이라고 한다. 그리고 이 불안감이 집중을 방해하여 성과에도 지장을 준다.

파인은 또 아주 어릴 때부터 성별 차이가 나타난다고 해서 그런 차이가 반드시 '타고난 것'이라는 의미는 아니라는 점을 지적한다. 남자아이와 여자아이에 대한 기대는 아이가 태어나는 순간부터 다르다.

## 마법처럼 사라지는 성별 차이

연구를 통해 남자들도 상응하는 대가가 있을 경우 여자만큼 뛰어난 공감 능력을 발휘할 수 있다는 사실이 밝혀졌다. 공감에 따르는 보상이 있는 경우, 남자들의 공감 점수는 여자들의 점수와 전혀 차이가 없었다. 또 다른 연구에서는 남자들에게 그의 '여성적인 부분'을 이용하게 하면 그 남자들은 여자에게 더 매력적인 모습으로 비춰지고, 여자를 침대로 유인하는 성공률도 높아지며, 공감 능력 측정에서도 높은 점수를 올린다는 것이 밝혀졌다. 코델리아 파인은 남자가 선천적으로 둔감하다는 생각은 '잘못된 통념'이라고 결론을 내린다.

또 연구를 통해 여자들도 스스로 자신감만 가지면 남자들만큼 공간 문제나 수학 문제를 잘 푼다는 사실도 밝혀졌다. 연구진이 실험에 참가한 사람들에게 여자의 정신회전 과제 수행 능력이 남자들보다 뛰어나다고 말했다. 그리고 실제로 과제를 수행하게 하자 남자와 여자의 성적이 거의 비슷하게 나왔다. 다른 연구에서는 남녀의 수학적 재능에 차이가 없다고 말했다. 그런 다음 수학 시험을 치르자 실제로 여자들이 남자들보다 높은 점수를 받았다.

남자와 여자는 성장하는 과정에서 서로 다른 자아 개념을 갖게 된다.

일례로 연구진이 신문에 실린 출생 안내문을 분석한 결과, 태어난 아이가 아들이냐 딸이냐에 따라 탄생의 기쁨을 표현하는 방식에 차이가 있다는 사실을 발견했다. 아들을 낳은 부모의 경우, 딸을 낳은 경우에 비해 아이의 탄생이 '자랑스럽다'라고 표현하는 경우가 많았다. 태어나는 순간부터 남자아이들은 성취나 사회적 지위와 연결시켜서 생각하는 일이 많은 것이다. 따라서 아주 어린 아이들도 남자아이와 여자아이에 대한 역할 기대를 이해하고 그에 맞춰 행동한다.

코델리아 파인과 다른 심리학자들은 이제 남자와 여자에게 '타고난' 능력 차이가 있다는 생각을 버릴 때라고 믿는다. 한 줄의 질문이 성

고정관념을 강화하여 남녀 사이의 성과 차이가 증폭되고, 성 차별까지 조장할 수 있다. 전체적으로 볼 때는 남자와 여자 사이에 약간의 능력 차이가 존재한다고 하더라도 그것만 가지고는 남자나 여자의 개별적인 성과를 예측할 수 없다.

## 성적 매력

왜 우리는 어떤 사람에게는 성적으로 끌리면서 다른 사람에게는 그렇지 않은 걸까? 신체적인 외모가 가장 결정적인 요인이라고 생각할지도 모른다. 설문조사를 실시하면 참여한 대부분의 사람들이 외모는 자기가 누군가에게 매력을 느끼거나 느끼지 않는 가장 중요한 이유가 아니라고 말한다. 그러나 이와 관련된 연구 결과는 우리가 스스로를 속이고 있음을 보여준다.

심리학자들이 주선한 '데이트'에 참여한 사람들을 연구한 결과, 신체적인 매력은 그들이 자신의 '데이트 상대'를 한 번 더 만나는 데 관심이 있는지를 결정짓는 가장 중요한 요인이라는 사실이 반복적으로 확인되었다. 그리고 '매력적'이라고 간주되는 특징은 매우 다양하다고 여기며, 스스로를 위로하려고 할 경우 또다시 실망을 맛보게 될 것이다. 인종과 문화권이 제각기 다른 사람들도 신체적으로 매력적인 사람이 누구인가에 대해서는 놀라울 정도로 의견이 일치했다. 우리가 품은 미모에 대한 욕구는 미에 집착하는 서구 문화에 세뇌되었기 때문이라고 생각할지도 모르지만 서구 문화권이 아닌 지역에 사는 사람들을 조사한 결과, 파트너의 외모를 서구인들보다 더 중요시한다는 사실을 알게 되었다.

심리학자 낸시 에트코프Nancy Etcoff는 인간의 미에 대한 연구 결과를 가리킨다. 우리는 균형 잡힌 얼굴과 몸매, 깨끗한 피부, 젊어 보이는 외모를 선호한다. 여자에게 있어서 매력적인 포인트는 눈과 눈 사이가 넓고 커다란 눈, 도톰한 입술, 작은 코, 섬세한 턱 등이다. 여자의 매력적인 체형은 엉덩이와 허리 비율이 0.7로 허리둘레가 엉덩이둘레의 70퍼센트여야 한다. 에트코프와 다른 심리학자들은 이러한 특징들이 젊음과 다산의 상징이자 에스트로겐 수치가 높다는 신호이기 때문에 이를 미의 기준으로 꼽는 것이라고 생각한다.

여자들은 키가 크고 허리가 가늘며, 어깨와 가슴이 넓고, 사각턱에 얼굴이 각진 남자들에게 매력을 느낀다. 이는 그들이 힘이 세고 건강

---

**⬤ 반짝반짝 마음 들여다보기**

**미에 대한 편견**

외모가 아름다운 사람은 태어날 때부터 유리한 점이 많다는 것은 당연한 일일지도 모른다. PART 01에서 살펴본 것처럼 엄마들은 외모가 평범한 아기보다 예쁜 아기에게 더 많은 관심을 기울이기 때문에 외모가 떨어지는 아기들은 학대를 당할 위험이 높다. 이러한 차별은 성인이 된 뒤에도 계속된다. 잘생기고 아름다운 사람들은 남들보다 친절하고 지적이며 정직하고 신뢰할 수 있다는 인상을 주며, 법정에서도 판사가 이들에게 관대한 판결을 내리는 경우가 많다. 잘생긴 사람들은 파트너를 쉽게 찾으며, 아름다운 여자는 자기보다 사회적 지위가 높고 부유한 파트너를 만날 확률이 높다.

하지만 연구 결과에 따르면, 외모가 아름답다고 해서 모든 것을 다 가질 수 있는 것은 아니다. 외모가 잘생겨도 자존감이 낮은 경우가 많고, 매력과 행복의 상관관계 또한 그리 높지 않다.

하며 테스토스테론 수치가 높다는 신호이기 때문이다.

잘생긴 외모를 선호한다는 사실이 연구를 통해 밝혀지기는 했지만 결국에는 자신과 비슷한 매력도를 지닌 파트너를 만나게 되는 경향이 있다. 이것을 '일치 가설'이라고 하는데, 거절당할 가능성을 피하기 위해 외모가 자신과 비슷한 수준이라고 생각되는 사람을 선택한다는 뜻이다. 대부분의 사람들은 현실적이기 때문에 자기와 같은 '부류' 속에 안주하는 것이다. 유사성은 다른 부분에서도 우리를 매료시킨다. 부부나 현재 사귀는 중인 커플을 보면 나이와 인종·종교·사회계층·교육 수준·지능·태도 등이 비슷한 경우가 많다.

우리가 정말 매력적으로 느끼는 부분은 누군가가 우리를 좋아하고 있다는 신호이기도 하다. 한 유명한 연구 결과에 따르면, 우리는 비록 의식적으로는 깨닫지 못하더라도 동공이 확대된 사람들에게 더 매력을 느낀다고 한다. 왜 그럴까? 사람들은 어떤 대상이 마음에 들었을 때 동공이 확대되기 때문이다. 그래서 우리의 무의식은 상대방이 자신에게 매력을 느낀다는 사실을 머릿속에 새기고 그에게 긍정적인 생각을 품게 된다.

> 우리가 정말 매력적으로 느끼는 부분은
> 누군가가 우리를 좋아하고 있다는 신호다.

## 🌑 인터넷에서 꽃피는 사랑

온라인을 통해 파트너를 만나는 일이 갈수록 늘어나고 있다. 사람들과 직접 얼굴을 대하지 않고 온라인상에서 만날 때는 심리적으로 어떤 차이가 생길까? 한 가지 다른 점은 상대방이 눈앞에 보이지 않기 때문에 그 사람에 대해 잘 모르는 부분은 상상력을 발휘해서 메우려 한다는 것이다. 이를 통해 대단히 매력적인 인물을 만들어낼 수도 있지만 이것은 엄연히 현실이 아닌 상상을 바탕으로 한 것이다.

온라인에서 알게 된 사람들은 관계가 빠르게 발전한다. 관계는 자신을 노출하는 부분이 늘어나면서 점점 발전하는 법인데, 인터넷상에서는 사람들이 평소보다 빠르게 마음을 터놓는 경향이 있다. 또 파트너가 멀리 떨어진 곳에 있기 때문에 여러 가지 위험성도 적다. 키를 한 번 누르기만 하면 대화를 끝낼 수 있는 것이다. 문제는 이렇게 '성적으로 자극된 가짜 친밀감'이 서로에 대해 확실하게 아는 상태에서 생겨난 것이 아니기 때문에 온라인상에서는 당연히 상대방을 속이거나 속아 넘어갈 가능성이 매우 크다는 점이다.

인터넷에서 시작된 관계는 이렇듯 급속도로 친밀감을 느끼게 되는 탓에 관계에 대한 신중함이 떨어지는 듯하다. 연구 결과 이들은 콘돔을 착용하지 않고 섹스를 할 가능성이 훨씬 높다는 사실이 드러났다. 온라인 데이트 사이트를 통해 파트너를 만날 경우, 결혼 서약까지 걸리는 시간이 짧다. 한 연구에서는 남녀가 결혼에 이르기까지 일반적인 교제 기간이 42개월인 데 반해 인터넷에서 만난 이들의 경우 구애 기간이 18개월에 불과하다는 사실이 밝혀지기도 했다.

이렇게 여러 면에서 신중함이 부족한데도 불구하고, 인터넷에서 만난 사람들도 현실세계에서 만난 이들만큼이나 자신들의 관계에 만족한다고 한다. 이러한 관계가 이혼으로 끝날 가능성이 높은지 아니면 낮은지에 대해 논하는 것은 아직까지 시기상조인 듯하다.

## 여자가 원하는 것

심리학자 데이비드 버스David Buss는 남성과 여성은 어떤 섹스 파트너를 선호하는가에 대해 광범위한 연구를 진행했다. 그는 "내가 인간의 짝 짓기와 관련해 알아낸 대부분의 사실들은 별로 유쾌한 내용이 아니 다"라고 말한다.

일례로 37개 문화권에 거주하는 1만 명의 사람들을 대상으로 설문 조사를 실시한 결과, 여자들은 일관되게 사회적 지위가 높고 돈이 많 은 남자들을 선호한다는 사실을 알아냈다. 여자들은 겉보기에 부유해 보이는 남자에게 성적 매력을 느끼는 경우가 많았다. 연구에 따르면, 여자들은 똑같은 남자가 버거킹 유니폼을 입고 있을 때보다 양복을 입고 롤렉스 시계를 차고 있을 때 그를 더 매력적으로 평가한다. 또 독신자들이 파트너를 구하는 광고의 경우에도 자기가 유복하다고 표 현한 남자의 광고에 반응을 보이는 여자들이 훨씬 많았다.

## 남자가 원하는 것

남자들은 사회적 지위와 돈에는 그다지 관심을 보이지 않기 때문에 이 두 가지는 여자의 매력을 높여주지 못한다. 대신 그들은 젊음과 아름다운 외모를 중시한다. 남자들은 독신자 광고에서 자신이 젊고 신체적인 매력이 있다고 언급한 여자에게 답장을 보낼 확률이 훨씬 높다.

왜 남자와 여자는 서로 다른 부분을 보는 것일까? 진화심리학자들은 이런 기호 차이에는 생물학적인 근거가 있다고 생각한다. '부모 투자' 이론에 따르면, 여자들은 자기 자녀에게 많은 개인적 자원을 투자한다. 출산과 모유 수유는 매우 부담이 큰 일이기 때문에 여자가 양질의 자원을 제공할 수 있는 남자를 선택할 경우 자녀들이 생존할 가능성이 높아진다. 생식 능력을 중요시하는 남자들의 경우 건강한 여자를 섹스 파트너로 삼으면 가임 연령이 지난 나이 든 여자를 선호하는 남자에 비해 더 많은 자녀를 둘 수 있다.

## 다정함의 딜레마

물론 사람들이 오로지 돈과 외모에만 관심을 기울이는 것은 아니며, 다정함과 같은 다른 특성도 중요하게 생각한다. 심리학자 대니얼 네틀에 따르면, 자기 파트너에게 다정함뿐만 아니라 사회적 지위까지 바라는 여자들에게는 이것이 딜레마가 된다고 한다. 성격에 대한 연구에서 밝혀진 바로는 성공의 사다리에서 높은 자리까지 올라가는 이들은 대개 친화성이 부족하고, 사기적 성향과 사이코패스 성향을 띠는 경우가 많다.

> 당신에게 화려한 라이프스타일을 누리게 해줄 수 있는 사람은 당신이 그런 삶을 함께 누리고 싶은 사람이 아닐 가능성이 높다.
>
> – 대니얼 네틀

## 유머 감각이 뛰어난 사람에게 끌리는 이유

독신자 광고에서 가장 흔하게 볼 수 있는 요구사항이 바로 '유머 감각이 뛰어날 것'이다. 심리학자 제프리 밀러 Geoffrey Miller는 우리가 유머 감각을 중요하게 여기는 이유는 단순히 재미있고 기분을 좋게 해주기 때문만이 아니라 유머는 곧 창의성과 에너지, 지성을 가리키는 신호이기 때문이라고 생각한다.

최근 진행된 한 연구에서는 남자들이 쓴 짧은 설명문을 여자들에게 나누어 주고 읽게 했는데, 어떤 것은 정말 재미있는 반면 어떤 것은 별로 재미가 없었다. 여자들은 글을 재미있게 쓴 남자와 사귀고 싶다고 말하면서 그들의 지성을 더 높게 평가했다. 남자들도 유머 감각이 뛰어난 여자를 선호한다고 말한다. 그러나 실은 그렇지 않다는 것이 연구를 통해 밝혀졌다. 남자들을 시험해 본 결과, 이들은 재미있는 여성이 더 매력적이라고 평가하지 않았다.

제프리 밀러는 『연애 The Mating Mind』라는 책에서 우리가 재치 있고 영리하며 독창적인 파트너를 선호한 덕분에 인간이 하나의 종으로서 존재하게 되었다고 주장하기도 했다. 밀러의 말에 따르면, 인간이 조상에게서 커다란 뇌를 물려받게 된 이유는 재미있는 생각을 가진 사람이 성적 파트너를 매료시킬 가능성이 높기 때문이라고 한다. 그는 우리의 뇌는 공작의 꼬리와도 같은 구실, 즉 상대의 눈길을 끌어 유혹하는 역할을 한다고 생각한다. 밀러는 인간의 마음은 '다른 이들의 뇌를 자극하도록 설계된 엔터테인먼트 시스템'이라고 여긴다.

## 다양한 인간의 성

남녀의 성적 매력을 높이는 요인에 관한 심리학적 연구는 대부분 동성 간의 이끌림보다는 이성관계에 초점을 맞춰 진행되었다. 유명한 성 과학자인 앨프리드 킨제이Alfred Kinsey는 1940년대와 1950년대에 진행된 자신의 선구적인 연구를 통해 얻은 결과를 바탕으로 성적 기호가 하나의 연속체 상에 존재한다는 학설을 제시했다. 그는 7점짜리 평가척도를 이용해 인간의 성적 행동을 분류했다.

0 : 배타적인 이성애적 습성

1 : 뚜렷한 이성애적 습성, 동성애적 성향은 부수적으로만 나타남

2 : 뚜렷한 이성애적 습성, 부수적인 수준을 상회하는 동성애적 성향

3 : 동성애적 습성과 이성애적 습성이 동일한 수준으로 나타남

4 : 뚜렷한 동성애적 습성, 부수적인 수준을 상회하는 이성애적 성향

5 : 뚜렷한 동성애적 습성, 이성애적 성향은 부수적으로만 나타남

6 : 배타적인 동성애적 습성

나중에 남자와 여자 모두에게 성적인 매력을 느끼지 못하는 무성애자들을 위해 'X'라는 새로운 카테고리가 추가되었는데, 전체 인구의 1퍼센트 정도가 무성애자인 것으로 추정된다.

인간이 동성에게 매력을 느끼는 것이 다른 동물들과 크게 구별되는 행동은 아니다. 고래, 기린, 돌고래, 유인원을 비롯해 1,500여 종의 동물 수컷 및 암컷에게서 동성애적 습성이 관찰되었다. 인간이 사육

하는 숫양의 10퍼센트 정도는 배타적 동성애 습성을 가지고 있다. 유전적으로 인간과 가장 가까운 친척인 난쟁이침팬지들은 거의 모든 개체가 양성애적인 행동을 보이는 것으로 판단된다.

일반적으로 동성과 이성 또는 양성 모두에게 매력을 느끼는 감정은 우리가 성적으로 활성화되기 3년 전쯤부터 시작된다. 성적 기호는 사는 동안 바뀔 수 있으며, 특히 여성의 경우 성적 취향이 유연하기 때문에 평생에 걸쳐 동성 또는 이성에게 매료되는 감정이 더 자주 바뀐 | 성적 기호는 사는 동안 바뀔 수 있다.   다는 보고가 있다.

왜 사람들이 특정한 성적 취향을 갖게 되는지 그 이유를 아는 사람은 아무도 없다. 어떤 사람이 동성 또는 이성 부모에게 느끼는 동질감은 그가 이성애자나 동성애자 혹은 양성애자가 되는 데 아무런 영향도 미치지 않는다. 첫 번째 성경험도 그가 이성애자가 되느냐 아니면 동성애자가 되느냐와 아무 관련도 없기 때문에 성적 취향은 첫 번째 성경험을 통해 습득되는 것이 아님을 알 수 있다. 인간 행동의 모든 측면이 다 그렇듯이 성적 취향도 유전적 인자와 환경적 인자가 결합되어 결정되는 것이다.

소외감 · 스트레스 · 낮은 사회적 지원 · 부당한 처우 · 타인의 거부 등을 겪는 수많은 게이와 레즈비언, 양성애자들은 불안감 · 우울증 · 자살 유혹 등에 시달리기 쉽다. 하지만 부당한 처우나 소외를 경험하지 않는 경우에는 다른 이들에 비해 불안장애나 우울증에 걸릴 확률이 높지 않다. 이들에 대한 차별 문제를 해결하기 위해 제작된 웹사이트 가운데 하나에는 버락 오바마 대통령의 지지 메시지도 소개되어 있다.

## 섹스에 대한 관심

섹스에 관한 설문조사를 통해 남자들은 대부분 여자에 비해 섹스에 관심이 많다는 일반적인 통념이 확인되었다. 한 조사 결과, 날마다 섹스에 관한 생각을 한다는 남자는 54퍼센트나 되는 데 비해 여자는 19퍼센트에 불과했다. 남자들은 성적인 즐거움을 위해 더 많은 돈을 쓰고, 자신의 성욕이 남들보다 높다고 평가하며, 섹스를 먼저 주도하는 경우가 많다. 여자들은 대체적으로 섹스 파트너를 까다롭게 고른다. '부모 투자' 이론에 비춰보면 이는 이치에 맞는 행동이다. 여자가 자신을 저버릴 남자를 선택할 경우, 잃을 것이 많고 자녀도 몇 명 낳지 못하게 되기 때문이다.

하지만 남녀 사이의 차이는 우리가 처음 생각했던 것만큼 뚜렷하게 나타나지 않을 수도 있다. 장기적으로 함께할 파트너를 선택할 때는 남녀 모두 똑같이 까다롭게 상대를 고른다. 남자가 한 여자에게 장기적으로 투자하고자 할 경우 그는 자기가 만날 수 있는 최고의 대상을 찾아낸다.

> ### 🔵 반짝<sup>반짝</sup> 마음에 다가서기
>
> 고정관념에 따르면, 남자들은 가벼운 성관계도 기꺼이 받아들이는 반면 여자들은 좀 더 까다롭다고 한다. 이것이 사실인지 알아보기 위해 남성 연구원과 여성 연구원들이 대학 캠퍼스에서 만난 낯선 이성과 대화를 나누다가 혹시 자기와 섹스를 할 생각이 있느냐고 물어보았다. 그 결과는? 남자의 경우 75퍼센트가 기쁜 마음으로 이 초대를 받아들였다. 그렇다면 이에 응한 여자는? 단 한 명도 없었다.

## 섹스 프렌드

남녀의 기호 차이는 진화가 한창 진행되던 먼 과거에 결정되었을지도 모르지만 어쨌든 시대가 바뀌었고, 우리는 DNA의 노예도 아니다. 사랑이나 결혼에 대한 기대 없이 섹스는 하되 친구 이상으로 발전하지는 않는 관계가 점점 보편화되고 있는데, 적어도 미국 대학 캠퍼스에서 진행된 연구에 따르면 응답자의 50~60퍼센트 정도가 '섹스 프렌드' 관계를 맺은 적이 있다고 답했다. 그러나 이런 관계에 대한 사고방식에는 남녀 간에 미묘한 차이가 있었다.

연구진은 남자와 여자가 그 관계를 서로 다른 시각으로 바라보고 있다는 사실을 알아차렸다. 여자들은 이런 합의된 관계에서는 감정적인 부분이 매우 중요하다고 말하면서 우정의 장점을 강조했다. 반면 남자들은 이를 매우 가벼운 관계로 여기면서 성적인 면에서의 장점을 강조했다.

## 성적 환상

전체 남녀의 70퍼센트에 달하는 사람들이 섹스를 할 때 공상에 잠긴다고 말한다. 공상의 속성은 사람마다 다르다. 남자들은 노골적인 성 행위에 집중하는 반면 여자들은 자신의 공상에 친목이나 정서와 관련된 내용을 포함시키고, 다양한 '배경'과 '조작'을 집어넣는다.

성적인 지배와 복종은 남녀 모두의 환상에 공통적으로 등장하는 주제다. 그 이유는 제대로 밝혀지지 않았지만 지배와 복종에 관여하는 뇌 부위가 쾌감과 관련된 부위 근처에 있는 것은 사실이다. 동물계에서는 지배와 복종이 짝짓기 절차의 일부인 경우가 많다.

대부분의 여자들은 삽입 섹스 중 절정에 도달하는 데 어려움을 겪기 때문에 추가적으로 클리토리스를 직접 자극해 주어야 한다. 여자들은 대개 오르가슴에 도달하기까지 걸리는 시간이 길다. 매스터스Masters와 존슨Johnson의 연구에 따르면, 남자가 절정에 도달하는 데 걸리는 시간은 4분이고 여자는 10~20분 정도가 걸린다고 한다.

여성의 오르가슴은 대개 남자의 오르가슴보다 규정하기가 어렵다. 심리학자 조지 밀러는 이 점도 성적인 면에서 까다로운 여자들의 또 다른 일면이라고 생각한다. 여자는 주변 상황이 괜찮고, 상대 남자의 성격이나 의도가 마음에 들지 않는 한 성적 자극에 쉽게 반응하지 않는다. 밀러는 여성의 성적 취향은 이런 면에서 식별력을 보이도록 되어 있다며 이를 가리켜 '까다로운 클리토리스'라고 부른다.


## ● '정상적'인 것의 기준

물론 이러한 일반화의 범주에 들어맞지 않는 사람들도 많다. 섹스 파트너를 고르는 문제에 있어서 매우 까다로운 남자들도 많고, 전혀 까다롭지 않은 여자들도 있다. 절정에 도달하는 데 어려움을 겪는 남자들도 많고, 그렇지 않은 여자들도 많다.

사람들은 인생의 다른 어떤 부분보다도 섹스와 관련된 면에서 자신이 '정상'이라고 느끼고 싶어 한다. 대부분의 사람이 하는 일을 자기도 하는 것을 정상이라고 정의한다면, 그 정의는 본인이 속한 집단이

나 거주하는 문화권에 따라
달라진다. 성적 행동은 매우
다양하기 때문에 '다양성이 정상'이라고 말하는 게 가장 알맞을 것이
다. 즉 남과 다른 것이 정상이라는 이야기다.


## 인터넷 포르노에 관한 논쟁

누구나 접근 가능한 인터넷상의 포르노가 사회 전반에 미칠 영향에
대해 우려하는 이들이 많다. 인류 역사상 유례가 없을 만큼 다양하고
방대한 자료에 즉시 접근할 수 있는 것이다. 한 가지 걱정은 포르노
가 성폭력을 유발할 수 있는 사고방식을 조장한다는 것이다. 그러나
포르노에 대한 접근성이 높아지는데도 불구하고 최근 서구 국가들의
강간 발생률은 줄어드는 추세다.

　포르노가 성폭력을 조장하느냐 아니냐와 상관없이, 이것은 다른 부
분에서 문제를 야기할 수 있다. 포르노 이미지를 보고 난 남자들은
자신의 파트너가 매력이 떨어진다고 평가하고, 아내에게 느끼는 사랑
도 줄어들었다. 포르노는 중독성이 있기 때문에 어떤 남자들은 인터
넷 이미지에 푹 빠져 너무 많은 시간을 보낸 나머지 일과 사회생활,
가족생활 등에 문제가 생기기도 한다. 한 연구에서는 포르노 이용으
로 인해 남자들의 성생활이 완전히 중단되는 경우도 있다는 사실이
드러났다. 에로틱한 이미지에 둔감해져서 더 이상 성적 자극에 반응
을 보이지 않게 되는 것이다.

　또 여성들의 경우 포르노 때문에 자기 신체상에 불만을 느끼게 되

는 일도 있다. '정상적'으로 보이려면 포르노 스타와 같은 외형을 갖추어야 된다고 생각해 생식기 수술을 요구하는 여자들이 늘고 있다.

인터넷 포르노가 젊은이들에게 장기적으로 어떤 영향을 미치게 될지에 대해서는 아직 알 수 없다. 몇 년 전부터 방대한 양의 포르노에 쉽게 접근할 수 있게 된 최초의 청소년 집단이 아직 장기적인 관계에 정착할 나이가 되지 않았기 때문이다. 어떤 의미에서 우리는 인간의 성생활에 대한 장기적인 실험이 곧 시작될 시점에 놓여 있는데, 그것이 긍정적인 결과를 낳게 될지 부정적인 결과를 낳을지 아직 알 수 없는 것이다.

## 낭만적 사랑의 심리

성적인 이끌림은 사랑으로 발전할 수도 있고 아닐 수도 있다. 심리 연구를 통해 사랑에 빠지는 것은 성별이나 연령 · 인종 · 성적 취향에 상관없이 누구나 똑같이 겪는 경험이라는 사실이 밝혀졌다. 사랑에 빠지면 열정에 사로잡혀 갑자기 온몸에 활기가 넘치고, 기분은 득의양양함과 절망감 사이를 계속 오간다. 또 무슨 일을 해도 사랑하는 사람에 대한 생각만 계속 떠오르고, 그 사람에게 과도하게 집중하게 되기 때문에 결국 사랑은 우리의 인지 기능을 앗아간다고도 할 수 있다. 상대방의 단점은 전혀 눈에 들어오지 않고 거의 망상에 가까울 정도로 집착하면서 그 사람을 받들어 모신다. 그리고 사랑하는 사람의 영향을 받아 새로운 관심사와 가치관, 사고방식이 생긴다.

연구원 헬렌 피셔 Helen Fisher 는 이 과정이 진행되는 동안 우리 뇌에서

> 낭만적인 사랑은 단순한 감정이
> 아니라 인간의 기본적인 동인이다.

어떤 일이 벌어지는지 알아보고자 했다. 그녀는 '지금 막 격렬한 사랑에 빠졌습니까?'라는 광고를 내서 커플들을 모집한 뒤, 뇌 스캐너를 이용해 그들의 뇌를 살펴보았다. 그녀는 '사랑에 푹 빠진' 사람들의 경우 미상핵이 매우 활발한 움직임을 보인다는 사실을 발견했다. 미상핵은 뇌 중심부의 원초적인 부위로서 행동에 대한 동기를 주입시키는 '보상'체계의 일부분이다. 피셔는 낭만적인 사랑은 단순한 감정이 아니라 기본적인 동인動因이라는 결론을 내렸다. 그리고 이것은 '마음을 움직이는 원동력'에서 생겨난 열정이라고 말한다. 우리에게는 성공적인 자녀 양육이 완료될 때까지 남자와 여자를 결속시켜주는 이러한 유대감을 형성하고자 하는 근본적인 욕구가 있다.

> **반짝반짝 마음 눈치채기**
>
> 헬렌 피셔는 파트너와 함께 새롭고 흥미진진한 일을 하면 사랑의 불씨를 꺼뜨리지 않고 계속 유지하는 데 도움이 된다고 말한다. 연구진들은 둘이서 함께 흥미로운 활동을 수행한 커플들은 그 뒤 자신들의 사랑이 전보다 더 굳건해졌다고 여긴다는 사실을 알아냈다.

## 사랑의 본질

하지만 어째서 우리는 어떤 사람과는 사랑에 빠지면서 다른 이에게는 사랑을 느끼지 않는 것일까? 이에 대한 한 가지 이론을 살펴보면, 우리는 마음속에 '이상적인' 파트너 상을 품고 있어서 그 이상형과 일치하는 사람과 사랑에 빠진다는 것이다. 커플들을 연구한 결과, 파트너가 자신의 이상형에 가까울수록 그 관계에 더 만족한다는 사실이 밝혀졌다. 연구원들은 사람들의 이상형과 현실의 차이가 얼마나 큰지 살펴보면 그 커플이 앞으로 데이트를 계속하게 될지 아니면 중단하게 될지를 예측할 수 있다고 한다.

사랑을 구성 요소별로 분석하는 것이 가능할까? 심리학자들은 이를 실제로 시도해 보았다. 로버트 스턴버그는 사랑도 증오와 마찬가지로 세 가지 요소로 구성되어 있다고 주장한다.

- 친밀감 : 서로 친하고 따뜻한 온정을 느끼면서 상대방의 안녕을 걱정하고 유대감을 형성하는 것
- 열정 : 열렬한 연애 감정과 성적인 이끌림, 상대방과 육체적으로 가까워지고 성적인 접촉을 하고 싶다는 갈망
- 헌신 : 발생할 수 있는 모든 어려움에도 불구하고 상대방 곁에 머물겠다는 의식적인 결정

스턴버그는 남녀 관계에 있어서 사랑의 본질은 그 관계 속에 이러한 요소들이 존재하느냐 존재하지 않느냐에 따라 달라지며, 이를 통해 다양한 스타일의 사랑이 생겨난다고 말한다.

- 사랑의 열병 : 오직 열정만을 느끼는 상태이며 친밀감이나 헌신 없이는 오랫동안 지속될 가능성이 없다.
- 동반자적 사랑 : 열정 없이 친밀감과 헌신만 존재하는 사랑

- 공허한 사랑 : 헌신만 남은 사랑. 친밀감과 열정이 사라져 관계가 끝날 무렵의 상태일 수 있다.

- 완전한 사랑 : 친밀감 · 열정 · 헌신의 세 가지 요소를 모두 느끼는 상태. 많은 이들이 찾고 싶어 하는 그런 종류의 사랑이다.


## 애착, 사랑을 바라보는 다른 시각

사랑을 이해할 수 있는 또 하나의 방법은 어릴 때 형성된 관계의 '내적 작동 모델'이 성인이 된 뒤의 연애생활에 어떤 영향을 미치는지 살펴보는 것이다. 하잔Hazan과 셰이버Shaver가 제안한 이 시각에 따르면, 성인이 된 뒤에 나타나는 애착 스타일이 어릴 때 품었던 애착과 동일한 패턴을 따른다고 한다.

킴 바솔로뮤Kim Bartholomew와 레너드 호로비츠Leonard Horowitz의 설명에 의하면, 애착 스타일에는 두 가지 중요한 특징이 있다고 한다. 첫 번째는 당신이 얼마나 불안해하느냐다. 불안도가 높은 사람들은 자기가 정말 사랑받고 있는지 걱정하고 버려지는 것을 두려워한다. 다시 말해 관계 진행과 관련된 이들의 내적 작동 모델은 불안감의 지배를 받는다. 두 번째 특징은 얼마나 회피적인 성향을 지녔느냐다. 이것은 다른 사람과 가까워지는 것을 편안하게 받아들이는 정도를 말한다.

이 두 가지 특징을 종합하여 기본적인 애착 스타일을 다음과 같은 사분면으로 구성할 수 있다.

● 애착 스타일

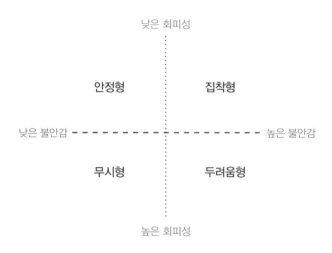

자료 출처 : 바솔로뮤 & 호로비츠의 연구(1991)

　성인의 애착 스타일에 관한 연구를 통해 '안정형'인 사람은 남들보다 안정적이고 만족스러운 관계를 맺으며, 우울증에 시달릴 가능성이 낮은 것으로 알려졌다. 자신과 파트너의 애착 스타일을 파악하면 서로의 요구를 얼마나 쉽게 충족시켜줄 수 있는지 알게 된다. 예를 들어 관계에 대한 걱정이 심한 사람은 회피성이 강한 사람과는 맞지 않는다. 걱정이 많은 사람은 깊은 친밀감을 갈망하는 데 반해 회피적인 사람은 속박에서 벗어나려고 하기 때문이다.

　부모와 떨어졌을 때 아이들이 보이는 행동과 비슷하게 성인의 애착도 사랑이 깨지면 분노로 바뀌는 경우가 많다. 이것을 '버림받은 분노'라고 한다. 우리가 본능적으로 알고 있는 것처럼 사랑과 분노는 서로 밀접한 관계가 있다. 사랑과 분노는 뇌에서 비슷한 회로를 사용한다는 신경과학적 연구가 이러한 사실을 뒷받침해 준다.

바솔로뮤와 호로비츠가 설명한 애착 스타일에 관한 다음의 글을 읽어보자. 당신에게 가장 적합한 유형은 어떤 것인가?

1. 나는 힘들이지 않고도 다른 사람들과 감정적으로 가까워질 수 있다. 타인에게 쉽게 의지하고, 다른 사람들이 내게 의지하는 것도 기꺼이 받아들인다. 혼자가 되거나 다른 이들이 나를 받아들이지 않아도 걱정하지 않는다.

2. 친밀한 감정적 관계 없이도 만족하며 지낸다. 독립심과 자립심을 느끼는 것이 중요하며, 남에게 의지하거나 남이 내게 의지하는 것을 좋아하지 않는다.

3. 남들과 완벽한 정서적 친밀감을 느끼고 싶지만 남들은 내가 원하는 만큼 가까워지는 것을 꺼리는 경우가 많다. 다른 이들과 친밀한 관계를 맺지 못하면 마음이 불편하지만, 나는 남들을 높게 평가하는데 그들은 그만큼 나를 중요하게 여기지 않을까 봐 걱정스러울 때가 가끔 있다.

4. 타인과 가까워지는 것이 불편하다. 감정적으로 친밀한 관계를 원하지만 다른 사람들을 완벽하게 신뢰하거나 의지하는 일이 어렵게 느껴진다. 마음을 터놓고 남들과 너무 가까워졌다가 상처받는 일이 생기지 않을까 걱정스럽다.

본인의 성향이 1과 가깝다고 생각되는 사람은 안정형 – 낮은 불안감과 회피성이고, 2는 무시형 – 낮은 불안감과 높은 회피성, 3은 집착형, 4는 두려움형이다.

## 🌑 행복한 관계의 심리학

다행스럽게도 모든 연애 관계가 증오와 배신으로 끝나는 것은 아니다. 그렇다면 어떤 커플들이 헤어지지 않고 계속 함께할 수 있는 이유는 무엇일까?

심리학자 존 가트맨John Gottman은 수백 쌍의 커플을 연구한 결과, 오래도록 관계를 유지하는 커플들의 경우 부정적인 상호작용과 긍정적인 상호작용의 비율이 최소 1대 5 이상인 것으로 드러났다. 다시 말해 상대방을 칭찬하거나 애정과 관심을 보이거나 농담을 나누거나 즐거운 경험을 함께하는 등의 긍정적인 상호작용이 불평이나 언쟁, 냉대 등보다 훨씬 많아야 하는 것이다.

갈등이 생겼을 때 해결하는 방식도 중요하다. 헤어진 커플들은 말다툼을 벌일 때 네 가지 유형의 행동을 보이는데 가트맨은 관계를 파멸시키는 이러한 행동을 가리켜 '종말의 네 기수騎手'라고 부른다.

- 비난 : '당신은 너무 게을러'처럼 사랑하는 사람의 성향을 비난하는 불만을 늘어놓는 것

- 경멸 : 비웃음이나 눈 흘기기 같은 비언어적인 신호를 보내거나 '당신은 존재하는 공간조차 아까운 사람이야'처럼 상대방이 열등한 사람임을 암시하는 말을 던지는 것

- 방어적인 태도 : 자기와 다른 상대방의 관점을 고려하지 않고, 자기 과실은 모두 부정하면서 매사에 사사건건 언쟁을 벌이는 것

- 완강한 거부 : 논쟁에서 한발 물러나 상대의 말에 제대로 대답하지 않거나 무시하는 태도를 보이면 상대방은 벽을 보고 말하는 것 같은 기분을 느끼게 된다.

가트맨의 연구 결과, 말다툼을 할 때 이러한 징후들이 계속해서 나타나는 커플은 헤어지게 될 확률이 99퍼센트 이상이라고 한다.

## 가트맨의 연구를 통해 알아낸 관계에서 갈등 요소를 줄이는 방법

### 해야 할 일

**부드럽게 대화를 시작한다**

말하기 까다로운 주제를 꺼내거나 충돌 요소에 대한 이야기를 나누고 싶다면 부드러운 태도로 시도해야 한다. 가트맨은 이를 가리켜 '부드러운 시동'이라고 부른다. 온화한 어조로 대화를 시작하면 둘이서 함께 문제를 해결할 가능성이 높아진다.

**화해를 시도한다**

행복한 커플은 자기가 상대방에게 관심이 있음을 보여주는 말을 건네거나 말다툼 중에도 자기비하적인 농담을 하는데, 이를 '회복 시도'라고 한다. 이러한 태도는 한창 진행 중인 논쟁의 감정적 온도를 낮추고 싸움이 더 격해지는 것을 막아준다.

**서로의 영향력을 인정한다**

성공적인 관계를 구축한 커플들은 결정을 내릴 때 상대방의 감정과 관점을 고려하는데, 가트맨은 이를 '영향력 인정'이라고 한다.

**가장 친한 친구처럼 행동한다**

사랑하는 친구를 대하는 것처럼 파트너에게도 똑같은 배려와 친절, 존중하는 태도를 보여준다. 가트맨은 관계에 대한 만족도는 커플이 서로에 대해 품고 있는 우정의 정도와 밀접한 관련이 있다는 것을 발견했다.

### 해서는 안 되는 일

**귀에 거슬리는 말로 대화를 시작한다**

말하기 까다로운 주제를 꺼내거나 충돌 요소에 대한 이야기를 나누고자 할 때 상대방을 비난하거나 적대적인 발언을 하면 말다툼이 좋지 않은 방향으로 끝나게 된다. 가트맨은 말다툼이 시작되고 첫 3분간만 지켜보면 그 싸움이 어떤 결말을 맞게 될지 96퍼센트의 확률로 예측할 수 있다고 한다.

**말다툼이 통제 불능 상태로 심해지게 내버려둔다**

행복한 커플은 말다툼이 너무 격렬해지면 그 사실을 알아차리고 잠시 논의를 중단했다가 서로의 감정이 가라앉은 뒤 다시 시작하는 데 동의한다.

독단적인 결정을 내린다
두 사람 모두에게 영향을 미치는 결정을 내리면서 파트너에게 자기 의견을 말할 기회를 주지 않으면 둘의 관계에 매우 나쁜 영향을 미치게 된다. 남자들은 특히 아내나 여자친구의 '영향력을 인정'하는 데 어려움을 겪기 때문에 이러한 상황이 벌어질 경우 관계가 지속되기 힘들어진다.

안 좋은 감정이 들 때마다 일일이 말로 표현한다
말다툼 중에 상대방의 마음을 상하게 할 만한 말이 떠오를 때마다 불쑥 내뱉고 싶은 충동을 참아야 한다. 행복한 커플은 힘겨운 대화를 나누는 중에도 말을 골라서 한다.

행복한 부부는 친한 친구처럼 행동하고, 둘 사이에 갈등이 생겨도 부드럽고 긍정적인 방식으로 해결한다.

– 가트맨 관계연구소

## 동성 간의 관계는 좀 더 쉬울까

가트맨은 동성 커플도 둘 사이의 관계에서는 이성 커플과 비슷한 패턴을 보이지만 게이와 레즈비언 커플의 경우 갈등이 생겼을 때 보다 쉽게 해결한다고 말한다. 이들은 말다툼 중에도 유머 감각을 유지하고, 서로에 대한 애정을 드러내며, 파트너가 자신을 비난해도 그것을 기분 나쁘게 받아들이는 일이 적다. 또 상대방을 자기 멋대로 조종하거나 적대적인 전략을 동원할 가능성도 낮다. 가트맨은 동성 커플은 공정한 태도와 권력 분담을 통해 문제를 잘 해결한다고 결론짓는다.

## 장밋빛 전망을 잃지 말자

당신은 자기 파트너의 나쁜 습관이나 성격상의 결함을 얼마나 객관적인 시선으로 바라볼 수 있는가? 오랫동안 행복한 관계를 유지하고 싶다면 그런 부분을 너무 열심히 들여다봐서는 안 된다. 연구진들은 사람들의 실제 성격과 파트너가 바라보는 시각을 서로 비교하여 평가해 보았다. 그 결과 자기 파트너에 대해 비현실적일 정도로 긍정적인 시각을 가진 이들이 더 행복하다는 결론이 나왔다.

우리의 마음은 환상을 만들어내는 데 능숙한데, 타인과 관계를 맺을 때는 이러한 환상을 유지하는 것이 더 좋을지도 모른다. 이렇게 우리 마음이 부리는 다양한 속임수가 바로 다음 PART에서 살펴볼 주제다.

---

### PART 07의 속·마·음

- 남자와 여자는 서로 다른 태도와 취향, 능력을 가지고 있다. 어떤 이들은 여기에 선천적인 요소가 포함되어 있다고 생각하고, 또 어떤 이들은 사회적 기대가 미치는 영향력을 지적한다.

- 어떤 이론에 따르면 남자들은 '체계화'에 능하고, 여자들은 '공감 능력'이 뛰어나다.

- 연구를 통해 남녀의 섹스 파트너 취향에는 일관된 차이가 있음이 증명되었다.

- 사랑은 기본적인 생물학적 충동인 듯하다.

- 어릴 적 형성된 애착관계 패턴이 성인이 된 뒤의 연애관계 패턴에도 영향을 미친다.

- 행복한 관계의 열쇠는 부정적인 상호작용보다 긍정적인 상호작용을 많이 하고, 갈등이 생겼을 때 이를 효과적으로 해결하는 것이다.

---

우리는 어떤 일을 잘했다는 말을 들으면 그것이 본인의 능력이나 성격 덕분이라고 생각한다. 반면 잘못했다는 말을 들으면 주변 환경 탓이라고 치부한다. 따라서 시험에 합격하면 자기가 똑똑한 덕분이고, 불합격하면 학교에서 잘못 가르쳤기 때문이라는 것이다. 그러나 다른 사람들에 대해서는 이와 반대되는 시각을 가지고 있다. 누군가 실수하는 모습을 보면 환경 탓이 아니라 그 사람의 능력 때문이라고 치부하는 것이다.

PART 08

# 마음이 부리는
# 속임수

사람은 누구나 자기의 기억력에 대해 불평하지만 자신의 판단력 부족
을 한탄하는 사람은 아무도 없다.

— 프랑수아 드 라 로슈푸코, 17세기 작가

대개의 경우 우리는 세상을 있는 그대로 경험한다고 생각한다. 심리학자 대니얼 길버트<sup>Daniel Gilbert</sup>가 말한 것처럼 우리 마음은 막힘없이 흘러가는 합리적인 현실이라는 인상을 안겨주는 일에 능숙하기 때문이다. 그러나 때때로 현실이 겉보기와는 사뭇 다르다는 사실을 알게 되는 경우가 있다. 일례로 다음 그림을 보자. 우리는 흰 것은 희고, 검은 것은 검다는 사실을 잘 알고 있다. 그런데……

…… 어째서 흰색 점이 흰색에서 거무스름한 색으로 바뀌면서 깜빡거리는 것처럼 보이는 걸까? 이러한 착시 현상을 '섬광 격자'라고 하는데, 인간의 시각수용 세포가 발화하는 방식 때문에 생기는 부작용이다. 우리 마음이 흰색 안에서 검은색을 창조할 수 있다면 그 외에 또 어떤 속임수를 부릴 수 있을까?

## ● 스스로에 대한 판단

솔직히 말해 당신은 다음과 같은 면에서 자신이 평균 이상이라고 생각하는가?

- 지능

- 운전 실력

- 다른 사람들과의 친화력

- 감수성

- 업무 성과

- 정직성

- 관대함

　당신은 아마 이 가운데 전부 혹은 대부분의 항목에 대해 '그렇다'라고 대답했을 것이다. 다른 사람들도 마찬가지다. 다시 말해 우리는 일반적으로 이러한 분야에서 자기가 평균 이상의 재능을 가지고 있다고 생각하고 있다. 그리고 물론 실제 그럴 수도 있다. 하지만 그러려면 누군가 평균 이하인 사람이 있어야만 한다.

　연구를 통해 대부분의 사람들은 모든 긍정적인 특성에 있어서 자기가 남들보다 우월하다고 생각한다는 사실이 드러났다. 이것을 '워비곤 호수Lake Wobegon 효과'라고 하는데, 이는 미국 라디오 방송국에서 만들어낸 '여자들은 강인하고, 남자들은 잘생겼으며, 아이들은 모두 평균 이상인' 가상의 마을 이름에서 따온 것이다.

당신이 자동차 충돌사고를 당해 병원에 입원했다고 가정해 보자. 이 경우 자신의 운전 실력이 평균적인 운전자들보다 낮다고 믿었던 확신이 흔들리게 될까? 아마 그렇지 않을 것이다. 교통사고로 병원에

대부분의 사람들은 모든 긍정적인 특성과 관련해 자기가 남들보다 우월하다고 생각한다.

입원한 사람들도 다른 사람들만큼이나 자신의 운전 실력을 높게 평가한다는 연구 결과가 있다. 심지어 본인의 과실로 사고가 발생한 경우에도 말이다.

그러나 누구나 이런 식으로 자신을 속이는 것은 아니다. 어쩌면 당신은 본인의 지적 수준에 자신이 없을지도 모른다. 이것은 좋은 신호일 수 있다. IQ가 높은 사람들은 자신의 지능을 과소평가하는 반면 IQ가 낮은 사람들은 본인의 지능을 지나치게 과대평가하는 경향이 있기 때문이다.


## 무능력과 그에 대한 무지

업무 성과 같은 본인의 다른 기술적 측면에 대해서도 자신감이 부족한 사람들이 있다. 하지만 실은 이 또한 겸손일 뿐이고, 실제로는 본인의 생각보다 훨씬 뛰어난 능력을 지녔을 가능성이 있다.

아이러니한 점은 성과가 가장 낮은 사람들이 본인의 능력에 대해 가장 심한 착각에 사로잡혀 있다는 사실이다. 이것을 '더닝-크루거 Dunning-Kruger 효과'라고 하는데, 실력이 가장 부족한 사람이 자신의 무능함을 제대로 인지하지 못하는 것이다. 연구에 따르면 성과가 가장 낮은 의대 학생이나 실험 기사, 독서가, 체스 선수 등은 그 사실을 모

른다고 한다. 이들은 스스로의 단점을 잘 모를 뿐만 아니라 다른 사람이 훌륭한 기술을 선보여도 그 사실을 알아차리지 못한다고 한다. 우리가 어떤 일에 특히 무능할 경우, 우리 마음이 진실을 깨닫지 못하도록 스스로를 보호하기 때문이다.

## 능력에 대한 착각

주식 투자를 업으로 삼는 사람들은 자기는 주가를 예측할 수 있고, 언제 주식을 사고팔아야 하는지도 안다며 자신의 능력을 과신한다. 그러나 연구에 따르면, 전문 투자자들의 경우조차도 운에 맡기는 것 이상의 성과는 내지 못한다고 한다. 능력을 입증하려면 꾸준히 성과를 올려야 하는데, 주식 투자자 중에 이런 사람은 거의 없다. 성공 확률이 수시로 변하기 때문이다.

대니얼 카너먼은 거의 모든 증권 매매업자들의 거래 성과가 주사위를 굴려서 얻은 결과보다 나을 것이 없다는 결론을 내렸다. 그는 '주요 산업은 대부분 능력에 대한 착각을 기반으로 삼으며' 투자회사들은 운으로 거둔 성과를 마치 재능의 결과인 양 보상해 준다고 말한다. 그는 가장 적극적인 증권 매매업자가 가장 나쁜 결과를 얻는다는 연구 결과를 거론한다. 잘못된 생각을 바탕으로 행동하다 보니 많은 돈을 잃는 일이 자주 발생하는 것이다.

증권 매매업자들이 이렇게 무능한데도 불구하고 '정당성의 착각'에 빠져 있는 것이라면, 어째서 이들은 자신의 능력을 신뢰하는 것일까? 이는 '확증 편향' 때문이다. 이들은 자기가 성공을 거둔 순간에만 집중하고 잘못된 선택을 했던 순간에는 관심을 기울이지 않는다. 그리고 주변에 있는 다른 증권 매매업자들도 그들의 능력을 확신할 경우 사회적 규범이 더욱 강력한 힘을 발휘하게 된다.

> 사람들은 아무리 터무니없는 생각이라도 자기와 비슷한 생각을 가진 이들이 모인 커뮤니티의 지지를 받으면 그 문제에 대해 흔들리지 않는 믿음을 유지할 수 있다.
>
> — 대니얼 카너먼

다른 분야에 종사하는 수많은 전문가들도 자기에게 예측 능력이 있다는 착각에 빠져 산다. 카너먼은 정치나 경제 분야 전문가들이 내놓는 예측도 '다트를 던지는 원숭이들'보다 못한 성과를 거두는 경우가 많다고 말한다. 임상심리부터 의학, 와인 거래, 미식축구, 사회복지, 교도소 관리에 이르기까지 온갖 분야의 전문가들이 고심한 예측 결과는 간단한 공식을 이용했을 때보다 결코 낫다고 할 수 없는 수준이다. 예컨대 학생들의 향후 학업 성과를 예측하는 데는 학생들이 이전에 받은 점수와 적성검사를 이용하는 쪽이, 이 점수뿐만 아니라 학생을 직접 면담하고 4페이지짜리 자기소개서까지 읽은 '전문가들'의 판단에 의지하는 것보다 낫다.

모든 것을 운에 맡기고 있다는 사실을 아는 사람들도 정당성의 착각에 빠지는 것은 어쩔 수 없다. 도박업계에서는 이러한 인간적인 약점을 이용한다. 도박꾼들은 생각이 잘못되었음을 입증하는 온갖 증거들이 눈앞에 있음에도 불구하고 자신의 게임 실력이 뛰어나다고 확신하거나 주사위 숫자가 어떻게 나올지 예측할 수 있다고 믿는다.

## 대니얼 카너먼 Daniel Kahneman

스티븐 핑커는 1934년에 태어난 대니얼 카너먼을 '단연코 현존하는 심리학자 가운데 가장 중요한 인물'이라고 표현한다. 이스라엘 출신인 카너먼은 미국 프린스턴 대학교 교수로 재직 중이다. 그는 심리학계에 발을 들인 뒤 다양한 분야의 연구를 진행했고, 동료인 아모스 트버스키 Amos Tversky와 함께한 인간의 의사 결정에 관한 선구적인 연구를 통해 노벨 경제학상을 받았다. 트버스키는 1996년에 사망했는데 노벨상은 사후에는 수여되지 않기 때문에 수상의 영광을 함께하지 못했다.

카너먼과 트버스키의 연구를 통해 영감을 받은 경제학자들은 우리가 결정을 내리는 방식을 완전히 다른 각도에서 생각하게 되었다. 인간은 합리적인 경제적 존재가 아니라 온갖 오류와 편견에 휘둘릴 수 있는 존재다. 이러한 시각은 비좁은 학계의 테두리를 벗어나 훨씬 광범위한 분야에까지 영향을 미쳤다.

카너먼의 동료인 경제학자 리처드 탈러 Richard Thaler는 대중들이 '올바른' 결정을 내리도록 독려하려면 정책 입안자들도 심리학을 활용해야 한다고 주장한다. 다시 말해 공공기관과 민간단체 모두 우리의 심리적 프로세스를 고려한 전략을 채택하여 우리가 올바른 방향으로 나아가도록 '간섭'해야 한다는 것이다. 이는 단순히 돈과 관련된 결정뿐만 아니라 우리 삶의 모든 부분에 적용되는 이야기다. 리처드 탈러와 카스 선스타인 Cass Sunstein은 『넛지 Nudge: Improving Decisions about Health, Wealth and Happiness』라는 책에서 이에 대해 설명한다.

버락 오바마와 데이비드 캐머런 같은 지도자들은 이 아이디어를 실행에 옮기기 시작했다. 영국 총리실에서는 2010년에 '넛지 유닛 Nudge Unit'이라는 이름으로 널리 알려진 '행동 통찰팀'을 신설했다. 이 팀은 특히 카너먼과 트버스키의 연구를 통해 알아낸 인간의 의사 결정에 대한 지식을 이용해 국민들이 '올바른' 선택을 하도록 공공기관이 도울 수 있는 방법을 조언해 준다.

이러한 '넛지' 사례 가운데 하나가 바로 2012년 10월부터 영국의 모든 근로자는 자동으로 연금제도에 가입되고, 여기에서 탈퇴하려면 적극적으로 의사를 표명해야 한다는 것이다. 우리가 결정을 내릴 때는 단순한 타성이 중요한 요소로 작용하기 때문에 연금제도에 가입하지 않는 이들이 많다. 이는 합리적인 판단을 통해 내린 결정이 아니라 인지적인 노력이 수반되는 것을 귀찮아하기 때문이다.

## 🔵 통제감의 착각

대부분의 사람에게는 자기가 상황을 통제하고 있다고 느끼는 것이 중요하다. 통제감은 심지어 수명까지 늘려준다. 양로원 거주자들 가운데 자원봉사자가 방문하는 시간을 스스로 선택할 수 있는 권한을 가진 노인들은 그런 통제권을 얻지 못한 이들보다 오래 살았다.

하지만 때로는 통제감이 마음을 달래주는 착각에 지나지 않는 경우도 있다. 엘렌 랭어 Ellen Langer 는 사람들에게 버튼을 누르면서 자기가 조명 작동에 어느 정도의 통제권을 가지고 있는 것 같은지 알아맞히게 했다. 그러자 사람들은 조명이 무작위로 켜지는 경우에도 자기가 어느 정도는 통제권을 갖고 있다고 믿었다. 주변에서 흔히 볼 수 있는 일상적인 사례가 바로 복권을 구입할 때다. 직접 번호를 고르는 경우에도 그에 따르는 이점은 전혀 없지만 연구 결과, 복권 번호를 무작위로 정해 줄 때보다 본인이 직접 선택할 경우 당첨 확률이 높아진다고 생각한다는 사실이 밝혀졌다.

하지만 이러한 착각에 넘어가지 않는 사람들이 있으니, 바로 우울증을 앓는 사람들이다. 우울증을 앓는 이들은 통제 과업에 대한 판단력이 남들보다 정확한데, 이를 '우울증적 현실주의'라고 한다.

## 🔵 자기 고양적 편향

우리 마음은 우리에게 친절하다. 그래서 자신의 행동을 설명할 때면 늘 너그러운 태도를 보인다.

우리는 어떤 일을 잘했다는 말을 들으면 그것이 본인의 능력이나 성격 덕분이라고 생각한다. 반면 어떤 일을 잘못했다는 말을 들으면 주변 환경 탓이라고 치부한다. 따라서 시험에 합격하면 자기가 똑똑한 덕분이고, 불합격하면 학교에서 잘못 가르쳤기 때문이라는 것이다. 그러나 다른 사람들에 대해서는 이와 반대되는 시각을 가지고 있다. 누군가가 실수하는 모습을 보면 그건 주변 환경 탓이 아니라 그 사람의 능력 때문이라고 치부하는 것이다. PART 06에서 언급한 것처럼 이러한 것을 '기본 귀인 오류'라고 한다. 이것은 사람들이 느끼는 부당한 감정을 더욱 부추겨 무의미한 갈등을 계속 야기한다. '그 여자가 날 때린 건 성격이 공격적이라서 그렇다. 내가 그녀를 때린 건 나 자신을 보호하기 위해 어쩔 수 없는 선택이었다.'

우리 마음은 스스로의 자존감을 높일 수 있는 정보를 선별해 받아들인다. 연구진들이 실험에 참가한 학생들의 성격과 관련해 "당신은 다른 이들의 외모를 흠잡아 그들을 웃음거리로 만듭니다"나 "당신은 부탁을 받으면 비밀을 지키는 사람입니다"처럼 나쁜 쪽

> 우리 마음은 자신의 자존감을 높일 수 있는 정보를 선별해서 받아들인다.

혹은 좋은 쪽으로 꾸며낸 피드백을 이야기해 주었다. 그리고 나중에 학생들에게 그때 받은 피드백을 기억해 보라고 하자 부정적인 의견보다 긍정적인 의견을 훨씬 잘 기억하고 있었다.

### 💭 당신은 '올바른' 낙천주의자인가

자신의 미래를 상상해 보자. 어떤 미래가 펼쳐질 것 같은가? 지금보

다 좋은 일들이 앞날에 기다리고 있을 거라고 생각되는가?

자신의 미래를 곰곰이 생각할 때면 대부분의 사람들이 지금보다 나아진 모습을 떠올리거나 최소한 다른 사람들보다는 좋은 미래를 누리게 될 것이라고 생각한다. 또 자기는 교통사고를 당하거나 성병, 암, 알츠하이머 등에 걸리거나 뼈가 부러지거나 심근경색을 일으킬 가능성이 남들보다 낮다고 생각한다.

한 실험에서 연구원들이 참가한 일부 학생들에게 가짜 건강검진 결과를 나누어 주면서 그들에게 특정한 단백질이 부족해 훗날 췌장 질환을 앓을 가능성이 높다고 말했다. 그리고 다른 학생들에게는 건강에 아무 이상이 없음을 알리는 건강증명서를 나누어 주었다. 나쁜 소식을 들은 학생들은 곧 단백질 결핍과 췌장 질환이 별로 심각한 문제가 아니라는 결론을 내렸다.

게다가 우리는 살면서 진짜 나쁜 소식을 듣게 되어도 낙관적인 태도를 유지한다. 암 환자의 96퍼센트는 자기가 일반적인 암 환자보다 건강 상태가 좋다고 생각한다. 심지어 한 연구에서는 암 환자들이 건강한 사람들보다 자신의 미래를 낙관적으로 바라본다는 결과도 나왔다. 이러한 것을 보면 우리의 마음은 평소 지나친 낙관주의로 우리 자신을 현혹하고 있는 듯하다.


## 자신에게 하는 거짓말

우리는 주변 상황을 긍정적으로 해석할 뿐만 아니라 스스로에게 새빨간 거짓말을 하기도 한다. 1950년대에 진행된 한 고전적인 연구에서 실험자들은 막대기를 위아래로 뒤집는 것 같은 최대한 지루하고 무의미한 과업을 고안하여 참가자들에게 시켰다. 그리고 작업을 마친 이들에게는 다음 사람에게 그 일이 정말 재미있고 즐겁다고 말해 달라고 부탁하면서 이런 사소한 거짓말을 하는 대가로 1달러 혹은 20달러를 지급했다.

나중에 실험자들은 참가자들에게 막대기를 뒤집는 작업이 정말 재미있었느냐고 물어보았다. 거짓말의 대가로 1달러를 받은 그룹과 20달러를 받은 그룹 중에서 그 작업을 더 재미있다고 평가한 쪽은 어디였을까?

바로 1달러를 받은 쪽이었다. 왜 그럴까? 그들은 작업이 지루하다고 생각했지만 거짓말의 대가로 결코 충분하다고 할 수 없는 단돈 1달러의 돈을 받고 다른 이들에게 그 일이 재미있다고 말해 주었다. 우리는 이렇게 모순되는 생각을 품으면, 즉 자신의 일반적인 신념과 일치하지 않는 일을 했다는 생각이 들면 불편한 긴장감을 느끼게 되는데 이를 '인지 부조화'라고 한다. 이런 부조화를 해결하기 위해 그 일이 실제보다 더 재미있었다고 기억함으로써 불편한 감정을 해소하려고 하는 것이다.

서로 양립할 수 없는 두 가지 생각이나 신념을 품게 될 경우, 우리 마음은 위화감을 줄이기 위해 사실을 왜곡하게 된다. 그리고 재조정된 사실들은 서로 깔끔하게 일치되면서 부조화가 사라지기 때문에 자기가 한 거짓말을 믿게 되는 것이다.

실제 생활에서 볼 수 있는 인지 부조화의 예로는 고객이 주방용품을 구입한 뒤에 그것을 더 마음에 들어 한다거나, 도박꾼들이 경주마에 돈을 건 뒤에 자기가 돈을 건 말이 이길 확률이 높다고 생각하거나, 구직활동을 하던 사람이 입사 제안을 받아들인 뒤에 그 일자리에 대해 더 긍정적으로 평가하는 것 등을 들 수 있다. 또 집단에 소속되기 위해 거쳐야 하는 시련인 '신고식'이라는 현상도 있다. 사람들은 가입하기까지 많은 고통이나 어려움을 겪어야 하는 집단을 더 가치 있다고 평가한다.

> 🌟 **반짝반짝** 마음 눈치채기
>
> 무언가를 얻기 위해 많은 애를 써야 할 경우, 나중에 그것을 더 높게 평가하는 일이 많은데 이것 또한 인지 부조화 때문이다. 여기에서 얻을 수 있는 교훈은 사람들이 어떤 대상을 높게 평가하도록 유도하고 싶다면 그것을 쉽게 손에 넣을 수 없게 해야 한다는 것이다.

당신의 자기기만 성향은 어느 정도인가? 다음 6개 문항이 본인의 성향과 얼마나 일치하는지 0에서 10까지 점수를 매겨보자. 0점은 매우 부정확한 것이고, 10점은 매우 정확한 것이다.

- 어떤 일을 하는 이유를 언제나 알고 있다.
- 내가 성공하리라는 사실을 안다.
- 내 결정이 옳다는 사실을 안다.
- 나 자신이 마음에 든다.
- 결정을 내릴 때는 그에 대한 책임을 지려고 한다.
- 항상 나 자신에게 정직하다.

점수를 모두 더한 뒤 자기가 이 척도의 어느 부분에 해당하는지 살펴보자. 점수가 높을수록 자기기만성이 강한 것이다.

◄  0   10   20   30   40   50   60  ►
자기기만성 매우 낮음          자기기만성 매우 높음

## 프로이트와 자기방어 기술

우리 마음이 현실을 왜곡하는 경우가 많은 것은 무엇 때문일까? 지그문트 프로이트는 우리의 마음은 자기 자신이나 세상에 대해 받아들이고 싶지 않은 사실로부터 자아를 보호하기 위해 다양한 방어기제를 갖추고 있다는 학설을 제기했다.

- 부정 : 유명한 방어기제로서, 불편한 사실들로 가득한 현실을 거부하거나 그 중요성을 최소화한다.

- 합리화 : 이 또한 프로이트 덕분에 유명해진 방어기제로, 우리 마음은 의식적으로든 무의식적으로든 자기 행동을 정당화해서 그 행동이 좀 더 널리 용인되도록 한다.

- 반동 형성 : 프로이트가 제시한 방어기제 가운데 논란의 여지가 많은 것이다. 스스로 용납할 수 없는 감정을 느끼지 않기 위해 극단적인 역반응을 보이는 것이다. 자기 자녀에 대해 적대적인 감정을 품고 있는 엄마가 극도로 다정한 행동을 보이는 것이 하나의 예인데, 이러한 경우 '여봐란 듯이' 과장된 태도를 취한다.

이 가운데 부정과 합리화는 연구를 통해 충분히 입증되었고, 반동 형성의 근거도 몇 가지 존재한다. 연구진들은 이성애자 남자들에게 남자들끼리 섹스를 하는 모습이 담긴 사진을 보여주었다. 그런데 사진을 보고 성적으로 가장 흥분한 사람은 동성애 혐오증이 가장 심한 이들이었다. 동성애를 혐오하는 남자들도 다른 남자에게 이끌리는 것이 분명하지만 이 경우 그 감정이 적대감의 형태로 드러나는 것이다. 하지만 반동 형성은 여전히 논란이 많은 개념이다.

## 자신에게 하는 거짓말의 장점

프로이트는 이러한 방어기제가 적응적 기능을 하여 자기회의나 두려움 때문에 제 기능이 손상되는 일 없이 자신의 삶을 잘 영위할 수 있게 해준다고 생각한다. 다른 심리학자들은 자기기만을 다른 용어로 표현하기도 하는데, 대니얼 길버트는 이를 가리켜 '심리적 면역체계'라고 부른다.

로버트 트리버스Robert Trivers도 자기기만을 유용한 생존 도구라고 생각한다. 동기의 순수성과 관련해 자기 자신을 속일 수 있다면 다른 사람은 더 쉽게 속일 수 있다. 양심의 가책을 느낄 때는 거짓말이 쉽게 나오지 않는다. 신뢰할 수 없는 친척이 돈을 빌려달라고 부탁하면서 어떻게든 꼭 갚겠다고 단언할 때 그들 스스로가 자신의 말을 믿을 경우 그 말이 더 설득력 있게 들리는 법이다.

인류학자인 라이오넬 타이거Lionel Tiger는 인류가 오늘날처럼 번성할 수 있었던 것은 우리의 낙관주의 덕분이라고 생각한다. 그는 우리 선

| 자기기만은 유용한 생존 도구다. 조들의 무모한 도전정신이 없었다면 위험을 무릅쓰고 새로운 땅과 낯선 환경 속으로 발을 내디딜 수 없었을 것이고, 가능성이 매우 낮아 보이는 순간에도 생존을 위해 싸울 수 있었던 것은 우리의 희망적인 태도 덕분이라고 말한다.

## 자신의 감정 이해하기

누군가와 소개팅을 할 때 그 사람과의 데이트를 즐기게 될지 여부를 알 수 있는 가장 확실한 방법은 무엇일까?

- 그 사람의 사진을 확인하고 게재된 프로필을 읽어본 뒤 혼자서 결정한다.
- 이전에 그와 데이트를 해본 사람의 의견을 듣는다.

대니얼 길버트는 대부분의 사람들이 사진과 게재된 정보만을 확인하는 첫 번째 방법을 선호한다는 사실을 알아냈다. 그러나 그의 연구를 통해 이 경우, 다른 사람의 의견을 듣는 것이 자기가 그 데이트를 즐기게 될지 여부를 훨씬 확실하게 예측할 수 있게 한다는 사실이 밝혀졌다.

우리는 장차 자신이 어떤 감정을 느끼게 될지 예측하는 능력이 그리 뛰어나지 않다. 이것을 '정서 예측'이라고 한다. 우리는 변변치 못한 심사원이므로 자신의 어림짐작에만 의지하지 말고, 이미 그 일을 경험해 본 사람의 의견을 듣는 편이 낫다.

이것은 단순한 예상이 아니다. 과거에 느꼈던 일에 대한 기억도 그리 정확하지 않은 것이 사실이기 때문이다. 연구진이 여러 남자들과 여자들에게 낱말 게임을 하면서 남들과 실력을 겨루게 한 뒤 그때의 기분을 기록하게 했다. 그 단계에서는 남자와 여자가 느낀 감정의 유형이나 정도에 차이가 없었다. 그러나 1주일 뒤 그때의 기분을 다시 물어보았을 때 남자들은 게임 중에 분노나 자부심 같은 '남성적인' 감정을 느꼈다고 기억했고, 여자들은 연민이나 죄책감 같은 '여성적인' 감정을 느꼈다고 기억했다. 남녀에 대한 이들의 고정관념이 기억을 여과하는 필터와 같은 구실을 함으로써 기억을 바꿔놓은 것이다.

## 🔵 현재 자신의 기분 이해하기

지금 이 순간 자신이 어떤 기분을 느끼고 있는지 자신 있게 말할 수 있는가? 예를 들어 당신은 지금 현재 자신의 사교생활에 만족하는가? 이 질문을 받으면 대부분의 사람들이 그럭저럭 만족하는 편이라고들 답한다. 그러나 질문을 할 때 표현을 약간만 바꾸면 이와 다른 대답을 할 가능성이 있다. "지금 현재 자신의 사교생활에 불만이 있으십니까?"라고 물으면 아까와 같은 질문을 던졌을 때에 비해 행복하지 않다고들 말한다.

이것 또한 확증 편향 때문이다. 우리는 머릿속의 기억 은행을 뒤져 질문 내용을 입증할 만한 사례를 찾으려고 한다. 그래서 자신의 사교생활에 얼마나 만족하느냐는 질문을 받으면 동료들과 함께한 유쾌한 점심시간이나 근사한 마흔 살 생일파티처럼 긍정적인 사건들을 떠올리는 것이다. 그러나 불만이 있느냐는 질문을 받으면 상사와의 따분한 점심식사나 전자레인지에 데운 냉동식품을 먹으면서 TV 앞에서 보낸 외로운 금요일 밤 등을 떠올리게 된다. 질문에 사용된 단어의 작은 차이 때문에 기분이 변하는 것이다.


## 점화의 기묘한 힘

우리는 자신이 어떤 행동을 하는 진짜 이유를 모를 때가 많다. 한 실험에서 연구진이 참가자들에게 '주름 · 뜨개질 · 건망증 · 완고한' 같은 다양한 단어가 포함되어 있는 문장의 단어 순서를 제대로 맞춰보라는 과제를 내주었다. 다시 말해 '하늘 · 매끄러운 · 이다 · 은 · 잿빛' 식으로 나열된 단어 순서를 정렬해서 문장을 만드는 것이다.

이것은 간단한 작업이었지만 사람들에게 매우 기묘한 영향을 끼쳤다. 이 문장의 순서를 제대로 맞추고 난 사람들은 실험실 바깥에 있는 복도를 나서면서 매우 느린 속도로 걸어간 것이다. 그렇다면 '회색'이나 '주름'처럼 노령老齡과 관련된 단어가 포함된 문장의 순서를 정렬한 실험 대상자들과 중립적인 단어로 구성된 문장 순서를 정렬한 이들의 걷는 속도에는 차이가 있었을까?

대답은 '그렇다'이다. 노령과 관련된 단어를 읽은 실험 참가자들은 평소보다 '나이가 든' 것처럼 행동했다. 하지만 왜 천천히 걷는지 그 이유를 묻자 "피곤해서요"와 같은 대답을 했다. 방금 참여한 실험이 자신에게 미친 영향을 전혀 깨닫지 못한 것이다.

어떻게 이러한 효과를 발휘하게 되는 걸까? 이 사람들의 마음속에는 노인에 대한 기본 도식, 즉 나이 든다는 것과 관련해 떠오르는 일련의 연상이 자리 잡고 있는 것이다. '건망증·뜨개질' 같은 단어를 읽자 그 도식이 활성화되었고, 여기에는 움직임이 느려진다는 생각도 포함되어 있기 때문에 본인들의 행동이 영향을 받은 것이다.

심지어 가까이에 있는 컴퓨터 화면의 스크린세이버도 모르는 사이 우리 행동에 영향을 미칠 수 있다. 한 연구에 따르면, 지폐가 둥둥 떠다니는 이미지가 돌아가는 스크린세이버를 본 사람들은 낯선 사람과 멀리 떨어진 자리에 앉는다고 한다. 달러 지폐의 이미지가 '돈'에 관한 도식을 '점화'시키고, 이 도식은 개인주의나 이기심과 관련 있기 때문이다. 돈을 슬쩍 본 것만으로도 사람들은 타인과 물리적인 거리를 두고 평소보다 이기적으로 행동하면서 남을 잘 도우려고 하지 않았다. 연구진은 또 돈의 이미지가 '점화'된 사람들은 낯선 사람이 연필을 떨어뜨렸을 때 주워 줄 가능성이 낮다는 것도 알아냈다.

## 다른 사람 판단하기

비록 우리가 자기 자신에 대해서는 정확한 판단을 내리지 못하더라도 다른 사람을 판단할 때는 보다 객관적이고 합리적인 태도를 취할 수 있지 않을까?

1920년에 진행된 고전 연구에서 에드워드 손다이크는 육군 부대장들에게 자기 휘하 군인들의 지능이나 단정함, 체격, 리더십 능력, 정직성 같은 다양한 특징들을 평가해 달라고 부탁했다. 손다이크는 부대장들이 각 특성에 대해 각기 다른 판단을 내리는 것이 아니라 모든 특성을 비슷하게 평가한다는 사실을 발견했다. 한 부분에 대해 긍정적인 생각을 갖고 있으면 다른 부분까지 모두 긍정적으로 평가하는 것이다. 이를 '후광 효과'라고 한다. 다른 사람에 대해 요소마다 미묘하고 복잡한 판단을 내리는 것이 아니라 전체적으로 부정적이거나 긍정적인 생각을 갖는 것이다.

다음에 설명하는 두 사람 중에서 어느 쪽의 성격이 더 나은 것 같아 보이는가?

- 앨런 : 지적임, 근면함, 충동적, 비판적, 완고함, 질투심이 많음

- 벤 : 질투심이 많음, 완고함, 비판적, 충동적, 근면함, 지적임

이 질문을 던진 솔로몬 애쉬는 대부분의 사람들이 앨런을 선호한다는 사실을 알아냈다. 앨런과 벤의 성격적 특성은 동일하지만 앨런의 경우에는 긍정적인 면을 먼저 보게 되어 이러한 첫인상이 그가 지닌 다른 성격에 대한 인식에 영향을 미치는 것이다. 어떤 사람에 대해서 일단 판단을 내리면 그 생각은 쉽게 바뀌지 않는다.

## 🔵 편견에 관한 실험

우리는 다른 사람의 피부색이나 성적 취향, 성별, 종교를 이유로 의식적인 편견을 품지 않는다고 여기고자 한다. 하지만 무의식적으로는 어떨까? 우리는 내면 깊숙한 곳에서부터 진정한 평등주의자일까?

연구진들은 잠재의식 노출 기법을 이용하여 이 문제에 대해 연구했다. 이들은 무언가를 의식적으로 인지하기에는 너무 짧은 시간인 30밀리세컨드(1,000분의 1초) 이하의 시간 동안 흑인 또는 백인의 얼굴 사진을 보여주었다. 흑인의 사진에 노출된 이들은 남들보다 적대적인 행동을 보였다. 그 사진이 흑인은 공격적이라는 그들의 선험적 도식을 일깨운 것이다. 또 방금 흑인 남자의 사진을 본 사람들은 어떤 물건을 권총으로 착각할 가능성이 있다는 연구 결과도 있다.

이처럼 다른 인종에 대해 적대적인 반응을 보이는 무의식적인 경향은 치명적인 결과를 낳을 수도 있다. 1999년에 무기를 소지하지 않은 아미두 디알로라는 흑인 남자가 자신의 지갑을 꺼내려다가 총에 맞아 죽은 사건이 발생했다. 그의 총격 사건을 지켜본 사회심리학자들은 경찰관들이 제대로 된 훈련을 받을 수 있도록 '총 쏘는 사람에 대한 편견'을 연구하기 시작했다. 하지만 무장하지 않은 흑인에 대한 부적절한 총격 사건은 계속 이어졌다. 일례로 2010년에는 27세의 자폐증 환자인 스티븐 유진 워싱턴이 경찰의 총에 맞아 숨졌다. 경찰은 그가 자기 허리띠에 매달린 무언가를 향해 손을 뻗는 것처럼 보였다고 말했다.

## 환상이 현실이 될 때

로젠탈Rosenthal과 제이콥슨Jacobson이 진행한 유명한 실험에서 이들은 여러 명의 초등학생들을 고른 뒤 담임교사에게 그 아이들이 곧 전보다 훨씬 좋은 성적을 받게 될 것이라고 말했다. 그리고 이들의 예언은 옳은 것으로 드러났다. 아이들의 성적이 대폭 향상되었던 것이다.

그러나 로젠탈과 제이콥슨은 아이들을 완전히 무작위로 선발했다. 실은 이들의 말을 들은 교사가 아이들이 성공할 것이라고 굳게 믿으면서 전과 다른 태도로 아이들을 대한 덕분에 자기 충족적 예언이 완성되었던 것이다. 사람들에게 많은 것을 요구하면 그만큼 많은 것을 얻게 될 가능성이 높다. 연구에 따르면 교사, 은행원, 군 관계자들에게 높은 기대를 걸 경우 보다 좋은 성과를 올릴 수 있다고 한다.

물론 자기 충족적 예언이 늘 바람직한 것은 아니다. 입사 면접 중에 드러나는 태도를 연구한 연구진들은 백인 면접관이 흑인 지원자들을 대할 때는 백인 지원자들을 대할 때보다 우호적이지 않은 태도를 보인다는 사실을 알아냈다. 이들은 계속 흑인

연구 결과, 높은 기대를 걸면 더 좋은 성과를 거둘 수 있다는 사실이 입증되었다.

지원자들과 거리를 두려 하고, 말실수를 많이 했으며, 면접을 갑작스럽게 끝내기도 했다. 그 결과 흑인 지원자들의 면접 성과도 별로 좋지 않았다.

나중에 면접관들의 이런 비우호적인 태도가 지원자들에게 어떤 영향을 미치는지 확인하기 위해 백인 지원자들도 그와 똑같은 태도로 대해 보았다. 그러자 적대적인 면접관을 만날 경우 백인 지원자들도 형편없는 면접 결과가 나온다는 사실을 알게 되었다. 즉 우리의 환상

은 자신의 행동뿐만 아니라 다른 사람들에게도 영향을 미치고, 때로는 그것 자체가 현실이 될 수도 있다.

## 🔘 세상에 대한 판단

우리 마음이 치는 기묘한 장난 다섯 가지를 살펴보자.

### 보지만 보지 못한다

우리는 주변 현실과 늘 접촉을 유지하고 있다고 생각하지만 실은 관심을 기울이는 대상이 매우 제한적이기 때문에 주변에서 벌어지는 일의 대부분을 놓치게 된다. 이것을 증명하는 유명한 사례가 '보이지 않는 고릴라'다.

농구 선수 몇 명이 나오는 동영상을 보면서 흰색 옷을 입은 사람들이 패스를 몇 번 하는지 세어보라는 과업을 준다. 이 동영상 중간에 고릴라 복장을 한 남자가 농구장 중앙을 가로질러 가는 모습이 전체적으로 나온다. 그러나 동영상을 본 사람들 가운데 절반 정도는 그의 등장을 알아차리지 못했다.

이 효과에 대한 다른 사례를 찾아보려면 유튜브에서 '짓궂은 착각The monkey business illusion'을 검색해 보자. 한 가지 일에만 관심을 집중하고 있으면 그 밖의 모든 일에는 눈이 먼 것과 같은 상황이 된다. 여기에는 심각한 측면도 있다. '보지만 보지 못하는' 것은 교통사고의 가장 일반적인 원인 가운데 하나이기 때문이다.

## 피로와 배고픔

당신이 범죄 행위로 기소되어 점심시간 직전에 판사 앞에 섰는데 가능하면 가석방 처분을 받기를 기대하고 있다. 우리는 다들 자신이 냉정하고 객관적인 판단을 내린다고 생각하고 싶어 하는데, 법률 전문가라면 당연히 더 그렇지 않겠는가? 그러니 판결을 내리는 시간이 몇 시건 공정한 판결을 내리는 데는 아무런 상관이 없지 않을까?

대니얼 카너먼은 판사가 판결을 내리는 방식에 대한 연구 결과를 내놓았다. 놀랍게도 식사 시간 직전에는 판사들이 모든 가석방 요청을 거부했다. 점심을 먹고 난 뒤에는 태도가 훨씬 너그러워져 가석방 요청의 65퍼센트를 승인했다. 배고픈 판사들은 더 가혹한 판결을 내리는 것이었다.

> 🔵 **반짝반짝** 마음 눈치채기
>
> 누군가에게 중요한 부탁을 할 계획이라면 먼저 그들을 배불리 먹게 해야 한다.

## 게으른 뇌

사고로 사망할 확률과 당뇨병으로 사망할 확률 중 어느 쪽이 더 높다고 생각하는가?

대부분의 사람들은 사고라고 대답하지만 사실은 당뇨병 때문에 죽는 사람들이 훨씬 많다. 사고가 당뇨병보다 극적인데다가 치명적인 사건은 머릿속에 쉽게 들어오기 때문에 사고가 더 자주 발생한다고 생각하는 것이다. 이것이 바로 카너먼과 트버스키가 발견한 '가용성 어림법'이다. 우리 마음은 게으르고 검색하기 쉬운 정보만을 바탕으로 판단을 내리는 경향이 있다.

카너먼은 언쟁을 벌이는 커플들이 원래 공정하게 나눈 몫보다 자기가 집안일을 더 많이 했다고 확신하는 이유도 이 때문이라고 말한다. 두 사람 모두 본인이 청소기를 돌렸던 때는 쉽게 기억하지만 파트너가 그와 같은 일을 했던 경우는 잘 떠올리지 못하는 것이다.

## 손해인가 이익인가

다음 두 가지 중 당신은 어느 쪽을 더 선호하는가?

- A : 100파운드를 딸 수 있는 가능성이 10퍼센트 있지만, 나머지 90퍼센트의 경우 5파운드를 잃게 되는 것

- B : 100파운드를 딸 수 있는 가능성이 10퍼센트, 아무것도 따지 못할 가능성이 90퍼센트인 5파운드짜리 복권을 구입하는 것

카너먼은 대부분의 사람들이 옵션 B를 선호한다는 사실을 알아냈다. 그러나 이 두 가지 도박은 내용이 동일하다. 같은 액수의 돈을 따거나 잃을 확률이 완전히 똑같은 것이다. 차이점이 있다면 옵션 A는 손실에 초점을 맞추고 있다. 우리 마음은 본능적으로 손해를 보기 싫어하기 때문에 가장 안전하다고 생각되는 방안을 선호하는 것이다. 논리적이고 수학적인 계산보다 질문을 구성하는 방식 자체가 우리 생각에 더 큰 영향을 미친다는 것을 알 수 있다.

아모스 트버스키는 이런 틀 효과가 의사들의 결정 방식에도 영향을 미치는지 알아보고자 했다. 그는 의사들에게 폐암 수술의 생존율에 대해 이야기하면서 본인이 담당하는 환자들에게 그 수술을 권할 것인

지 물었다. 이때 그는 '수술 후 1개월 생존율이 90퍼센트입니다'처럼 이점을 강조하거나 아니면 '수술 후 1개월 안에 사망할 확률이 10퍼센트입니다'와 같이 손실을 강조하는 식으로 말했다.

생존율이 이득이 되는 방향으로 말하자 의사들 대다수가 환자에게 수술을 권하겠다고 말했다. 반면 손실을 강조하는 식으로 말하자 의사들 가운데 절반만이 수술 권유 쪽을 택했다. 따라서 이 효과는 실험실에서만 적용되는 기발한 연구 결과가 아니라 실생활에서 중요한 결정을 내리는 방식에도 영향을 미치는 것이다.

## 기억력

PART 01에서 우리의 기억력은 오류를 범하기 쉽다는 이야기를 했다. 대니얼 길버트가 제시한 다음의 사례를 이용해 본인의 기억력을 시험해 보자. 먼저 제시된 단어를 읽는다.

- 침대
- 잠들지 않은
- 꿈
- 잠깐 자다
- 졸다
- 코를 골다
- 평화
- 졸리는

- 휴식
- 피곤하다
- 잠에서 깨다
- 담요
- 잠을 자다
- 낮잠
- 하품

이제 다음 내용을 계속 읽기 전에 손으로 제시된 목록을 가리자.

'휘발유'라는 단어를 읽은 기억이 나는가? '잠'이라는 단어를 읽은 기억이 나는가?

대부분의 사람들은 목록에 '휘발유'가 없었다는 것은 정확하게 기억하지만 목록에 없는 '잠'이라는 단어의 경우에는 그것을 읽었다고 잘못 기억하는 이들이 많다. PART 01에서 말한 것처럼 우리의 뇌는 단어 목록의 실제적인 세부 사항이 아니라 전체적인 의미만을 저장하기 때문에 이런 일이 벌어지는 것이다. 우리는 전반적인 인상만을 기록한 뒤 나중에 구성한 정보를 이용해 '공백을 채우는' 식으로 기억을 떠올린다.

이로 인해 실생활에서는 끔찍한 결과가 발생하기도 한다. 이와 같은 단순한 단어 목록과 관련해서도 기억력을 신뢰할 수 없다면 극도의 스트레스를 받는 상황에서 실제로 벌어진 사건을 기억해내는 것은 얼마나 어려울지 상상해 보라.

## 🔵 가장 큰 착각

우리 마음이 자주 농간을 부리기는 하지만 그래도 확신할 수 있는 부분이 한 가지 있다면 그것은 바로 나에게 권한이 있다는 것이다. 우리에게는 선택 권한이 있다. 이 책을 고르고, 지금 이 글을 읽기로 결정한 것은 당신의 의식적이고 논리적인 자아가 한 행동이다.

하지만 잠깐만 생각해 보면 이것이 전적으로 옳은 말은 아니라는 것을 알 수 있다. 간혹 정신이 딴 데 팔려 있을 때면 우리 몸이 저절로 움직이는 경우도 많다. 일례로 주방에 들어갔는데 자기가 왜 거기에 왔는지 기억나지 않을 때가 있다. 혹은 친구네 집에 가려고 차를 출발시켰는데 문득 정신을 차리고 보니 직장으로 가는 익숙한 길을

## 기억의 오류

1984년 미국 대학생 제니퍼 톰슨이 자기 집에 침입해 칼로 위협하는 남자에게 무자비한 폭행과 강간을 당했다. 시련을 겪는 동안 그녀는 공격자의 얼굴을 기억하려고 갖은 노력을 했다. 그리고 나중에 경찰에게 그 사람의 외모를 자세하게 설명했고, 경찰은 이 정보를 바탕으로 범인의 몽타주를 작성했다.

용의자 중에 이 그림과 놀랄 만큼 닮은 로널드 코튼이라는 사람이 있었는데, 제니퍼는 용의자 확인 과정에서도 그를 범인으로 지목했다. 그녀는 "그 사람이 범인이라는 걸 알 수 있어요. 전적으로 확신했습니다"라고 말했다. 제니퍼가 법정에서 한 증언도 매우 설득력이 있었기 때문에 코튼은 계속해서 자기는 무죄라고 항변했음에도 불구하고 종신형을 선고받게 되었다.

그로부터 몇 년 뒤 바비 풀이라는 재소자가 감방 동료에게 제니퍼를 공격한 사람은 자기였다고 털어놓았다는 사실이 밝혀졌다. 하지만 제니퍼에게 풀의 모습을 보여주자 그녀는 이전에 그를 본 적이 한 번도 없다고 맹세했다. 결국 DNA 기술을 동원하고서야 바비 풀이 진범이라는 사실이 입증되었다. 코튼은 자기가 저지르지도 않은 범죄 때문에 억울하게 누명을 쓰고 11년이나 감방생활을 한 끝에 결국 석방되었다.

제니퍼 톰슨이 몽타주 작성을 위해 공격자의 얼굴을 구성할 때 그녀의 기억은 그리 정확하지 않았다. 하지만 완성된 그림을 보자 마치 그것이 본인의 기억인 양 머릿속에 각인되었던 것이다.

로널드 코튼이 석방된 뒤 그와 제니퍼 톰슨은 놀랍게도 친구가 되어 자신들의 경험을 담은 책을 공동으로 집필했다. 이들은 사법체계에서 목격자 증언을 이용하는 방식을 개혁하기 위한 캠페인을 벌이고 있다.

우리는 자기 눈으로 직접 무언가를 목격하면 그것이 결정적인 증거라고 생각하는 경향이 있지만, 그 정보가 일단 구성적 기억에 저장되고 나면 그때부터는 사실상 빈약한 증거가 될 수도 있다.

달리고 있는 경우도 있다.

때로는 자동적 과정이 결정을 통제하기도 한다. 하지만 평소 매우 익숙한 일이기 때문에 걱정하지 않는 것뿐이다. 자동 조종 모드로 들어가서 의식적인 마음이 중요한 결정을 내릴 수 있도록 자유롭게 풀어주는 것이다. 대개의 경우 자동 조종 장치가 일을 제대로 처리해 우리가 원하는 일들을 거의 다 해낸다.

의식적인 마음은 실행과 관련된 결정을 내리는 듯하다. 일례로 당신은 이 책을 계속 읽을 것인지 아니면 다른 일을 할 것인지를 지금 당장 결정할 수 있다. 의식이 그 결정을 담당하는 것이다. 무의식은 유용한 하인이지만 결국 궁극적인 주인은 우리다. 그렇지 않은가?

과학자 벤자민 리벳Benjamin Libet이 진행한 유명한 실험에서는 간단한 손가락 움직임에 대한 결정을 내리고 있는 사람들의 뇌를 정밀조사했다. 그는 실험 참가자들에게 원할 때마다 버튼을 누르라고 부탁한 뒤, 손가락을 움직이고자 하는 의지를 자각하는 정확한 시간을 기록했다.

그는 사람들이 손가락을 움직이겠다고 의식적인 결정을 내리기 3분의 1초쯤 전에 뇌의 운동피질이 활동하는 것을 발견했다. 의식적인 마음이 어떤 일을 하려는 의도를 알아차리기 전에 무의식적인 마음이 먼저 그 행동을 준비하고 있는 것이다. 이는 자유의지에 대한 우리의 생각이 착각이었음을 의미한다. 모든 결정은 의식 저 아래의 무의식 단계에서 내려지는데, 무의식이 의식에 계속 정보를 제공해 마치 우리가 모든 결정 권한을 갖고 있는 것처럼 여기게 하는 것이다.

우리에게 자유의지가 있다는 생각은 착각이다.

따라서 우리의 마음은 경이로운 동시에 게으르고 기만적이고 이기적이다. 게다가 지적이고 의식적인 정신을 소유하는 데 따르는 어려움은 이것뿐만이 아니다. 우리 정신이 우리를 적대시하고 무수한 심리적 문제를 일으키는 경우가 매우 많은데, 다음 PART에서는 이 문제에 대해 살펴보도록 하겠다.

### 📝 PART 08의 속·마·음

- 우리는 자신이 평균 이상의 능력을 지녔다고 생각하며, 우리 중에 능력이 가장 뒤떨어지는 사람들의 경우 그 사실을 깨닫지 못하는 경우가 많다.
- 우리는 사실 그렇지 않은 상황에서도 자기에게 필요한 기술을 갖추고, 상황을 통제하고 있다고 생각한다. 거액의 보수를 받는 전문가들 중에도 우연보다 별반 나을 것 없는 성과에 대해서 보상을 받는 이들이 많다.
- 사람들은 자존감을 지켜주는 온갖 이기적인 편견을 갖기 쉽다.
- 우리는 본인의 태도와 동기에 대해 잘 모르기 때문에 자신의 내면세계에 대해 올바른 판단을 내리지 못한다.
- 우리는 자신과 타인의 행동에 영향을 미치고, 때로는 자기 충족적 예언이 될 수도 있는 무의식적인 편견을 가지고 있다.
- 자유의지에 대한 생각 역시 착각일 수 있다.

인간은 선사시대에 소규모로 무리를 지어 살면서 진화했다. 따라서 감정적인 면에서 보면 오늘날의 세계에서 살아가는 데 필요한 요소들을 제대로 갖추지 못한 것이다. 우리는 자신의 존재에 관심을 갖는 사람들로 구성된 네트워크 안에서 살아가고 있다는 데서 느껴지는 정서적 안정을 원한다. 소속 욕구는 인간의 근본적인 동기 가운데 하나인데, 요즘처럼 익명으로 살아가는 대도시에서는 이 욕구를 채우기가 쉽지 않다.

PART 09

# 심리적
# 문제에 대한
# 이해

적어도 우리 가운데 4분의 1 이상은 특정한 유형의 심리적 문제를 안고 있다. 때로 우리 몸이 기능하는 방식에 문제가 생겨 곤란을 겪기도 하는 것처럼, 우리 마음의 기능에 문제가 생기는 것도 자연스러운 일이다. 우리 몸의 구성은 그리 완벽하지 않기 때문에 언제든 문제가 발생할 수 있고, 이는 정신적인 면에서도 마찬가지다. 프로이트와 같은 여러 사상가들은 정서적인 고통을 겪는 것도 인간이기에 가능한 일이라고 생각한다.

## 지성을 소유하는 데 따르는 문제점

우리의 뇌는 추상적인 사고와 상상, 자기 인식이 가능한 높은 지성을 갖추고 있다. 우리는 미래를 예상하고 장래의 계획을 세울 수 있으며, 무제한적인 가설을 바탕으로 한 시나리오를 상상하는 것도 가능하다. 이런 능력은 매우 유리한 것이지만 여기에는 대가가 따른다. 심리적인 문제가 발생하기 쉬운 것이다. 임상심리학자인 폴 길버트의 말처럼 "인간의 상상력은 위대한 예술을 낳을 수도 있고, 가장 끔찍한 고문 방법을 개발할 수도 있다."

> 인간이 지독한 고통을 겪지 않으려면 상상력이 부족해야 한다.
>
> — 마르셀 프루스트

폴 길버트는 우리의 뇌나 몸이 새로운 환경에 적응하면서 불리한 입장에 처하게 되었다고 지적한다. 일례로 두 다리로 걷게 되면서부터 양손을 자유롭게 쓰게 된 것은 좋지만 똑바로 선 자세는 척추에 부담을 주기 때문에 허리에 문제가 생기는 일이 많아졌다.

그는 우리가 새롭게 얻은 높은 수준의 지적 능력이 우리 머릿속에 예전부터 존재하던 부분과 제대로 조화를 이루지 못한다고 생각한다. 우리는 여전히 기본적인 감정과 충동을 지니고 있는데, 마음속에서 일어나는 이러한 반응들은 빠르고 무의식적이며 강력해서 제어하기가 힘들다.

예를 들어 우리는 누군가에게 거부를 당하면 슬픔이라는 기본적이고 자동적인 감정적 반응을 경험한다. 그러나 활발하고 지적이며 자의식이 강한 우리의 정신은 거기에서 멈추지 않는다. 본인이 거부를 당한 이유에 대한 추상적인 설명을 찾으려 하는 것이다. 그래서 사고 능력을 총동원해 그 상황을 심사숙고한다. 우선 자기가 남들 눈에 어떻게 비칠지를 상상한다. '내게서 어떤 결함을 발견했기에 나를 탐탁지 않게 생각하는 걸까?' 그리고 자기가 지닌 특성을 다른 사람들과 비교한다. '나도 다른 사람들만큼 관심을 끌 수 있을까?' 과거를 돌아보면서 아무도 자기에게 말을 걸어주지 않았던 어떤 파티를 회상하기도 한다. 미래를 내다보면서 앞으로도 계속해서 거부당할 자신의 모습을 그려보고, 그 앞에 놓인 고독하고 쓸쓸한 길을 상상한다. 우리 뇌의 정서적인 부분은 상상이 빚어낸 이런 모습에 더 깊은 슬픔으로 반응한다. 결국 자기반성 능력과 뛰어난 상상력 때문에 깊은 숙고와 우울함이라는 정신적인 우리 안에 갇히게 되는 것이다.

우리 마음과 관련된 또 하나의 문제는 이것이 현대인의 삶에 적응하도록 만들어지지 않았다는 것이다. 인간은 선사시대에 소규모로 무리를 지어 살면서 진화했다. 따라서 감정적인 면에서 보면 오늘날의 세계에서 살아가는 데 필요한 요소들을 제대로 갖추지 못한 것이다. 예컨대 요즘에는 혼자 사는 사람들이 많은데, 이들은 자기가 서로 긴밀하게 협력하는 어떤 집단의 일원이라는 생각을 하지 않는다. 심리학자 바우마이스터와 리어리는 우리의 뇌가 다른 사람들과 관계를 맺으며 살아가도록 되어 있다는 사실을 지적한다. 우리는 자신의 존재에 관심을 갖는 사람들로 구성된 네트워크 안에서 살아가고 있다는

우리의 마음은 현대인의 삶에
적응하도록 만들어지지 않았다.

데서 느껴지는 정서적 안정을 원한다. 소속 욕구는 인간의 근본적인 동기 가운데 하나인데, 요즘처럼 익명으로 살아가는 대도시에서는 이 욕구를 채우기가 쉽지 않다.


## ● '정상적인' 심리와 정신 건강

우리는 일상생활 속에서 정상과 비정상의 관점으로 사물을 바라보는 경향이 있다.

> 심리학에서 '정상'이라고 하는 것은 사실 별로 극적인 증상을 드러내지도 않고, 우리 주변에 널리 퍼져 있어서 평상시 눈치채지도 못하는 보통 수준의 정신병을 뜻하는 것이다.
>
> – 에이브러햄 매슬로

대부분의 심리학자들은 '정상적인' 심리적 문제와 '비정상적인' 문제를 확실하게 구분하지 않는다. 상당수의 사람들이 인생의 어느 시

점에선가 몇 가지 심리적 문제의 징후를 겪기 때문에 이 문제는 연속체 상에 존재한다고 할 수 있다.

## 심리적 문제의 유형

각각의 사회마다 심리적 '문제'를 정의하는 기준이 각기 다르다. 미국 정신의학협회는 '정신질환 진단 및 통계 편람DSM IV'이라는 분류체계를 만들었는데, 여기에서는 우리의 심리 문제를 개별적인 기준에 따라 다양한 카테고리로 분류해 놓았기 때문에 이것을 보면 어떤 사람이 특정한 문제를 겪고 있는지 아닌지를 판단할 수 있다.

　이러한 분류체계는 의학적인 관점에서 심리적 문제를 바라보기 때문에 심리학계에서 많은 논란을 야기한다. 우리의 정신에 영향을 미치는 여러 가지 문제 가운데 치매 같은 일부 질환은 생물학적 질병 프로세스 때문에 생기는 것으로 인정되고 있다. 그러나 대부분의 심리적 문제는 공인된 기저 질환이 진행되는 과정에서 생기는 것이 아니다. 우울증처럼 DSM IV에서 설명하는 문제의 절반 정도는 우리가 문제시하는 행동이나 감정의 패턴에 대한 설명일 뿐이다.

## 불안장애, 가장 흔한 심리적 문제

우리는 누구나 불안을 느낀다. 이것은 자신을 위험으로부터 보호하기 위한 정상적인 감정적 반응이다. 그러나 어떤 이들의 경우 이 반응이

지나치게 활성화되기도 한다. 불안감은 그 유발 원인이나 강도, 생활에 미치는 영향이 매우 다양하다.

## 특정 공포증

공포증이란 특정한 대상이나 상황에 대한 반응으로 나타나는 과도한 두려움이다. 대부분의 사람들은 무언가를 두려워한다. 예컨대 전체 인구의 25퍼센트 정도는 뱀을 무서워한다. 가장 흔한 공포증으로는 다음과 같은 것들이 있다.

- 말벌이나 꿀벌, 거미 같은 곤충을 비롯한 동물공포증

- 고소공포증

- 피, 주사, 상처공포증

- 폐소閉所공포증

- 비행공포증

왓슨 같은 행동심리학자들이 이야기하는 공포증에 대한 심리학적 설명을 보면, 고전적 조건화를 통해 공포증을 습득할 수 있다고 한다. 예를 들어 치과공포증 환자들 대부분은 과거 치과에서 고통스러운 경험을 한 적이 있다. 고통에 대한 가벼운 불안감이 상상 속에서 부풀어 올라 앞으로 또 치과에 가야 한다는 생각만으로도 극심한 두려움에 사로잡히는 것이다.

하지만 이런 식으로 공포증의 근원을 추적하는 일이 항상 가능한 것은 아니며, 개중에는 다른 공포증보다 쉽게 생기는 것도 있다. 마

틴 셀리그만<sup>Martin Seligman</sup>에 따르면, 우리는 진화가 한창 진행되던 과거의 경험 때문에 선천적으로 동물이나 거대한 곤충, 작은 상처의 위험에 대한 공포증이 쉽게 생길 수 있다고 한다. 객관적으로 보면 혼잡한 교통, 담배, 총기 같은 현대의 발명품이 훨씬 위험함에도 불구하고 이러한 것들에 대해 공포증을 느끼는 사람은 드물다.

### 전반적인 불안감

때로는 특정한 상황과 관련해서가 아니라 주위의 다양한 것들에 대해 과도한 불안감을 느끼는 경우도 있다. 사람은 누구나 몇 가지 걱정거리를 안고 살아간다. 하지만 몇 달 동안 날마다 심한 불안감을 느끼면서 다음과 같은 징후를 드러낼 경우 범불안장애로 규정한다.

- 침착하지 못한 태도

- 집중력장애

- 성급함

- 근육 긴장

- 불면

범불안장애의 경우 사람들이 걱정하는 대상은 돈과 가족, 건강, 업무 혹은 학업 성과, 사고에 대한 두려움 그리고 이러한 걱정이 우리에게 미칠 영향 등 매우 다양하다. 이러한 것들은 누구나 걱정하는 부분이지만 이들은 갈수록 점점 일어날 법하지 않은 사건이나 먼 미래에 벌어질 일들에 관심을 집중한다.

미셸 두거스Michel Dugas와 같은 심리학자는 이러한 종류의 불안증에서는 사고 과정이 매우 중요한 역할을 한다고 강조한다. 일례로 그는 불확실성을 견딜 수 없는 상태가 되면 주변 모든 것을 걱정하게 된다

> 불확실성을 견디지 못하면 주변 모든 것을 걱정하게 된다.

는 학설을 제시한다. 예를 들어 미래의 상황을 가정하면서 발생 가능한 부정적 결과를 모두 예상할 수 있으면 자기가 안전하리라고 믿는 것이다.

## 공황발작과 광장공포증

당신이 직접 공황발작을 겪거나 다른 사람이 겪는 모습을 본 적이 있는가? 공황발작은 갑작스럽게 극심한 공포감을 느끼는 것으로 호흡곤란이나 현기증, 경련 같은 증상이 동반되기도 하기 때문에 이에 놀란 사람들이 응급실을 찾는 경우가 많다. 어떤 이들은 인파가 많은 공공장소처럼 공황을 유발할지도 모르는 상황을 아예 피하려고 한다. 이러한 사람은 공황발작에 대한 두려움 때문에 집 밖에 나오는 것을 꺼리다가 결국 광장공포증이 생기기도 한다.

보통 사람들도 가끔씩 가슴이 떨린다거나 현기증이 나는 등 몸에서 이상한 감각이 느껴지면 깜짝 놀라곤 한다. 하지만 심리학자 데이비드 클라크David Clark의 말에 따르면, 공황발작이 일어나면 그와 같은 신체 감각을 보다 극단적이고 비극적으로 해석해서 자기가 곧 기절하거나 쓰러지거나 심장마비를 일으킬 징후라고 생각하게 된다고 한다. 이런 끔찍한 생각 때문에 우리 몸의 아드레날린 분비가 촉진되면 심장이 심하게 두근거리거나 하는 다른 신체 감각이 유발되는 등 악순환의 고리에 빠지게 된다. 클라크는 공황발작 시 느끼는 가장 강렬한

공포는 자기 몸이나 정신에 대한 통제력을 잃지 않을까 하는 두려움
이라고 말한다.

## 사회공포증

사회공포증은 공개적인 장소에서 불안감을 느낀다는 점에서 공황발
작과 비슷하게 느껴질 수도 있다. 이들이 느끼는 주된 공포는 사람들
이 많이 모인 장소나 남들 앞에서 어떤 일을 할 때 창피를 당하거나
불안한 기색을 드러내지 않을까 하는 것이다. 어떤 상황에서는 거의
모든 사람이 불안감을 느낀다. 예컨대 청중 수백 명 앞에서 연설을
해야 하는 상황이라면 불안해할 사람이 많을 것이다. 하지만 사회공
포증의 경우 이러한 불안감이 한층 격렬한 형태로 나타나 문제를 일
으키기도 한다.

클라크와 웰스Wells에 따르면, 사회공포증의 주된 문제는 남들 눈에
비쳐지는 자신의 모습에 대해 부정적인 이미지를 갖고 있다는 것이
다. 말을 더듬었다든가 하는 자기가 잘못한 일에만 관심을 집중하고,
그런 실수를 저지른 자신을 가혹하게 비판한다. 이런 쪽에만 관심을
기울이다 보면 타인과의 자발적이고 진심어린 상호작용이 어려워져
결국 자신의 사회적 행동을 비판할 이유가 갈수록 늘어나기만 한다.
이때 두려움의 대상은 다른 사람이 나를 어떻게 생각할까 하는 것이
지만, 사실 자신의 성과에 대한 비판적인 생각은 본인의 마음속에서
생겨난다.

## 강박장애

강박장애OCD obsessive-compulsive disorder를 앓는 경우에도 본인의 머릿속에서 생겨난 생각에 몰두하게 된다. 강박장애를 앓는 사람들은 본인의 타고난 성향이나 천성에 맞지 않는 바람직하지 않은 생각이 불쑥불쑥 찾아와 머릿속을 엉망진창으로 만드는 것을 경험한다. 그 생각은 타락한 행동이나 섹스, 폭력 같은 위험한 주제와 관련된 경우가 많다. 이러한 생각들은 극도의 괴로움을 안겨주기 때문에 그는 주변을 끊임없이 확인하거나 손을 씻거나 기도처럼 괴로움을 안겨주는 생각을 '중화시키는' 정신적인 의식을 반복하는 등의 행동을 통해 고통을 줄이고자 노력한다. 예를 들어 어떤 소심한 엄마가 자기 아이가 질병에 감염되어 죽을지도 모른다는 불안감을 느끼게 되어 그 불안감을 없애기 위해 끊임없이 씻고 청소하는 일을 반복하는 것이다.

폴 살코프스키스Paul Salkovskis 같은 심리학자들은 OCD가 우리가 평소에 하는 일상적인 사고 과정의 결과라고 생각한다. 대부분의 사람들은 스스로를 의심하게 되는 불쾌한 생각이 드는 때가 가끔 있다. 예컨대 집을 나서면서 혹시 다리미를 켜놓고 온 건 아닌가 하는 걱정이 들면서 자신의 부주의 때문에 불이 날지도 모른다는 순간적인 공포감에 휩싸인다. 대개의 경우 이러한 생각은 찰나의 불쾌감만을 야기하기 때문에 쉽게 무시할 수 있다.

그러나 어떤 사람들의 경우 이렇게 머릿속에 침투한 생각이 상당한 심적 혼란을 야기하기 때문에 이를 억제하거나 중화하려고 노력한다. 그러나 억제 노력이 오히려 그 생각을 더욱 강하게 만든다. 이러한 방법으로는 우리의 생각을 통제할 수 없기 때문이다. 예를 들어 지금부터 10분간 분홍색 기린의 이미지를 떠올리지 않으려고 노력하면서 분홍색 기린과 관련된 모든 생각을 억제해야 한다는 사실을 계속 상기해 보자. 아마 분홍색 기린에 대한 생각을 도저히 떨쳐낼 수 없을 것이다. 어떤 생각을 억제하려는 심적 과정이 도리어 그 생각에 주의를 집중시키기 때문이다.

## 외상 후 스트레스 장애

생명을 위협하는 사건을 당한 뒤에 외상 후 스트레스<sup>PTSD post-traumatic stress disorder</sup>를 겪는 사람들의 경우에도 원치 않는 생각이 불쑥불쑥 떠오르는 것을 경험한다. PTSD의 주요 특징은 다음과 같다.

- 자기가 입은 정신적 충격에 대한 기억이나 '생생한 회상'이 떠오르거나 꿈을 꾼다.

- 사건이 떠오르게 하는 것들을 피한다.

- '과도한 흥분' 상태가 계속되어 화를 잘 내거나 불면증에 시달리거나 집중을 잘 못하게 된다.

충격적인 경험을 한 사람들 거의 대부분은 한동안 이와 같은 증상들을 겪는다. 그러나 시간이 흘러도 여기에서 벗어나지 못하고 오히려 더 심해지는 사람들도 있다. 강간, 전쟁, 고문, 테러, 자연재해 같은 극단적인 사건은 모두 PTSD를 유발할 수 있지만 영국에서 가장 흔한 PTSD의 원인은 교통사고다. 교통사고를 당한 사람들 가운데 20퍼센트에서 PTSD가 나타났다. 또 출산 후에 발생하는 경우도 꽤 흔한데, 출산한 여성의 1~5퍼센트가 외상 후 스트레스 증상을 겪는다는 보고가 있다.

### 사라진 남근의 수수께끼

다양한 문화가 다양한 심리적 문제를 낳기도 한다. '코로<sup>Koro</sup>(축양縮陽)'라는 증상이 좋은 예인데, 이것은 아시아와 아프리카 지역 사람들에게서 주로 나타나고, 서구 지역에서는 찾아보기 힘들다. 이 증상을 앓는 사람들은 누군가 자기 남근을 훔쳐가거나 어떤 초자연적인 힘에 의해 남근이 몸속으로 움츠러든다고 생각한다. 그래서 남근이 더 줄어드는 것을 막기 위해 쇠 집게를 사용하기도 하고, 친척들에게 잡고 있어 달라고 부탁하기도 한다. 코로를 앓는 여자들은 자기 유방이나 외음부가 사라질까 봐 두려워한다.

이러한 공포증이 지속되는 기간은 두어 시간에서 몇 년까지 다양하다. 코로는 공동체 내에서 빠른 속도로 퍼져나갈 수 있기 때문에 사람들이 공황장애를 일으켜 병원 응급실이 문전성시를 이루기도 한다.

중세 유럽에서도 이와 비슷한 문제가 발생한 적이 있는 듯하다. 마녀 재판에 관한 기록을 보면 마법으로 사람들의 남근을 훔쳐갔다는 죄목으로 고소된 여자들이 있다. 초자연적 힘에 대한 믿음과 성교 능력이나 생식 능력을 중시하는 가치관이 이런 문제가 발생하게 된 중요한 문화적 요인이었을 것이다.

PTSD를 겪는 사람들의 문제는 충격적인 기억이 정상적인 방식으로 처리 및 융화되지 않는다는 것이다. 자기가 그 충격적인 사건을 통제하거나 막았어야 했다고 생각하는 사람의 경우 사건에 대해 더 많은 죄책감과 수치심, 분노를 느끼기 때문에 PTSD를 겪을 가능성이 높다. 일례로 '자연' 분만을 하겠다는 확고한 계획을 세워두었던 여성이 의학적인 도움을 받으면서 분만을 하게 될 경우, 애초에 그런 계획이 없었던 여성에 비해 정신적인 충격을 많이 받는다.

PTSD의 심각한 영향에도 불구하고, PTSD에서 회복된 사람들 가운데 일부는 '외상 후 성장'을 경험했다. 이들은 그 정신적 충격을 통해 인생의 우선순위를 다시 정하게 되었고, 다음과 같은 부분에서 삶이 나아졌다고 느꼈다.

- 작은 일에도 감사하게 되었다.

- 자신의 대처 능력에 대한 자신감이 커졌다.

- 타인을 동정하는 마음이 늘었다.

- 주변 사람들과의 관계가 개선되었다.

## 섭식장애는 문화적 요인의 산물일까

문화와 매우 밀접한 관련이 있는 또 하나의 심리 문제가 바로 섭식장애다. 선진 사회에서는 체중에 대한 편견 때문에 음식 섭취를 제한하는 풍조가 널리 퍼져 있다. 한 연구에 따르면, 자기가 '폭식'을 한다고 생각하는 젊은 여성의 비율이 50퍼센트나 되었다. 특히 영향을 받기 쉬운 일부 사람들의 경우 이러한 심리적 문제가 신경성 식욕부진증이나 신경성 거식증으로 악화되기도 한다.

신경성 식욕부진증은 정상적인 체중 유지를 거부하고 뚱뚱해지는 것을 두려워하며, 자신의 신체 사이즈에 대해 왜곡된 인식을 가져 무척 야위었음에도 불구하고 자기가 뚱뚱하다고 생각하는 것이다. 신경성 거식증은 마구 폭식을 한 뒤 스스로 구토를 유도해서 먹은 음식을 다 토해내려는 시도가 반복되는 증상이다. 이 두 가지 문제를 겪는 사람들은 본인의 가치를 평가할 때 몸매와 체중을 매우 중요하게 여긴다. 전체 환자의 80~90퍼센트 정도가 여자지만 남자들 사이에서도 갈수록 섭식장애 발생률이 높아지고 있는 추세다.

정신과 의사인 크리스 페어번Chris Fairburn에 따르면, 섭식장애를 앓는 사람들은 체중을 줄여야만 통제감과 높은 자존감을 얻을 수 있다고 생각한다. 따라서 섭식 행동과 관련해 엄격한 규칙을 정한다. 이 두 가지 문제의 차이점은 다음과 같다.

- 신경성 식욕부진증 : 이 규칙을 엄격하게 지키기 때문에 체중이 감소한다.

- 신경성 거식증 : 자기가 정한 식사 규칙을 종종 어기고, 그것을 만회하기 위해 구토를 시도한다.

이러한 문제가 발생하는 과정에서 문화적 요인이 중요한 역할을 한다는 증거가 있다. 사회 전체가 마른 체형을 선호하기 시작하면 이상 섭식이 증가한다. 일례로 앤 벡커Ann Becker가 진행한 연구를 보면, 피지 제도에 TV가 들어오기 전까지는 이곳에 사는 10대 소녀들이 체중을 줄이기 위해 구토를 유발하는 일이 전혀 없었는데 TV가 도입되고 단 3년 만에 그 발생률이 11퍼센트로 늘어났다고 한다. 〈비벌리힐스 90210〉 같은 프로그램을 본 소녀들이 거기에 등장하는 인물들의 날씬한 몸매를 모방해야 한다는 압박감을 느낀 것이다. 한 피지 소녀는 "저도 저렇게 되고 싶어요. 저렇게 마르고 싶다고요"라고 말하기도 했다.

## 우울증, 세계 제1의 장애 발생 원인

사람은 누구나 기분이 자주 바뀌며, 대부분의 사람들은 가끔씩 우울한 기분을 느끼고, 때로 며칠씩 잠을 이루지 못하는 경우도 있다. 울적한 기분은 무언가 잘못되었음을 알려주는 자연의 신호라고들 생각한다. 그러나 어떤 사람들의 경우, 남들보다 이러한 기분을 훨씬 강하게 느껴 문제가 되기도 한다. 다음과 같은 징후를 겪을 경우 우울증으로 정의한다.

- 울적한 기분
- 거의 모든 활동에 대해 관심이나 즐거움을 느끼지 못함
- 잠을 잘 못 자거나 너무 많이 잠
- 식욕 상실 및 체중 감소 또는 식욕 증가 및 체중 증가
- 불안한 행동
- 사고력 또는 집중력 감퇴
- 피로감 또는 활력 저하
- 자괴감 또는 과도한 죄책감
- 죽음에 대한 생각

본인도 우울증을 앓고 있는 생물학자 루이스 울퍼트는 우울증을 가리켜 '악성 슬픔'이라고 부르면서 '내 인생 최악의 경험'이라고 말한다. 세계보건기구WHO에 따르면, 우울증은 세계 제1의 장애 발생 원인이라고 한다.

우울증은 병을 앓거나 직장에 문제가 있거나 이혼을 하는 등 부정적인 사건이 계기가 되어 생기는 경우가 많다. 이러한 부정적 사건에는 관계가 깨지거나 사회적 지위가 낮아지는 등의 손실이 수반되곤한다. 우울증 환자는 사건이 발생한 그 순간에만 슬픔을 느끼는 것이 아니라 계속해서 우울함에서 헤어나지 못한다. 정신과 의사인 아론 벡Aaron Beck은 기분이 우울할 때면 자기 자신과 세상, 미래에 대해 부정적인 시각을 갖게 되면서 악순환의 고리에 빠져들기 쉽다고 한다. 예를 들어 무기력 같은 우울증 증상 때문에 일상적인 활동을 피하게 되면 긍정적인 경험을 할 기회가 적어지고, 부정적인 사건을 곱씹을 시간만 많아져서 우울증이 더 심해지는 것이다.

> 우울증은 끔찍한 경험이다.

## 🔵 양극성 장애

우울증 환자의 1~2퍼센트 정도는 우울증을 겪는 시기에 극도로 '기분이 고조'되는 때가 간혹 있다. 때문에 양극성 장애를 흔히 '조울증'이라 부르기도 한다. 환자들은 희열감에 넘쳐 평소 성격에서 벗어난 일을 경험하게 되는데, 개중에는 다음과 같은 일들이 포함된다.

- 과도한 자신감 또는 '자기과장'
- 수면 시간 감소
- 평소보다 훨씬 말이 많아짐
- 사고의 비약
- 주의산만, 대화의 주제가 계속 바뀜
- 초조감과 과잉 행동
- 돈을 너무 많이 쓴다거나 위험이 따르는 섹스를 한다거나 과속 운전을 하는 등 좋지 않은 결과가 따르는 행동을 함

심한 우울증이나 양극성 장애를 앓는 사람들은 이따금 현실과 동떨어져 '정신병' 증상이라고 알려진 환각과 망상을 경험할 수도 있다.


## 🔵 정신분열증

정신분열증은 특정한 한 가지 문제를 가리키는 병명이 아니다. 그보

다는 다음과 같이 일상적인 활동을 방해하는 다양한 문제를 겪는 사람들을 지칭하는 포괄적인 용어라 할 수 있다.

- 환각 : 실제가 아닌 감각에 인지하는 것. 가장 흔한 증상은 어떤 소리나 사람 목소리가 들리는 것이다.

- 망상 : 다른 사회 구성원들의 일반적인 생각과 동떨어진 비정상적인 믿음(예 : 신에게 선택받아 세상을 구하는 특별한 임무를 부여받았다는 믿음)

- 와해된 언어 : 말에 일관성이 없고 '말비빔 현상'처럼 단어를 무작위로 조합한 듯한 문장을 구사한다.

- 와해된 행동 : 스스로를 돌보거나 일상적인 활동을 수행하지 못하고, 자녀를 잃은 일 같은 개인적인 비극에 대해 이야기할 때 웃음을 터뜨리는 등 상황에 맞지 않은 감정을 드러내기도 한다.

- 활동량 부족 : 감정 표현이 소극적이고 단조로우며, 의욕이 부족하고 말을 거의 하지 않는다.

이처럼 다양한 징후가 나타나는 것을 감안할 때 이를 '정신분열증'이라는 단일 질환으로 구분하는 것이 과연 의미 있는 일인지에 대해 의구심을 품는 심리학자들이 많다. 이 병과 관련해 많은 오해가 있는 것도 사실이다. 정신분열증에 대한 일반적인 통념 가운데 하나는 이 병을 앓는 환자들이 위험하다는 것이지만 적절한 정신과 치료만 받으면 정상인보다 크게 위험하지 않다는 연구 결과가 있다. 게다가 사실 이들은 남을 공격하기보다는 공격 대상이 될 가능성이 높다. 또 이 질병은 흔히 '치료가 불가능하다'고들 생각하지만 실제로는 전체 환자 가운데 4분의 1이 완치되고, 절반 정도는 치료를 통해 증상이 크게 완화된다.

'정신분열증 환자'와 그렇지 않은 사람 사이에 명확한 구분이 있다기보다는 이러한 징후 가운데 몇 가지를 드러내는 사람들이 연속체상에 분포되어 있다고 여기는 이들이 많다. 연구에 따르면, 환청을

## 💫 반짝반짝 마음에 다가서기

### 정신병원에서 제정신으로 지내기

정신 건강 전문가들은 '정신분열증'을 확실하게 간파할 수 있을까? 이를 알아보기 위해 1973년 심리학자 데이비드 로젠한David Rosenhan은 이제 고전으로 자리 잡은 연구를 수행했다. 그와 7명의 지원자들은 정신병원을 찾아가 '텅 비었다', '공허하다'와 같은 목소리와 '쿵' 소리가 들린다고 주장했다. 그리고 다들 입원 허가를 받았다. 병원에 입원한 '가짜 환자들'은 병원 관계자들에게 이제 목소리가 멈추었다고 말했다. 그러나 더 이상 '증상'이 나타나지 않았음에도 불구하고 병원 측에서는 이들이 간단한 메모 같은 평범한 행동을 해도 이를 정신장애의 징후로 해석했다.

병원 관계자 가운데 누구도 이 가짜 환자들이 정신병에 걸린 척한다는 사실을 알아차리지 못했다. 한 관계자가 "당신은 미치지 않았습니다. 당신은 저널리스트나 교수인 것 같습니다"라고 말한 게 전부다. 가짜 환자들은 퇴원 허가를 받기가 힘들었기 때문에 평균 19일, 최대 52일까지 병원생활을 해야 했다. 이들은 모두 정신분열증이 '호전되었다'라는 진단을 받고 퇴원할 수 있었다.

훌륭한 강의와 연구로 평판이 높은 한 병원의 관계자들이 이 조사 결과에 대해 듣고는 로젠한에게 자기네 병원에서는 절대 이런 실수를 하지 않는다고 말했다. 그래서 로젠한은 이곳에 가짜 환자를 몇 명 보내 정말 그런지 알아보는 데 동의했다. 병원 관계자들은 3개월에 걸쳐 실제로는 전혀 '아프지' 않은데 로젠한이 환자인 척 꾸며서 보냈다는 확신이 드는 환자 41명을 찾아냈다. 하지만 사실 로젠한은 그 병원에 가짜 환자를 한 명도 보내지 않았다.

이 연구 때문에 정신 건강 전문가들의 정확한 문제 파악 능력뿐만 아니라 '정신분열증'이라는 개념의 타당성에 대해서도 회의적인 시선을 갖게 된 사람들이 많다.

### 🌟 반짝반짝 마음 들여다보기

## 정신 건강과 창의성

정신 건강상의 문제와 창의성 사이에 모종의 연관관계가 있다고 추측하는 사상가들이 많다. 물론 모든 예술가들이 정서적인 문제를 겪는 것은 아니지만 실제로 문제가 있는 이들이 상당수다. 작가 워크숍에 참가한 이들을 대상으로 실시한 한 연구에서는 참가자 가운데 80퍼센트가 우울증을 앓고 있다는 사실이 드러났다. 임상심리학자이자 양극성 장애를 앓고 있는 케이 레드필드 제이미슨Kay Redfield Jamison 은 정서 문제와 창의성 사이에 확실한 연결고리가 존재한다고 주장한다. 특히 양극성 장애와 '예술가 기질'의 경우 상당 부분이 일치한다고 생각하며 그 증거로 작가와 화가, 음악가, 시인 가운데 이 병을 앓는 사람이 유독 많다는 사실을 지적한다. 그 가운데 일부를 예로 들어보면 다음과 같다.

| | |
|---|---|
| 어니스트 헤밍웨이 | 빈센트 반 고흐 |
| 윌리엄 블레이크 | 새뮤얼 테일러 콜리지 |
| 로드 바이런 | 퍼시 비쉬 셸리 |
| 메리 셸리 | 로베르트 슈만 |
| 프랭크 시나트라 | 그레이엄 그린 |
| 레이 데이비스 | 애덤 앤트 |
| 시네드 오코너 | 커트 코베인 |
| 패트리샤 콘웰 | 에이미 와인하우스 |

제이미슨은 양극성 장애를 앓고 있는 사람은 기분의 급격한 변화에 따라 주변에 대한 인식도 바뀌기 때문에 창의적인 사고가 불타오른다고 주장한다. 기분이 '고조된' 상태에서는 음악이나 화가, 작가들에게 새로운 아이디어가 물밀 듯이 밀려와 생산성이 높아진다는 것이다.

대니얼 네틀은 정신분열증과 창의력이 서로 연관관계가 있다고 생각한다. 이 병을 앓는 사람들은 사물의 색다르고 혁신적인 쓰임새를 찾아내거나 하는 확산적 사고 테스트에서 높은 점수를 받는다. 네틀이 정신분열증을 앓지 않는 시인, 화가, 수학자를 대상으로 설문조사를 실시한 결과 이들도 환자들만큼이나 많은 '정신분열증적인' 경험을 했다는 사실을 알아냈다. 네틀은 정신분열증이란 특이한 사고를 열린 마음으로 받아들이는 데 따르는 대가가 아닐까 하고 추측한다.

듣거나 별난 믿음을 지닌 사람이 많지만 이들은 일상생활을 정상적으로 수행하기 때문에 그 증상이 '병'으로 파악되지 않는다고 한다. 전체 인구 10명 가운데 한 명은 환청을 경험한 적이 있다.

환청을 고통스럽게 여기지 않는 사람들은 정신 건강 상담을 받지 않는 경우가 많다. 어떤 이들은 이런 목소리를 긍정적인 것으로 받아들이기도 한다. 일례로 도리스 스톡스라는 사람은 환청이 들리는 것을 자기에게 심령 능력이 있다는 증거로 여기고 영매로 성공해서 국제적인 명성을 얻었다. 이와 반대로 정신분열증 '진단'을 받은 이들은 환청이 자신을 괴롭히는 강력하고 두려운 대상이라고 여기는 경우가 많았다.

## 인격장애

마지막으로 '인격장애'라는 또 다른 범주에 속하는 심리 문제를 살펴보자. 간단히 말하자면 이는 일시적으로 힘든 시기를 거치는 것이 아니라 삶의 여러 부분에서 장기적인 문제를 겪는 것을 말한다.

대개 성인기 초반부터 기분이나 행동, 대인관계 등에서 곤란을 겪는 것을 인격장애라고 정의한다. 이 문제에는 다양한 범주가 존재하는데, 아마 가장 유명한 것이 '경계성 인격장애'일 것이다. 경계성 인격장애를 앓는 사람에게는 다음과 같은 징후가 나타난다.

- 실제적 또는 가상적 유기를 피하기 위한 필사적인 노력

- 다른 사람을 이상화한 뒤 평가 절하하는 등 격렬하면서도 불안정한 대인관계 패턴

- 정체성 장애, 불안정한 자아상

- 여러 부분에서 자해 충동을 드러냄(예 : 폭식, 무모한 운전, 위험이 따르는 섹스, 낭비, 약물 남용 등)

- 자살이나 자살 위협 또는 자기의 몸을 칼로 베는 등의 자해 행위

- 급격한 기분 변화, 자극 과민성, 불안

- '공허한' 느낌

- 분노

- 단기적인 편집성 관념 같은 정신병 증상이 일시적으로 나타남

 인격장애를 장기적인 문제로 규정하기는 하지만 항상 그런 것은 아니라는 조사 결과도 있다. 한 연구에서는 경계성 인격장애를 앓던 이들의 86퍼센트가 10년 뒤에는 증상이 사라졌다는 사실을 밝혀냈다. 경계성 인격장애가 있는 것으로 분류된 사람들은 어릴 때 학대와 방치를 경험한 경우가 많다. 로스와 포나기는 부모-자식 간의 유대감 및 애착관계 붕괴가 이러한 문제가 발생하게 되는 주요 원인이라고 생각한다. 양육자와의 좋지 못한 관계 때문에 정서적인 안정을 얻지 못하고, 자신의 감정을 조절하거나 스스로를 달랠 능력이 발달하지 못하는 것이다.

## 🔵 정서적 · 심리적 문제가 다르게 나타나는 이유

경계성 인격장애처럼 심각한 정서적 문제를 겪는 사람들은 유년기에 안 좋은 경험을 하거나 학대를 받았을 가능성이 매우 높다. PART 03 에서 설명한 것처럼 우리가 어렸을 때 받은 대우는 뇌의 발달 방식에 영향을 미친다. 우리가 받거나 받지 못한 애정과 적극적인 보살핌의 양에 따라 뇌의 연결 구조가 결정되는 것이다. 수 게르하르트<sup>Sue</sup> <sub>Gerhardt</sub>는 『사랑이 중요한 이유<sup>Why Love Matters</sup>』라는 책에서 부모의 보살핌이 부족하면 스트레스 호르몬인 코르티솔이 다량으로 분비된다고 설명한다. 이 호르몬은 뇌의 물리적 발달을 억제하기 때문에 정서적인 문제를 겪을 위험이 높아진다.

그러나 제대로 된 보살핌을 받지 못한 아이들 모두에게 심리적인 문제가 생기는 것은 아니다. 정서장애는 생물학적 · 심리적 · 사회적 요인이 결합되어 생기는 것으로 판단되는데, 이를 생물심리사회 모델이라고 한다.

- 생물학적 요인 : 유전적 취약성, 임신 및 출산 시에 발생한 뇌 발달 문제, 뇌의 뉴런과 신경 전달 물질의 물리적 작용

- 심리적 요인 : 생각이나 감정, 욕구, 본인의 경험을 이해하는 방식, 세상을 바라보는 시선, 행동 선택 등 우리의 마음속에서 벌어지는 일들

- 사회적 요인 : 우리의 정신에 영향을 미치고 스트레스를 유발하는 인간관계와 사회적 상황
  – 전쟁, 억압적인 정권, 정치적 불안정 같은 극심한 역경

- 부적절한 양육, 방치, 감정적 · 신체적 · 성적 학대 등 유년기에 겪은 시련
- 실직, 가난, 주택 부족, 범죄율이 높은 지역에 거주하는 것
- 피해자 : 범죄, 공격, 괴롭힘, 가정 내 폭력
- 인종, 성별, 성적 취향, 억압적 역할, 특정 집단에 대한 평가 절하로 인한 차별
- 불평등 : 결속력이 약한 사회에서 불공평한 대우를 받는 것, 심한 불신과 불만이 심리적인 고통을 안겨줌
- 열악한 노동 조건, 비현실적인 작업량, 정리해고의 위협
- 사회적 지원 부족
- 사별, 이혼, 퇴직 등 인생의 큰 사건
- 낮은 교육 수준

우리는 누구나 자신의 생물학적 및 심리적 기질에 따라 정신적인 문제가 발생할 가능성을 어느 정도씩 안고 살아간다. 살면서 어떤 종류의 스트레스를 얼마나 받느냐에 따라 문제가 생길 수도 있고, 생기지 않을 수도 있다. 이것을 '소질-스트레스' 모델이라고 하는데, 여기에서 '소질'이란 '성향'을 의미한다.

## 심리적 문제 해결하기

심리 치료를 받은 사람은 회복 가능성이 높다. 인간이 겪는 문제들은 영향을 미치는 정도가 제각기 다르기 때문에 해결을 할 때도 다양한 방법을 이용할 수 있다. 예를 들어 아동 학대와 불평등을 방지함으로써 사회적 단위에서 문제를 해결하는 것도 가능하다. 항우

울제 복용 같은 생물학적 개입은 심한 우울증에 특히 도움이 된다.

연구 결과, 심리 치료가 불안감이나 우울증을 해소하는 데뿐만 아니라 정신이상에도 효과적이라는 사실이 밝혀졌다. 전반적으로 볼 때 심리 치료를 받은 사람들은 치료를 받지 않은 사람에 비해 회복 가능성이 높고, 회복 속도도 훨씬 빠르다고 한다. 그러나 심리적인 문제를 겪는 사람들 가운데 3분의 2 정도는 혼자서 괴로워할 뿐 남의 도움을 구하려고 하지 않는다.

## 심리적 개입의 종류

심리 치료 방법은 매우 다양한데, 개중에는 충분한 연구가 이루어져 효과가 확실하게 입증된 방법도 있다. 이어지는 내용은 몇 가지 치료 방법에 대한 간단한 소개일 뿐이므로 자세한 정보를 원한다면 이 책 뒷부분의 '참고자료' 항목에 나와 있는 웹사이트와 기관 목록을 참조하면 도움이 될 것이다. 가장 유명하고 또 가장 확실하게 자리 잡은 치료의 종류는 다음과 같다.

### 행동 치료 및 인지행동 치료

행동 치료는 B. F. 스키너, 조셉 울프Joseph Wolpe, 한스 아이젱크 같은 이론가들이 개발한 것이다. 이 방식은 심리적 문제는 모두 학습된 것이므로 조작적 조건화와 고전적 조건화의 원칙을 이용하면 학습된 내용을 전부 무효화시킬 수 있다고 여긴다. 인지행동 치료CBT cognitive-behavioral therapy도 이와 같은 개념을 활용하지만 여기서는 주로 사고 패턴에 초점을 맞춘다.

아론 벡이나 앨버트 엘리스Albert Ellis 같은 인지적 치료 방식의 창시자들은 우리가 고통을 느낄 때 사고가 얼마나 중요한 역할을 하는지 강조한다. 생각하는 방식을 바꾸면 우리가 감정을 느끼는 방식에도 변화가 생길 수 있다. 행동 치료와 CBT는 그 방식이 매우 다양한데, 불안장애와 우울증, 정신병을 비롯하여 다양한 심리 문제에 도움이 된다. 치료는 개별적으로 진행하거나 그룹 또는 가족 단위로 함께 진행할 수도 있다.

이러한 치료 관례를 바탕으로 '수용전념 치료'나 '자비심 훈련' 같은 유망한 새 치료법들이 등장하고 있다.

## 대인관계 정신 치료

클러먼Klerman과 바이스만Weissman이 개발한 대인관계 정신 치료IPT interpersonal psychotherapy는 타인과의 관계에 문제가 있거나 만족스러운 관계가 부족할 경우 심리적 문제가 발생한다는 가정을 바탕으로 한다. 따라서 환자가 맺고 있는 관계와 사회적 네트워크를 개선하는 것이 치료의 중심이 된다. IPT는 다양한 문제 개선에 매우 효과적인데, 특히 우울증과 신경성 거식증에 효과가 좋다.

## 체계론적 치료

체계론적 치료는 '문제 있는 개인'이 아니라 그 사람이 속한 '시스템'에 초점을 맞춰야만 심리 문제를 제대로 이해할 수 있다는 생각을 바탕으로 한다. 우리는 가족과 공동체 내에서 서로 연결되어 있기 때문에 한 사람에게 변화가 생기면 그것이 다른 사람에게까지 영향을 미친다.

체계론적 치료 중에 살바도르 미누친<sup>Salvador Minuchin</sup>이 개발한 '구조적' 가족 치료라는 것이 있다. 이 치료법은 어떤 개인에게 문제가 있다고 확인될 경우 그 가족 전체의 기능을 개선하는 데 초점을 맞춘다. 체계론적 치료는 행동 문제가 있는 아동이나 신경성 식욕부진증을 앓는 청소년, 우울증과 정신병 등 다양한 문제가 있는 성인에게 도움이 된다. 체계론적 방식을 바탕으로 최근 새롭게 대두된 치료법으로는 '이야기 치료'와 '해결 중심 치료'가 있다.

### 인본주의 치료

이 치료법을 흔히 '카운슬링'이라고 부르곤 한다. 칼 로저스가 창시한 이 방법은 심리적 문제로 고통받는 사람은 본인의 성장을 방해하는 상황을 경험한 적이 있으며, 특히 무조건적인 긍정적 관심을 별로 받지 못했다는 생각을 바탕으로 한다. 상담자는 공감, 수용적이고 열린 태도, 친밀감을 드러내는 데 주력한다.

일반적으로 이 치료법은 기술은 별로 중요시하지 않고 내담자와 '함께하면서' 도움을 주는 것을 강조한다. 이 치료의 유효성은 다른 치료법들에 비해 많이 검증되지는 않았지만 실제로 도움이 된다는 증거가 있으며, 특히 보다 능동적인 기술과 결합시킨 변형 치료법의 경우 더욱 효과가 높다고 한다.

### 정신분석 · 정신역동적 치료

이 두 가지 치료법은 기본적인 이론이나 치료 방식이 서로 다르기는 해도 둘 다 프로이트의 사상에서 싹튼 것이며, 심리적 문제는 유년기에 발생한 무의식적 과정과 갈등 때문에 생기는 것이라고 가정한다.

이 치료법의 핵심은 치료 관계에서 드러나는 무의식적인 과정을 철저히 조사하고, 환자의 심리적 방어기제를 밝혀내는 것이다. 과거에는 이 치료법을 실행하던 의사들이 연구에 별로 적극적이지 않았지만 근래에는 이 방법이 효과적일 수도 있다는 증거가 속속 드러나고 있다. 최근에는 이 치료를 바탕으로 '정신화' 개념에 기초한 치료법이 생겼는데, 이 방법은 경계성 인격장애를 앓는 사람들을 돕는 데 특히 유용하다.

> ### ✨ 반짝반짝 마음에 다가서기
>
> 35세의 퇴역 군인인 대니얼은 아내와 11, 12세의 아들 둘이 있다. 그는 육군에서 감원 조치를 당한 지 몇 달 뒤부터 우울증을 앓기 시작했다.
>
> 대니얼이 군에 있을 때는 한 번에 몇 달씩 집을 떠나 있곤 했기 때문에 그가 휴가를 얻거나 영국 내에 배치되어 있는 동안에는 아내와 아이들이 대니얼을 생활의 중심으로 여기며 극진하게 대했다. 하지만 그가 항상 집에 있게 되자 더 이상 그런 식으로 생활하는 것이 불가능해졌다. 아내는 활발한 사교활동을 즐겼기 때문에 대니얼은 혼자서 저녁 시간을 보내는 일이 많았다. 그의 가족은 더 이상 대니얼의 방식에 맞춰 생활하려고 하지 않았다. 예를 들어 그는 주말에 다들 일찍 일어나기를 바랐지만 아내와 아이들은 늦잠을 자는 쪽을 선호했다. 또 아내와 아이들은 야무지지 못한 편이었고, 가족들의 전반적인 생활방식은 그의 기대보다 느슨했다. 아내는 아이들이 밤늦도록 자지 않아도 그냥 내버려두는 반면, 대니얼은 어떻게든 빨리 재우고 싶어 했다. 그러다 보니 가족 간의 말다툼이 잦아졌다.
>
> 대니얼은 군대 시절 동료들과의 사이에서 느꼈던 동지애가 그리웠지만 집 근처에는 친구가 한 명도 없었다. 금전 문제도 걱정이었다. 퇴직금이 다 떨어져가고 있었지만 장기적인 일자리를 구하기가 힘들었던 것이다.
>
> 대니얼의 어머니는 우울증을 앓고 있었고, 늘 언짢은 기색을 드러내면서 가족들 위에 군림하려고 했던 아버지와는 사이가 매우 나빴다. 대니얼은 자기가 아이들을

낳으면 절대 저런 아버지가 되지 않을 것이라고 맹세했었다.

　몇 달이 지나는 동안 대니얼은 갈수록 가족들에게 존중받지 못한다는 느낌이 들면서 가족들과 고립되어 곧잘 화를 내게 되었다. 그리고 스스로를 존중하는 마음도 잃어버렸다. 그는 군인인 자신을 자랑스럽게 여겼었는데 이제는 급료가 낮은 임시직 일자리를 전전하는 신세가 되었다. 비참한 기분이 점점 심해지면서 태도가 퉁명스러워졌고 잠도 잘 이루지 못했다.

　그러던 어느 날 더 이상 견딜 수 없는 순간이 찾아왔다. 그는 아내와 아이들이 옆방에 모여 근처 해안으로 소풍 갈 계획을 세우는 것을 우연히 듣게 되었다. 그런데 작은 아들이 "아빠도 꼭 데려가야 해요?"라고 말하는 것이었다. 이 말을 들은 대니얼은 몇 년 만에 울음을 터뜨리게 되었다. 그는 자기 아버지 같은 사람이 된 것만 같아 두려웠다. 대니얼은 자기가 아버지로서도, 남편으로서도, 한 남자로서도 실패했다는 느낌이 들었다.

　이런 다양한 치료법이 어떻게 심리적 문제를 해결하는지 설명하기 위해 사례 한 가지를 살펴보았다. 그러한 상황에서 대니얼이 다양한 치료를 받을 경우 기대할 수 있는 효과는 다음과 같다.

- 인지행동 치료 : 대니얼의 치료사는 그가 보람을 느낄 수 있는 활동을 시작하여 가족을 피하려는 생각을 줄일 수 있도록 도와줄 것이다. 그리고 함께 힘을 합쳐 자신이 '실패자'라는 부정적인 생각에 대처할 것이다.

- 체계론적 치료 : 대니얼은 가족들을 대동하고 상담을 받으러 오라는 요청을 받게 될 것이다. 치료사는 상담실 모습을 볼 수 있는 편면 거울 뒤쪽에 동료 치료사를 배치해 문제의 원인이 되는 상호작용과 역할 패턴을 파악하는 데 도움을 받을 수도 있다.

- 인본주의 치료 : 대니얼의 카운슬러는 그가 본인의 감정을 낱낱

이 파악하여 표현하고, 이해와 수용, 무조건적인 긍정적 관심에 대해 심사숙고하게 함으로써 문제를 해결할 수 있는 자기만의 방식을 찾도록 돕는다.

- 정신역동적 치료 : 치료사는 대니얼이 자기 아버지에 대해 느끼는 감정과 관련된 무의식적인 갈등을 찾아내고, 이것이 그의 삶에서 작용하는 방식을 설명해 줄 것이다.

- 대인관계 정신 치료 : 대니얼은 대인관계 정신 치료를 받기로 결정했다. 그와 치료사는 군에 복무하면서 가끔씩만 아빠 노릇을 하다가 민간인 신분이 되어 늘 가족 속에서 살게 된 갑작스러운 변화에 잘 대처하지 못한 것이 주된 문제라는 결론을 내렸다. 이 새로운 역할 속에서 그간 쌓아온 관계가 단절되거나 변했고, 그의 욕구는 제대로 충족되지 못했다. 그에게 정체성과 소속감, 목적의식과 자부심을 안겨주었던 예전의 관계들은 모두 군대와 관련된 것들이었다. 그는 더 이상 '돌아온 영웅'도 가족의 중심축도 아니다. 평범한 아빠이자 풀타임 남편으로서 새로운 관계를 쌓아가야만 한다. 대니얼은 자기도 모르는 사이에 자기 아버지의 양육 스타일을 그대로 답습하고 있다는 사실을 깨달았다. 권위주의적으로 행동하면서 자기의 요구를 화난 태도로 표현하고, 원하는 반응을 얻지 못하면 가족과의 사이에 담을 쌓았던 것이다.

대니얼은 예전의 삶과 역할에 애도를 표한 뒤 완전히 놓아주어야 한다. 가족 내에서 자신의 새로운 역할을 받아들이고 아내와 아이들의 도움을 받아 이 상황을 잘 극복해야 하는 것이다. 그는 가족들에게 긍정적인 반응을 이끌어낼 가능성이 높은 방식으로 자기 의견을 표현하고, 무조건 지시하기보다 의논하는 법을 배웠다. 가정 경제에 대한 책임을 아내와 나누기 시작했고, 덕분에 스트레스도 줄일 수 있었다. 대니얼은 새로운 사회적 네트워크를 구축하기 시작했다. 정기적으로 축구 연습을 하면서 새로운 친구도 몇 명 사귀었고, 아내와 함께 부부 동반으로 여러 모임에 참석했다. 아직 정규직 일자리를 찾지 못해 계속 고생하고 있지만 가정 내에서의 생활이 대폭 개선된 덕분에 이 문제도 이겨낼 수 있었다.

치료 방식마다 이용하는 기술이나 이론은 다르지만 비슷한 효과를 내는 경우가 많기 때문에 대니얼이 앞서 소개한 방법 중 무엇을 이용하든 도움이 될 것이다. 자신의 치료 모델에 열정을 보이는 훌륭한 치료사를 만나고, 내담자와 상담자가 좋은 관계를 맺고, 내담자가 기꺼이 치료에 몰입하는 것도 어떤 종류의 치료를 받느냐 만큼이나 중요하다.


## 자신 혹은 가까운 사람이 심리적 문제를 겪게 될 경우

앞서 설명한 심리적 문제나 그 밖의 다른 문제가 생긴 것 같다는 생각이 들 때 가장 먼저 취해야 할 조치는 당신이 신뢰하는 사람에게 그 문제를 털어놓는 것이다. 전문적인 도움을 구하기로 결정했으면 의사와 만나 그런 도움을 받기에 적합한 상황인지 판정을 받는다. 의사들은 전문가 팀과 함께 당신에게 알맞은 치료 방법과 약물 치료, 상담 방식 등을 의논할 것이다.

여기에서 논의한 모든 심리적 문제들을 다룬 실용서와 웹사이트도 있다. 자조自助적인 접근 방법이 효과적일 수 있다는 연구 결과도 있

가장 먼저 취해야 할 조치는 당신이 신뢰하는     는데, 특히 불안장애
사람에게 그 문제를 털어놓는 것이다.     나 경증 또는 중등도

의 우울증에는 CBT를 이용한 자조적 방법이 효과가 좋다고 한다. 동료의 지원과 자원봉사 단체도 다양한 문제에 도움을 줄 수 있다.

　때로는 현대생활과 인간 본성의 여러 가지 측면이 우리를 불행에 빠뜨리게 될 수도 있다. 하지만 그 이면은 어떨까? 우리를 행복하게 만드는 것은 무엇일까? 마지막 PART에서는 이 문제에 대해 살펴보고자 한다.

---

### 📝 PART 09의 속·마·음

- 우리가 새롭게 획득한 높은 수준의 지적 능력은 고대부터 이어져온 사회적 · 감정적 욕구와 밀접한 관련이 있는데, 이것이 현대인의 부자연스러운 삶이 낳은 각종 문제들과 결합되면서 감정적 고통을 겪게 되는 것이다.
- '정상적인' 심리적 문제와 '비정상적인' 문제 사이에는 확실한 구분이 없으며, 그 심각성에 따라 연속체 상에 놓여 있다고 할 수 있다.
- 유년기에 받은 사랑과 적절한 보살핌이 훗날의 정신 건강에 중요한 역할을 한다.
- 심리적 문제는 생물학적 · 심리적 · 사회적 요인이 상호작용해서 생긴 결과물이다.
- 심리 치료는 이러한 문제를 해결할 수 있는 효과적인 방법이다.

---

행복은 정확하게 이해하기 어려운 개념이다. 심리학자들은 '안녕'이니 '생활 만족도'니 하는 다양한 용어를 사용해 행복을 표현하는 경향이 있다. 그러나 대부분의 정의에는 최소 두 가지 측면이 포함되어 있다. 하나는 기쁨, 의기양양함, 웃음, 육체적 쾌락 같은 긍정적인 감정을 경험하는 것이다. 그리고 좀 더 인지적인 부분이라고 할 수 있는 다른 하나는 본인이 느끼는 삶의 만족도에 대한 전반적인 판단이다.

PART 10

# 행복의 심리학

# 불안장애나 우울증 같은 심리적 문제를 극복하면 행복도가 높아진다. 그러나 이런 심리적 문제가 없는 경우에도 어떤 사람은 다른 이들보다 더 행복하다. 행복이란 무엇이고 어떻게 해야 얻을 수 있는 것일까?

초기 심리학자인 윌리엄 제임스는 이것이 매우 중요한 의문이라고 생각했지만 행동주의자들이 득세하는 동안의 심리학계는 행복 같은 모호한 개념을 대부분 무시했다. 그리고 감정이 고상한 연구 분야로 자리 잡게 되자 심리학자들은 주로 인간이 겪는 심리적 고통에 관심을 쏟았다. 놀랍게도 인간의 행복이 심리학의 주요 연구 주제가 된 지는 15년 정도밖에 안 되는 것이다.

## 행복이 중요한 이유

행복은 그 자체로도 물론 좋지만 그뿐 아니라 우리와 다른 이들에게 온갖 종류의 이익을 안겨준다. 행복은 우리를 곁에 있고 싶은 사람으로 만든다. 행복하면 기분이 평소보다 온화해지기 때문이다. 일부 사람들의 생각과는 달리 행복하다고 해서 우리가 자기중심적이 되는 것은 아니며, 오히려 더 친절하고 너그러워진다는 연구 결과가 있다.

행복은 심지어 수명 연장과도 관련이 있는 듯하다. 미국 수녀들의 기대 수명에 관한 한 유명한 연구를 통해 긍정적인 감정과 장수 사이에 연관관계가 있다는 사실이 드러났다. 1930년대부터 작성한 글 속에서 긍정적인 감정을 많이 표현한 이들이 평균 10년 정도 더 오래 산 것이다. 긍정적인 감정이 장수의 원인인지 아니면 단순히 상관관계가 있는 것뿐인지는 알려지지 않았지만 이 연구에 참여한 연구진들은 행복도 담배를 끊는 것만큼이나 장기적인 건강에 중요할 수 있다고 시사했다.


## ● 행복의 실체

학자들은 어떤 대상을 조사하기 전에 그것을 정의하는 것을 좋아한다. 하지만 심리학자들이 한 가지 정의에 동의하지 못하는 데서도 알 수 있듯이 행복은 정확하게 이해하기 어려운 개념이다. 심리학자들은 '안녕'이니 '생활 만족도'니 하는 다양한 용어를 사용해 행복을 표현하는 경향이 있다. 그러나 대부분의 정의에는 최소 두 가지 측면이 포함되어 있다. 하나는 기쁨, 의기양양함, 웃음, 육체적 쾌락 같은 긍정적인 감정을 경험하는 것이다. 그리고 좀 더 인지적인 부분이라고 할 수 있는 다른 하나는 본인이 느끼는 삶의 만족도에 대한 전반적인 판단이다.

심리학자 소냐 류보머스키Sonja Lyubomirsky는 행복이란 '기쁨, 만족감, 긍정적인 감정의 경험과 자기 삶이 즐겁고 의미 있고 가치 있다는 생각이 결합되는 것'이라고 생각한다.


## ● 당신은 얼마나 행복한가

연구진들은 간단한 설문지를 이용해 행복을 측정한다. 에드 디너Ed

Diener와 그의 동료들이 고안한 '삶의 만족도' 척도를 이용해 보자. 다음에 제시된 5개 문항의 내용에 동의하거나 동의하지 않는 정도를 기준으로 각 문항에 점수를 매겨보자.

- 내 삶은 많은 부분에서 나의 이상과 가깝다.
- 내 삶의 여러 가지 조건이 매우 훌륭하다.
- 현재의 내 삶에 만족한다.
- 지금까지 살면서 원했던 중요한 것들은 모두 다 손에 넣었다.
- 인생을 다시 한 번 살 수 있다고 하더라도 현재 상태에서 거의 아무것도 바꾸지 않을 것이다.

1  2  3  4  5  6  7

매우 그렇지 않다                        매우 그렇다

점수를 모두 더한 뒤 자기가 어디에 해당하는지 살펴보자.

- 31~35      매우 만족
- 26~30      만족
- 21~25      약간 만족
- 20         보통
- 15~19      약간 불만
- 10~14      불만
- 5~9        매우 불만

이러한 설문조사에서 받는 점수는 순간적인 기분 상태의 변화에 따라 달라진다. 그 순간 당신이 느끼는 기분이 긍정적이냐 아니면 비관적이냐에 따라 만족도 평가에 큰 영향을 미치는 것이다. 연구진은 자동판매기에서 동전 하나를 발견하고 잠깐 동안 좋은 기분을 느낀 것만으로도 자기 인생 전체를 좋은 쪽으로 평가할 수 있다는 사실을 알아냈다. 따라서 다양한 상황에서 본인의 행복도를 평가한 뒤 평균 점수를 내면 전체적인 그림을 좀 더 정확하게 파악할 수 있다.

## 행복을 결정하는 요소

당신은 인간의 행복에 영향을 미치는 요인이 무엇이라고 생각하는가? 다음의 다섯가지 요소가 자신의 전반적인 행복에 얼마나 중요하다고 판단하는가?

- 아름다운 외모
- 기후가 화창한 곳에 사는 것
- 자녀
- 젊음
- 부유함

연구에 따르면, 이 다섯 가지 요소는 우리의 행복에 아주 약간의 영향만 미치거나 전혀 영향을 미치지 않는다고 한다.

### 아름다운 외모

몇 가지 연구를 통해 미모와 행복 사이의 상관관계가 드러났다. 자신의 외모가 괜찮은 편이라고 생각하는 사람들은 다른 이들에 비해 자기가 행복하다고 평가했다. 그러나 심리학자 에드 디너가 사람들의 외모에 대한 객관적인 평가를 이용하자 그런 상관관계가 사라졌다. 이는 미모 그 자체보다는 자기 외모가 괜찮다는 생각이 행복을 가져다준다는 뜻으로 해석할 수 있다.

### 기후가 화창한 곳에 사는 것

춥고 비가 많이 내리는 지역에서 늘 우산을 쓰고 덜덜 떨면서 사는 사람들은 날씨가 화창한 곳에 사는 사람들은 더 행복할 거라고 생각하지만 실은 그렇지 않다. 미국의 경우 캘리포니아 주에 사는 사람이 중서부 지역에 사는 사람들보다 더 행복한 것은 아니라는 이야기다. 영국의 경우에는 오크니와 셰틀랜드 제도, 아우터 헤브리디스 제도처럼 최북단 지역에 사는 사람들의 행복지수가 가장 높은 듯하다. 그리고 국가 행복도가 가장 높은 나라들 중에는 스웨덴과 덴마크처럼 맑은 날이 많지 않은 나라도 있다.

### 자녀

아이들이 우리에게 행복을 안겨준다는 것은 각 문화권에 깊이 뿌리내린 믿음이다. 그러나 자녀가 즐거움의 원천이라고 주장하는 부모들이 많음에도 불구하고 연구에서는 그와 상반되는 결과가 나오고 있다. 아이가 있으면 더 행복해진다는 증거는 거의 없지만 그와 반대되는 증거는 존재한다는 것이다. 자녀가 여러 명 있으면 삶의 만족도가 낮아지고, 부모들은 아이 돌보는 일이 집안일보다 힘들다고 여기는 것으로 나타났다.

## 젊음

젊음은 행운과 연결시키고 노령은 병약함과 연결시키는 경우가 많지만, 나이는 행복에 큰 영향을 미치지 않는 듯하다. 나이가 들어도 젊은이들과 같은 수준의 감정적 행복을 계속 누릴 수 있다.

심리학자 로라 카스텐센Laura Carstensen과 수전 터크 찰스Susan Turk Charles는 나이 든 사람이 오히려 더 행복할 수도 있다고 말한다. 이들의 연구에서는 나이 든 이들이 긍정적인 감정을 더 많이 느끼고, 부정적인 감정은 적게 느낀다는 사실이 밝혀졌다. 노년층은 젊은이들처럼 이것저것 다 시도해 보기보다는 자기가 진정으로 즐길 수 있음을 아는 활동을 더 중요시하고, 거기에 더 많은 시간을 쏟기 때문이다. 카스텐센과 찰스는 노인들은 대개 부정적인 감정을 다스리는 능력도 뛰어나다는 것을 알아냈다. 예컨대 노인들은 자기 배우자와 의견 충돌이 생겨도 화를 많이 내지 않는다.

## 부유함

당신이 짐작하는 것처럼 기본적인 욕구 충족에 필요한 돈이 있는 것이 행복의 필요조건인 것은 사실이다. 어느 나라에서나 먹을 것과 잠잘 곳, 의복을 구입할 돈이 충분하지 않은 사람들은 행복도가 매우 낮았다. 그러나 국가 전체가 어느 정도의 부를 달성한 경우에는 국가가 더 부유해지더라도 국민 전체의 행복도가 높아지지는 않는다. 경제학자 리처드 레이어드Richard Layard의 말에 따르면, 선진국 국민들이

50년 전보다 더 행복해진 것은 아니라고 한다. 예를 들어 1970년부터 1990년 사이에 미국인들의 평균 소득은 300퍼센트나 증가했지만 행복 등급은 전혀 높아지지 않았다.

## ● 더 부유해졌는데도 행복도가 높아지지 않는 이유

노벨상 수상자인 심리학자 대니얼 카너먼의 말에 따르면, 그 답은 당신이 다음 질문에 답하는 방식에 달려 있다고 한다. 당신은 다음 중 어느 쪽을 선호하는가?

- 본인의 연소득이 10만 파운드인데, 자기 주변 사람들은 모두 15만 파운드를 버는 것
- 본인의 연소득이 9만 파운드인데, 주변 사람들은 모두 7만 파운드를 버는 것

대부분의 사람들은 두 번째 상황이 좋다고 말한다. 적게 벌더라도 다른 사람들과 비교해 더 나은 쪽을 선호하는 것이다.

카너먼은 일단 먹고살기에 충분한 돈이 있으면 그다음부터 자기가 가진 돈의 액수는 다른 사람이 지닌 부의 수준과 관련해서만 의미가 있다는 결론을 내린다. 즉 재산이 늘어나더라도 주변 사람들이 나만큼 부유하다면 거기에서 행복을 찾지는 못한다는 것이다.

심리학자 팀 캐서Tim Kasser는 여기서 한발 더 나아가 물질적인 가치가 불만과 불안감을 키운다고 생각한다. 부를 축적하는 일에만 집중

하다 보면 타인과의 관계가 약화되고, 자존감이 낮아지며, 불안감이 들 수도 있다는 이야기다.


## 왜 그토록 부를 갈망하는가

사람들에게 당신들을 더 행복하게 만들어주는 것이 무엇이냐고 묻자 대부분이 '많은 돈'이라고 대답했다는 조사 결과가 있다. 실제로는 돈이 행복을 보장해 주지 못하는데도 왜 이런 대답이 계속 나오는 걸까? 어쩌면 사람들은 서로 협력하는 동시에 서로 경쟁하는 관계이기도 하기 때문에 그럴 수 있다. 경쟁자가 우리보다 낫다면 이는 우리의 생존에 심각한 위협이 되기 때문에 이를 해결하기 위한 조치를 취해야만 한다. 숲 속의 나무도 주변 나무들이 모두 키가 클 경우 그보다 더 크게 자라야 하는 것처럼 우리도 이웃들을 따라잡아야 한다고 느끼는 것이다.

우리가 부를 추구하는 것은 남과 경쟁하려는 인간적인 속성 때문이다. 그러나 돈이 많아져도 만족하지 못하는 이유는 '원하는 것'과 '좋아하는 것'을 혼동하기 때문이라고 한다. 심리학자 대니얼 네틀의 말에 따르면, 우리는 자기가 별로 좋아하지 않는 것들을 원하는 경우가 많다고 한다. 그는 이 두 가지 감정은 서로 다른 신경 전달 물질을 이용하는 두 가지 개별적인 두뇌체계의 통제를 받는다는 학설을 제시했다. 우리는 무언가를 강렬하게 원할 경우 그것을 손에 넣게 되면 반드시 좋아하게 될 것이라고 가정한다. 그러나 어떤 대상을 절실히 원한다는 이유만으로 그것을 통해 꼭 큰 즐거움을 얻을 수 있다는 뜻은 아니다. 대니얼 길버트는 이러한 현상을 '희망 오류'라고 부른다. 손에 넣었을 때 기대했던 만큼의 즐거움을 주지 못하는 대상을 원한다는 뜻이다.

돈이 많아지면 잠깐 동안은 행복도가 높아지지만 금세 그 상태에 익숙해진다. 브릭만Brickman과 캠벨Campbell은 이렇게 기쁨이 곧 사라지고, 그것을 대신할 새롭고 더 강력한 긍정적 자극을 원하게 되는 경향을 '행복의 쳇바퀴'라고 부른다.

물건을 구입하면서 느끼는 행복은 내가 경쟁자보다 낫다는 사실을 나 자신과 타인에게 증명함으로써 위신을 높이는 일과 관계 있는데, 이런 행복은 금세 빛이 바랜다. 그러나 모든 즐거움이 이처럼 빠르게 사라지는 것은 아니다. 연구에 따르면, 사람들은 새 시계나 자동차 같은 물건을 구입하는 것보다 친구와 함께 저녁을 먹거나 휴가 여행을 떠나는 등의 활동을 더 좋아한다고 한다. 행복을 연구하는 이들은 돈을 통해 많은 가치를 얻고 행복감을 높이려면 돈을 그냥 갖고만 있을 게 아니라 그 돈을 이용해 무언가를 해야 한다고 조언한다.


## 우리를 진정 행복하게 해주는 것

우리의 행복에 영향을 미치는 여섯 가지 요소는 다음과 같다.

### 경제적 평등
리처드 레이어드는 무엇보다도 부가 균등하게 배분되는 사회에서 사는 사람들이 행복하다는 점을 지적한다. 삶의 만족도는 상대적이다.

빈부 격차가 너무 크면 가난한 사람들의 불행은 깊어지는 반면 부자들의 행복도는 높아지지 않는다.

심리학자 소냐 류보머스키는 가까운 시일 내에 경제적 평등이 이루어질 가망이 없는 사회에서 사람들이 행복해지려면 사회적 비교를 지양해야 한다고 말한다. 그녀의 말처럼 "행복한 사람은 자기 주변 사람이 어떻게 사는지에 관심을 덜 갖는다." 류보머스키는 우리는 상향 비교를 하려는 경향이 있으니 이에 주의해야 하며, 이때 꼬리를 물고 이어지는 생각을 중단하고 다른 일로 관심을 돌려야 한다고 말한다..

행복해지려면 사회적 비교를 삼가야 한다.

## 주도권 확보

자신에게 선택할 권한이 있다는 느낌도 행복과 관련이 있다. 일례로 비교적 가난하더라도 자기 인생을 스스로 통제한다고 생각하는 사람은 본인의 인생에 대한 통제권이 없다고 느끼는 부자보다 더 행복하다는 연구 결과가 있다.

## 관계

관계는 아마도 행복을 판가름하는 가장 중요한 요소일 것이다. 무엇보다 친밀하고 믿을 수 있는 관계를 맺는 것이 행복에 중요하다. 많은 경우 자신의 배우자와 이러한 관계를 형성하지만 다른 친척이나 가까운 친구와의 관계가 될 수도 있다.

누군가와 낭만적인 관계를 맺으면 최소한 일시적으로라도 행복감을 느끼게 된다. 연구에 따르면, 갓 결혼한 부부는 2년 정도는 남들보다 행복하지만 그 시기가 지나면 이전 수준의 행복으로 되돌아간다고 한다. 누구나 예상할 수 있듯이 이혼이나 이별, 사별은 삶의 만족도에 부정적인 영향을 미친다.

인간은 사회적 동물이기 때문에 다른 사람들은 우리가 느끼는 여러 가지 긍정적인 감정의 원천이다. 우리는 타인과의 사회적 교류를 통해 유머·만족감·자부심·기쁨·즐거움·충족감·흥분 등의 감정을 느낀다. 또 사람들은 힘든 시기에도 실제적이고 감정적인 지원을 제공함으로써 우리의 행복을 지탱해 준다.

가까운 친구들과의 관계만 중요한 것은 아니므로 폭넓은 공동체와 관계를 맺어두는 것도 도움이 된다. 주변 사람들과의 사이에 연대의식이 생기고, 자기가 사는 곳에서 어떤 임무를 맡게 되면 행복이 더 커질 수 있다.

## 보람 있는 일

일을 통해 이러한 연대감을 느끼는 사람들이 많다. 일을 하는 것은 행복에 도움이 되며, 직업이 없는 것은 당연히 불행의 심각한 근원이 될 수 있다. 그러나 연구 결과에 따르면 근로 환경이 제한적이거나 열악할 수도 있고, 고용 보장이 되지 않는 경우도 있기 때문에 모든 직업이 다 행복에 이바지하는 것은 아니라고 한다.

## 자신과 사랑하는 사람의 건강

다행한 일은 우리가 인생의 즐거움에 적응할 수 있는 것처럼 삶이 안겨주는 몇몇 고통에도 적응이 가능하다는 것이다. 우리는 좋지 못한 건강 상태에 적응하는 능력이 매우 뛰어나다. 일례로 신체 장애가 생긴 사람들 중에도 기존의 행복 수준을 회복하는 이들이 많다. 하지만 장기적으로 병을 앓게 될 경우 일하는 능력이 저하되거나 만성 통증 때문에 행복도가 낮아진다. 그리고 심한 장애를 앓아서 타인에 대한 의존도가 매우 높은 가족의 간병을 도맡아야 하는 경우에도 삶의 만족도가 크게 감소한다.

### 신뢰할 수 있는 공동체

주변 사람들을 신뢰할 수 있는 공동체 내에서 사는 경우, 자기 생활에 만족할 가능성이 높다. 예를 들어 국민들의 전반적인 행복도가 매우 높은 노르웨이에서 설문조사를 실시했을 때는 '주변 사람들을 신뢰할 수 있다'라는 문항에 동의를 표한 사람이 64퍼센트나 되었다. 그러나 국민 행복도가 낮은 브라질의 경우 주변인들을 신뢰할 수 있다고 답한 사람은 5퍼센트에 불과했다.

　행복은 주변 사람들에 대한 신뢰도만 높여주는 것이 아니다. 연구진은 공공장소에 지갑을 떨어뜨려 놓고 주인에게 돌아오는 지갑 수를 세어보는 방법으로 이를 시험해 보았다. 여러 나라에서 이 실험을 진행한 결과, 반환되는 지갑의 수는 공동체의 신뢰도에 대한 그 나라 국민들의 시각과 거의 비례했다.

## 세계 각국의 행복도

당신은 어느 나라 국민들이 가장 행복할 것이라고 생각하는가? 가장 불행한 나라는? 이 의문에 답하기 위한 조사가 진행되었다. 1부터 10까지의 평가척도에서 1은 낮은 만족도를, 10은 높은 만족도를 나타내는데 일부 국가의 평균적인 생활 만족도는 다음과 같다.

- 스위스　8.38
- 덴마크　8.16
- 스웨덴　8.02
- 아일랜드　7.87
- 미국　7.71
- 영국　7.48
- 이탈리아　7.24
- 스페인　7.13

- 중국　7.05
- 프랑스　6.76
- 일본　6.53
- 나이지리아　6.40
- 인도　6.21
- 러시아　5.37
- 불가리아　5.03

　영국에서 이와 같은 평균적인 수준의 행복을 느낀다고 답한 사람들 대부분은 자기가 적당히 혹은 매우 행복하다고 말했다. 사람들이 가장 많이 택한 평점은 10점 만점 가운데 8점이었다. 대다수가 현재 상태에 충분히 만족한다고는 했지만 10에 해당하는 행복을 느낀다고 답한 사람은 극소수였고, 대부분은 현재의 행복도와 원하는 수준의 행복 사이에 어느 정도 '격차'가 있었다.

## 더 행복해지려면

에이브러햄 매슬로는 우리가 행복해질 수 있는 방법을 알아내기 위해 노력한 최초의 심리학자들 가운데 한 명이다. 그는 1954년에 유명한

'욕구 단계설'을 고안했다. 사람에게는 누구나 기본적인 욕구가 있는데, 그 가운데 한 가지 욕구가 충족되면 그다음 단계의 욕구를 충족시키려고 애쓰게 된다는 것이 매슬로의 생각이다. 그가 말한 기본적인 욕구는 다음과 같다.

- 허기와 갈증 같은 기본적인 생리적 욕구

- 안전과 보호에 대한 욕구

- 애정과 소속감에 대한 욕구

- 자부심과 인정에 대한 욕구

- 지식과 이해에 대한 욕구

- 질서와 아름다움 등에 대한 심미적 욕구

- 자아실현 욕구 : 개인의 잠재력을 발휘

매슬로의 말에 따르면, 일단 기본적인 욕구가 충족되어야 '자아실현'이 가능해진다고 한다. 자아를 실현한 사람은 '한 사람이 할 수 있는 모든 것을 이룬' 사람이다. 자아실현에 성공한 사람은 남들보다 만족스러운 태도로 인생을 즐기며 행복도도 더 높다. 매슬로의 이러한 생각이 학계에 많은 영향을 미치기는 했지만 이 아이디어에 대한 실제 연구는 별로 진행되지 않았다.

심리학자 마이클 아가일Michael Argyle은 우리가 행복해질 수 있는 방법을 체계적으로 연구한 최초의 학자들 가운데 한 명이다. 그는 사람들에게는 누군가와의 친밀한 관계, 또래 친구, 적절한 자극을 주는 일거리, 마음을 빼앗는 취미 활동이 필요하다는 결론을 내렸다.

## 긍정심리학의 발전

1998년에 마틴 셀리그만이 행복과 인간의 번영에 대해 연구하는 '긍정심리학'을 창시하면서부터 '어떻게 해야 더 행복해질 수 있을까?'라는 의문이 중요한 연구 주제가 되었다. 셀리그만은 이 심리학 분야에 대한 연구를 시작하는 대가로 한 익명의 독지가에게서 150만 달러 상당의 수표를 받았는데, 그 기부자가 억만장자 자선가인 찰스 피니였다는 사실이 나중에 밝혀졌다. 긍정심리학은 현재 엄청난 성공을 거두어 많은 연구 자금을 지원받고 있으며, 미디어의 관심도 끌고 있다. 마틴 셀리그만은 행복에는 다섯 가지 측면이 있다고 생각한다.

- 긍정적인 감정Positive emotions : 자신의 삶에 만족하고 뿌듯함을 느끼는 것

- 전념Engagement : 눈앞의 일에 완전히 몰두하는 것. '몰입' 상태라고도 한다.

- 인간관계Relationships : 좋은 일들은 대부분 타인과의 관계 속에서 일어난다. 셀리그만의 말처럼 "혼자 있는 것은 그다지 긍정적이지 않다."

- 삶의 의미Meaning : 다른 이들을 돌보거나, 진리를 탐구하거나, 무언가 가치 있는 것을 만드는 등 자신보다 거대한 어떤 존재를 통해 인생의 의미를 찾는다.

- 성취Accomplishment : 별다른 목적 없이 계속해서 하거나 터득하고 싶은 일이 있어야 하는데, 그것이 반드시 중요한 의미를 가질 필요는 없다. 예를 들어 셀리그만은 브리지 카드 게임을 좋아한다.

셀리그만은 이 다섯 가지를 'PERMA' 이론이라고 부르는데, 그가 생각하는 행복은 단순히 긍정적인 감정과 좋은 기분을 경험하는 것 그 이상의 무엇이다. 이것은 행복의 한 요소일 뿐이다. 그는 행복으로 향하는 실제 여정에서는 앞서 언급한 다섯 가지 측면이 중심이 되어야 한다고 생각한다.

## 당신의 긍정성 비율은

한편 심리학자 바버라 프레드릭슨Barbara Fredrickson은 행복에 있어서 좋은 기분의 중요성을 강조한다. 그녀는 행복이란 살면서 부정적인 감정보다 긍정적인 감정을 많이 느낄 때 얻게 되는 것이라고 생각한다. 따라서 행복해지려면 불쾌한 감정을 한 번 느낄 때마다 행복한 감정을 최소 세 번 이상 느껴야 한다는 것이다.

프레드릭슨은 연구를 통해 긍정적인 감정이 부정적인 감정이 미친 영향을 '원상 복구'한다는 사실을 밝혀냈다. 그녀는 스트레스가 심한 상황에서 프레젠테이션을 한 사람들이 그 후에 기분이 좋아질 만한 영상, 그러니까 강아지가 꽃을 가지고 노는 모습이 담긴 동영상 같은 것을 보면 우울한 기분에서 빨리 회복된다는 것을 알게 되었다.

프레드릭슨의 말에 따르면, 긍정적인 정서는 '확장과 수립' 효과를 일으키기 때문에 행복한 사람은 창의성과 개방성, 회복력이 높아지고 기꺼이 새로운 일들을 시도해 보게 된다고 한다.

긍정적인 감정은 부정적인 감정이 미친 영향을 '원상 복구'한다.

그녀는 현실적으로 대부분의 사람들이 느끼는 긍정적인 감정대 부정적인 감정의 비율은 2대 1 정도밖에 안 되기 때문에 진정한 행복을 얻기 위해 필요한 3대 1의 비율에는 미치지 못한다고 말한다.

## 우리는 행복해지기 위해 태어난 것일까

다른 심리학자들은 행복과 관련된 유전적 기질의 중요성을 강조한다. 행복에는 강력한 유전적 요소가 작용하는 듯하다. 일란성 쌍둥이의 경우 서로 다른 가정에서 자라더라도 각자가 느끼는 행복도가 비슷할 가능성이 매우 높다. 행복의 유전 가능성은 50퍼센트 정도 되는 것으로 추정된다.

대니얼 네틀에 따르면, 어떤 사람이 미래에 느끼게 될 행복을 가장 확실하게 예측할 수 있는 방법은 현재 그가 얼마나 행복한지 알아보는 것이라고 한다. 사람들은 시간이 7년 혹은 12년 정도가 지나고, 주변 상황이 달라져도 과거와 비슷한 수준의 행복을 느낀다고 한다. 다시 말해 우리가 느끼는 기본적인 행복 수준을 결정하는 '설정값'이 있다는 것이다.

## 행복 공식

유전자가 행복의 절반을 결정한다면 나머지 절반은 어떨까? 소냐 류보머스키는 결혼 여부, 소득, 건강 같은 주변 환경에 의해 결정되는 행복은 10퍼센트 정도밖에 안 된다고 생각한다. 그녀의 견해에 따르면, 마술 지팡이를 휘둘러 주변을 전부 이상적인 상황으로 바꾸더라도 지금보다 기껏해야 10퍼센트 정도 더 행복해질 뿐이라는 것이다.

　류보머스키는 행복을 결정하는 나머지 40퍼센트의 요인은 우리의 의도적인 행동이라고 생각한다. 여기에는 여가 시간을 보내는 방식, 가족이나 친구와의 관계, 개인적인 목표, 세상을 바라보는 시각, 자기 몸을 돌보는 방식, 문제가 생겼을 때 대처하는 태도 등이 모두 포함된다.

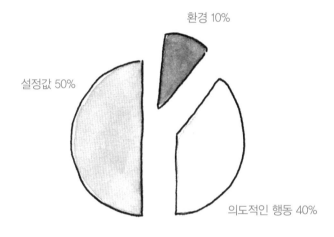

출처 : 소냐 류보머스키, 2010. 작가의 허락하에 전재

　우리가 느끼는 행복은 물려받은 '설정값'에 현재의 생활환경과 자발적인 행동을 더한 것과 같다.

## 변화 가능한 40퍼센트

이 비율이 정확하다면 우리가 행복도를 높이기 위해 취할 수 있는 현실성 있는 조치는 무엇일까? 생물학적 소인을 바꾸는 것은 불가능하다. 결혼 여부나 소득, 건강 같은 주변 환경도 그리 쉽게 바꿀 수 있는 것이 아니다. 그러나 '의도적인 행동'에 속하는 40퍼센트는 얼마든지 변화시킬 수 있다. 이러한 자발적인 부분은 대개 자신이 통제할 수 있는 부분, 즉 우리가 평소 하는 일을 뜻하기 때문이다. 그러니까 우리 같은 개인도 자신의 행복을 높이기 위한 실제적인 조치를 취할 수 있다는 이야기다.

> 행복은 미리 만들어져 있는 것이 아니라 자신의 행동에서 피어나는 것이다.
>
> – 달라이 라마

우리의 행복을 높이기 위해 활용할 수 있는 전략이 매우 많다는 사실이 심리학 연구를 통해 입증되었다. 물론 그 방법들 모두가 당신에게 효과를 발휘할 수 있는 것은 아니다. 류보머스키는 각자의 개인적인 특성을 고려해야 한다고 경고한다. 다음에 소개하는 행복 전략 가운데 일부는 당신에게 안성맞춤일 수 있지만, 별 효과가 없는 방법도 있을 것이다.

앞으로의 행복을 증진시키기 위해 활용할 수 있는 다섯 가지 실용적인 방안을 살펴보자.

### 재미있고 만족스러운 일들

행복감을 높이는 간단하면서도 효과적인 방법은 긍정적인 감정을 느낄 수 있는 일을 더 많이 하는 것이다. 당신에게 흥분과 감각적인 즐거움, 만족감, 웃음, 충족감, 자부심을 안겨주는 활동은 어떤 것들인가? 자신이 즐길 수 있는 활동을 많이 할수록 행복 평가가 높아진다는 연구 결과가 있다. 당연한 이야기 같겠지만 인생을 짓누르는 다른 일들에 발목을 잡힌 나머지 자기가 진심으로 좋아하는 일을 하는 것을 중요시하지 않는 사람들이 무척이나 많다.

마이클 아가일의 말에 따르면, 사람들에게 가장 큰 즐거움을 안겨주는 일은 타인과의 격의 없는 교제, 섹스, 성공·성취, 신체 활동, 스포츠, 자연, 음식, 음악, 독서, 술이라고 한다. 그리고 이렇게 즐거움을 주는 활동 가운데 가장 인기 있는 것은 친구들과의 식사와 섹스라고 한다.

### 목표 세우기

그러나 대부분의 사람들은 일시적인 즐거움만으로는 만족을 느끼지 못한다. 류보머스키는 '행복한 사람을 찾으면 그가 세워둔 중요한 계획도 발견하게 될 것'이라고 말한다. 자기가 무언가를 위해 노력하고 있다는 느낌은 많은 사람들에게 있어 행복의 중요한 일부분이다. 목표는 자신에게 의미가 있어야 하고, 또 그 자체로 보람을 느낄 수 있는 활동이 포함되어야 한다.

### 몰입할 대상 찾기

심리학자 미하이 칙센트미하이Mihaly Csikszentmihalyi는 우리는 자신의 존재와 시간의 흐름마저 잊어버릴 정도로 몰두할 수 있는 어떤 일을 할 때 가장 큰 행복을 느낀다고 말한다. 자신의 모든 관심을 집중시키고 능력에 적합한 과제를 던져주는 일이어야만 진정한 '몰입'이 가능하다. 운동이나 게임, 음악, 미술, 일 등 다양한 활동을 하는 과정에서 자기가 완전히 '몰입하고 있다'라는 느낌이 들 수 있다.

## 운동

대부분의 사람은 운동을 하면서 행복감이 높아지는 것을 느낀다. 1주일에 세 번 이상, 30분씩 운동을 하는 사람은 남들보다 행복하며 운동을 시작할 때도 행복이 고조되는 것을 느낄 수 있다. 류보머스키는 운동은 기분을 고조시킬 수 있는 가장 즉각적인 방법이라고 말한다. 그리고 꾸준한 운동은 더 큰 행복을 보장한다고 단언하기도 한다.

> 꾸준한 운동은 더 큰 행복을 보장한다.

운동은 성취감을 안겨주고, 걱정거리를 잊게 해주며, 자존감을 높여준다. 아직까지 꾸준히 운동을 하고 있지 않은 사람의 경우, 자신의 라이프스타일에도 맞고 즐겁게 할 수 있는 운동을 찾으면 행복이 고조될 것이다.

## 자신의 강점 이용하기

마틴 셀리그만은 자신의 강점을 발휘할 수 있는 활동을 선택하면 만족감이 높아지고, '몰입'할 수 있는 가능성도 커진다고 말한다. 그는 크리스토퍼 피터슨Christopher Peterson과 함께 인간이 지닌 강점을 모아 목록으로 만들었는데, 이는 우리가 겪는 문제를 정리해 놓은 '정신질환 진단 및 통계 편람'에 맞서는 분류체계라고 할 수 있다. 피터슨과 셀리그만은 인간에게는 24가지 강점으로 구성된 여섯 가지 중요한 미덕이 있다고 말한다. 이를 하나씩 살펴보면 다음과 같다.

### 지혜와 지식

- 호기심 : 세상에 대한 관심
- 학구열
- 판단력 : 열린 태도를 유지하며 비판적으로 사고할 수 있는 능력
- 창의력 : 독창성과 참신한 방법으로 일을 처리할 수 있는 능력
- 사회/감성지능
- 관점 : 현명하고 성숙한 시각으로 세상을 바라볼 수 있는 능력

### 용기

- 용맹 : 신체적 또는 심리적 위협에 직면했을 때 발휘되는 용감함
- 인내심
- 진실성, 성실함, 정직

### 인간애와 사랑

- 친절과 관용
- 남을 사랑하고 사랑받을 줄 아는 능력

### 정의감

- 시민정신, 의무, 협동심, 충성심
- 공정성과 평등함
- 지도력

절제력

- 자제심

- 신중함, 분별력, 주의력

- 겸손과 겸양

초월성

- 미와 탁월함을 이해하는 심미안

- 감사하는 마음

- 희망/낙관주의

- 영성, 목적의식, 신념, 신앙심

- 용서와 자비

- 명랑함과 유머

- 활력, 열정, 열의

셀리그만은 자신의 최대 강점 다섯 가지를 파악하고, 그것을 활용할 새로운 방법들을 찾아보라고 권한다. 예컨대 정의감이 당신의 강점이라면 관심 있는 대의명분을 위해 조직적인 활동을 벌이는 등 그 정의감을 표출할 새로운 방법을 찾는 것이다. 또 심미안이 매우 뛰어나고 특히 자연의 아름다움을 사랑하는 사람이라면 집에서 나무와 꽃을 키우고, TV의 자연 다큐멘터리를 시청하고, 시골로 여행 갈 계획을 자주 세우는 것이 좋다.

자신이 살아 있다는 느낌을 가장 생생하게 전해 주고, 내면의 목소리가 '이게 진짜 나야'라고 속삭이는 정신적 특성을 찾으려고 애쓰고,

일단 찾아낸 뒤에는 그것을 계속 추구해야 한다.

– 윌리엄 제임스

## 지금 이 순간에 집중하라

정신이 딴 데 팔린 상태에서 무의식적으로 일상적인 일들을 처리하다 보면 지금 내 앞을 스쳐 지나가고 있는 소중한 순간에 집중하지 못하게 되는 것이 우리 삶의 특징 가운데 하나다. 오후에 처리해야 할 일들에 신경을 쓰느라 맛도 거의 느끼지 못한 채 서둘러 점심을 먹어치우는 것이 그러한 예다. 연구에 따르면, 시간을 들여서 하루에 최소 두 가지 이상의 즐거운 경험을 음미하는 사람들은 행복도가 높아진다고 한다.

당신이 정말 좋아하는 소소한 일들로는 어떠한 것들이 있는가? 커피를 마시며 나누는 대화, 맛있는 음식, 하늘이나 단풍잎, 날아가는 새떼를 바라보는 것, 침대의 따스함과 안락함 등 무엇이든 매일 같이 작은 즐거움을 음미하려는 의식적인 노력이 중요하다.

평범한 것들에서 행복을 이끌어내는 능력이 행복의 기술이다.

– 헨리 워드 비처, 성직자 · 사회개혁가

## 마음챙김 명상

명상은 순간을 음미하는 능력을 키울 수 있는 방법이다. 불교 신자들은 2,000년 넘게 명상을 이용해 왔는데 현대과학 연구를 통해 마음챙김 명상을 꾸준히 하면 행복이 고조되고, 스트레스가 감소하며, 면역 기능까지 강화된다는 사실이 입증되었다.

　마음챙김 명상을 할 때는 의식을 집중해야 하는데, 이러한 연습을 꾸준히 하는 사람은 자기 마음과의 관계를 지금까지와는 다른 방향으로 발전시켜 나갈 수 있다. 우리의 관심이 수많은 주제들 사이에서

### 🔵 반짝반짝 마음 눈치채기

**계획을 실행에 옮기는 방법**

이러한 행복 전략의 문제는 이것에 대해 읽은 순간에는 꼭 해봐야겠다는 마음이 들지만 실제로 시작하는 법이 없다는 것이다. 우리는 새로운 행동 방침을 정해 놓아도 지속적으로 지키지 못하는 경우가 많다. 살아가면서 세운 여러 가지 좋은 목표들이 행동으로 옮겨지지 못하는 현상을 가리켜 '의도-행동 차이'라고 부른다.

　이런 격차를 메우는 간단하면서도 효과적인 방법이 있다. 심리학자 피터 골위처 Peter Gollwitzer의 연구를 통해 마음속에 구체적인 계획을 세워두면 그것을 행동으로 옮길 가능성이 훨씬 높아진다는 결과가 나왔다. 이것을 '실행 의도'라고 한다.

　다시 말해 '운동을 더 많이 하겠다'라는 생각을 가지고 있다면 이와 관련해 '오늘 저녁을 먹은 뒤 공원에 산책을 하러 가겠다'와 같은 구체적인 계획을 세워야 하는 것이다. 골위처는 이것을 가리켜 '간단한 계획이 발휘하는 강력한 효과'라고 부른다. 이러한 방법이 효과를 발휘하는 이유는 우리의 자동 처리 과정이 행동을 떠맡기 때문이다. 경로와 거리를 미리 계획해두면 따로 생각하고 계획하고 결정을 내리는 과정을 거칠 필요가 없기 때문에 저녁을 먹은 뒤에 자동으로 문을 나설 확률이 높아지는 것이다.

방황하는 의식의 흐름에 억지로 끌려가는 것이 아니라 그런 흐름에서 한 발짝 비켜나 정신적인 사건을 그저 마음을 스쳐 지나가는 일시적인 사건으로 받아들일 수 있다는 생각을 키우는 것이다. 그렇게 하면 걱정과 비관적인 생각의 악순환에 빠져드는 일을 줄일 수 있다.

## 더 많은 사람과 인연 맺기

다른 사람과의 사이에서 즐겁고 만족스러운 상호작용이 충분히 이루어지지 않으면 행복에도 영향을 미치게 된다. 당신이 이러한 경우라면 친구나 사랑하는 이들과 보내는 시간을 늘리는 것이 행복 증진에 도움이 될 것이다.

현재 자기 삶 속에는 좋은 친구들이 별로 없다는 생각이 드는가? 그렇다면 집으로 손님을 초대하거나 모임을 조직하는 등의 방법을 통해 사람들과의 관계를 넓히는 일을 우선시해야 한다. 당연한 일이지만 사교생활이 분주한 사람들은 사교활동을 주도하거나 나서서 계획하는 일이 많다는 연구 결과가 있다. 자기와 마음이 맞는 사람들을 자연스럽게 만날 기회가 없다면 독서클럽, 축구팀, 교회 모임 같은 데 가입하거나 자원봉사를 하는 등의 방법을 통해 적극적으로 그런 이들을 찾아나서야 한다.

## 🔘 남을 행복하게 하면 나도 행복해진다

마틴 셀리그만은 "다른 이들에게 마음을 많이 쓰는 사람은 자기만 신경 쓰는 사람에 비해 더 행복하다"라는 결론을 내린다. 그는 행복감을 높이려면 다른 사람에 대해 생각하는 습관을 들여야 한다고 주장한다.

그의 주장을 뒷받침하는 연구 결과는 매우 많다. 한 연구에서는 소액의 돈을 남에게 나누어 준 사람은 그 돈을 자신에게 쓴 사람보다 행복하다는 사실이 증명되었다. 심리학자 조너선 하이트는 1주일에 한 번씩 무작위적인 친절을 베푼 사람은 오랫동안 좋은 기분이 유지된다는 사실을 발견했다. 그는 착한 일을 하면 긍정적인 도덕적 감정인 '숭고'한 기분이 들면서 피부가 찌릿하고 가슴이 쫙 펴지는 느낌이 든다고 말한다.

행복감을 느끼기 위해서는 남의 도움을 받는 것보다 남에게 도움을 베푸는 쪽이 나은 듯하다. 어떤 연구에서 다발성 경화증을 앓으면서도 다른 환자들을 도와주는 자원봉사자들을 조사한

> 행복을 느끼려면 남의 도움을 받기보다는 남에게 도움을 베풀어야 한다.

결과, 이들은 사실상 남을 돕는 행동을 통해 많은 기쁨을 얻고 있었으며 자기들이 도와준 사람보다 삶의 만족도가 7배나 높은 것으로 나타났다.

하지만 이러한 행복 활동이 모든 이들에게 적합한 것은 아니다. 예를 들어 이미 남을 위해 너무 많은 일을 하고 있는 사람은 그로 인해 오히려 불만을 느끼게 될 수도 있다.

남을 도우면 왜 행복해지는 걸까? 다른 사람을 도우면 그와 연결되

어 있다는 느낌이 드는 것도 한 가지 이유가 될 수 있다. 이러한 느낌이 들면 자기 자신이 가치 있는 사회적 존재처럼 느껴지기 때문에 자존감이 높아진다. 또 남을 도우면 감사와 칭찬 그리고 누군가가 보답으로 우리를 위해 좋은 일을 해줄 가능성 같은 긍정적인 결과가 생기기도 한다.

> **반짝반짝 마음 눈치채기**
>
> 류보머스키에 따르면, 이타적인 행동을 통해 행복감을 증진시키는 데 가장 적절한 방법은 1주일에 하루 날을 정해서 다섯 가지 친절한 행동을 하는 것이라고 한다. 그녀가 예로 든 친절한 행동으로는 헌혈, 친구의 과제 도와주기, 나이 든 친척 방문하기, 감사 편지 쓰기 등이 있다. 단, 늘 똑같은 일만 하다 보면 판에 박힌 일과가 되기 십상이므로 이러한 행동이 진정한 의미를 가지려면 계속해서 다양한 변화를 주어야 한다.

## 감사하는 태도

행복한 사람은 살면서 생기는 좋은 일들에 좀 더 감사하는 마음을 품는 경향이 있다. 이러한 태도를 발전시키면 행복감이 더욱 커질 수 있다. 류보머스키의 연구에 따르면, 자기가 감사하게 여기는 일을 다섯 가지 정도 적어보면 기분이 좋아진다고 한다.

남에게 감사를 표하는 경우에도 행복감이 고조될 수 있다. 조너선 하이트는 사람들에게 과거에 자신을 도와준 적이 있는 사람에게 300단어 분량의 감사 편지를 쓰게 했다. 그리고 그 사람을 찾아가 편지를 소리 내어 읽었다. 이러한 방법은 비록 처음에는 좀 어색하지만 하루 종일 행복한 기분에 젖게 해주고, 때로는 그 기분이 다음 날까지도 계속 이어진다.

> 💡 반짝반짝 마음 눈치채기
>
> 1주일에 한 번씩, 자기가 감사하게 여기는 일을 세 가지에서 다섯 가지 정도 떠올리면서 종이에 적어보자. 누군가가 당신을 도와주었다면 따로 시간을 내서 감사의 마음을 표현해야 한다.

## 🔵 낙관적인 태도

낙관적인 견해를 가진 사람들은 역경이 닥쳐도 잘 극복하고, 남보다 더 행복하게 살아간다는 우리의 짐작이 연구를 통해 확인되었다. 낙관주의란 힘겨운 상황에서도 최선의 방안을 찾으려고 애쓰고, 미래에 대해 긍정적인 기대를 품는 사고방식을 기르는 것이다.

이것은 '긍정적 사고'와는 다르다. 긍정적인 생각을 주문처럼 되뇌기만 하는 것은 아무 효과가 없으며, 이러한 방법은 오히려 행복을 감소시킨다는 연구 결과도 있다.

낙관주의를 기르는 한 가지 방법은 좋은 일 쪽으로 자주 생각을 집중하고, 자기 삶의 긍정적인 측면에 일부러 관심을 기울이는 것이다. 윌리엄 제임스의 말처럼 "우리는 자기가 관심을 기울이는 일만 경험할 수 있다."

**낙관주의 키우기**

이 방법을 사용하면 낙관주의를 키울 수 있다. 앞으로 1주일 동안 잠자리에 들기 전에 10분 정도씩 시간을 내어 그날 하루 있었던 일을 되돌아보면서 순조롭게 진행되었던 일 세 가지와 그렇게 된 이유를 종이에 적거나 곰곰이 생각해 본다.

로라 킹Laura King이 고안한 또 다른 방법은 미래에 대한 낙관주의적 시각을 고취시키기 위한 것이다. 앞으로 나흘 동안 매일 20분씩 시간을 내어 미래의 자신에 대한 글을 써보자. 간절한 소망이 모두 이루어지고, 중요한 목표도 전부 달성한 미래에는 자신이 어떤 모습일지 상상해 보는 것이다. 이때에는 복권에 당첨된다든가 하는 환상에서 벗어나 현실적인 시각을 유지해야 한다. 자기가 미래에 영위하게 될 삶의 모든 측면을 다 포함시켜서 자세하게 써보자.

예를 들어 당신의 희망이 시골로 이사를 가서 개를 키우는 것이거나, 기타를 배우거나, 수줍음을 극복하거나, 결혼을 하거나, 주방장으로 일하는 것이라면 그런 꿈이 이루어진 미래의 평범한 하루가 어떤 모습이고, 어떤 기분을 느끼게 될지 써보는 것이다. 당신은 미래에 어떤 일을 하고, 어떤 감정을 느끼게 될까?

미래에 이룰 수 있는 최고의 자신에 대한 글을 쓴 사람들은 그 즉시 행복감이 고조되고, 그 기분이 몇 주 뒤까지도 유지되며, 이후 몇 달 동안 건강에 문제가 발생하는 일도 감소한다는 연구 결과가 있다.

## ● 긍정적 사고의 횡포

작가이자 사회비평가인 바버라 에렌라이크Barbara Ehrenreich는 요즘 사회에서는 '긍정적인' 사고라는 개념을 너무 극단적으로 강요하고 있다고 생각한다. 유방암 진단을 받았던 그녀는 '긍정적인 태도'를 지녀야 병을 이겨낼 수 있고, 심지어 이 병을 '축복'으로 받아들여야 한다는 말을 여러 사람에게서 듣고서는 충격을 받았다. '긍정적인 사고방식'이 암을 치료한다는 증거는 어디에도 없다. 에렌라이크는 이러한 비현실적인 낙관주의는 병이 나아야 하는 책임과 낫지 못할 경우의 비난을 환자들에게 돌림으로써 아픈 사람에게 잔인한 짐을 가중시킨다고 지적한다.

그녀는 『미소 혹은 죽음Smile or Die: How Positive Thinking Fooled America and the World』이라는 책에서 긍정적 사고의 해로운 효과가 금융 위기에까지 영향을 미쳤다고 주장한다. 비현실적인 낙관주의에 사로잡힌 은행들이 상환할 능력이 없는 사람들에게 돈을 마구 빌려주었던 것이다. 주의를 촉구한 금융가들은 그 '부정적인 태도' 때문에 해고를 당했다. 에렌라이크는 '긍정적인' 생각은 실패, 빈곤, 암부터 죽음에 이르기까지 모든 문제의 해결책이라는 대중의 인식을 마틴 셀리그만과 긍정심리학이 한층 더 부채질했다며 비판하고 있다.


## ● 하루에 다섯 가지씩

긍정적 사고를 강조하는 추세가 너무 지나치든 그렇지 않든 간에, 우리가 기분을 고조시키기 위해 할 수 있는 일들이 있다는 것만은 분명한 사실이다. 정부 보고서는 우리가 하루에 다섯 가지 이상의 과일이나 채소를 먹어야 하는 것처럼 '심리적 행복을 위해서도 하루에 다섯 가지 일을 해야 한다'라고 권장한다. 우리가 날마다 해야 하는 일은 다음과 같다.

- 관계 구축 : 동료들과 농담을 주고받거나 친구에게 전화를 걸거나 직장에 새로 들어온 사람과 커피를 마시거나 사교 모임을 마

련하는 등 다른 이들과 긍정적인 교류를 한다.

- 신체 활동 : 산책, 아이들과의 활동적인 놀이, 축구, 정원 가꾸기, 조깅 등 몸을 움직일 수 있는 일을 한다.

- 나눔 : 친구에게 호의를 베푼다. 누군가를 칭찬하거나 감사의 마음을 전한다. 잘 모르는 사람을 도와준다. 가족에게 뜻밖의 선물이나 카드를 보낸다.

- 세심한 주의 : 눈앞의 순간에 주의를 기울인다. 맛있는 점심을 먹거나 주변 세상의 아름다움을 감상하는 등 일상의 작은 일들을 음미한다.

- 꾸준한 배움 : 무언가 새로운 것을 배우면 만족감과 흥미가 생긴다. 악기 연주, 자동차 정비, 인도 요리, 와인 감별, 글쓰기 등 새로운 기술을 습득할 기회를 찾아보자.


## 🌑 인생의 의미 찾기

마틴 셀리그만과 다른 많은 사상가들은 인생의 의미를 찾는 것이 행복의 중요한 요소라고 생각한다. 자기가 하는 일에서 중요한 목적을 발견하면 더 행복해질 수 있다. 예컨대 병원 미화원들을 대상으로 한 연구를 살펴보면, 자기가 하는 일이 환자의 건강을 돌본다는 큰 목적을 달성하는 데 있어서 중요한 역할을 한다고 여기는 미화원들은 자기 일이 중요하지 않다고 생각하는 미화원들에 비해 일에 있어서 큰 만족감을 느끼는 것으로 나타났다.

정신과 의사인 빅터 프랑클Viktor Frankl은 의미의 중요성에 대한 글을 쓴 작가들 중에서 가장 유명한 인물에 속한다. 그는 아우슈비츠를 비롯한 여러 강제수용소에 3년간 감금되어 있었다. 그의 어머니와 아버지, 형, 아내는 수용소에서 죽었지만 프랑클은 우리가 상상할 수 있는 최악의 환경에서 살았음에도 불구하고 그곳에서 자신의 존재 의미를 찾을 수 있었다. 그는 자신의 과거와 자기가 아는 사랑에 대해 곰곰이 되돌아보는 과정에서 삶의 의미를 발견했다. 프랑클은 프리드리히 니체의 말처럼 '살아야 하는 이유가 있는 사람은 어떤 어려움도 견뎌낼 수 있다'라고 믿었다.

영적 믿음을 통해 삶의 의미를 찾는 이들도 많다. 리처드 도킨스 같은 무신론자들은 우주의 아름다움을 관찰하고, 그 신비를 풀고자 하는 탐구 과정에 심오한 의미가 담겨 있다고 생각한다. 또 인간이나 동물을 위해 더 살기 좋은 세상을 만들거나 환경을 보존하는 일에서 의미를 찾는 이들도 있다. 사회적 존재인 우리는 친구들과의 우정이나 가족들 속에서 의미를 발견하기도 한다. 아니면 자신의 일이나 열정, 개인적인 목표를 통해 찾을 수도 있다.

당신에게는 어떤 삶의 의미가 있는가? 자기 인생에는 별다른 의미가 없다고 느낀다면 단순히 '내 인생의 의미는 무엇인가'를 고민하는 것만으로는 답을 찾을 수 없을지도 모른다. 이러한 방법은 행복에 도움이 되지 않는 과도한 생각과 반추로 이어질 수도 있다. 그러니 당신이 잘 아는 지혜로운 사람과 함께 인생의 의미에 대해 이야기를 나누어 보는 것이 더 좋은 전략일 것이다.

그러나 긍정심리학에 따르면, 일부러 자기가 좋아하는 일을 더 많이 하고, 목표를 위해 노력하며, 자신의 강점을 활용하고, 다른 사람들과 교류하면서 그들을 돕는다면 그 과정에서 의미를 찾을 수 있다고 한다.

---

### 📝 PART 10의 속·마·음

- 어느 정도 수준의 부를 달성하고 나면, 그보다 돈이 많아져도 행복이 더 커지지는 않는다.
- 사회적 조건은 우리의 행복에 상당한 영향을 미친다.
- 우리가 기본적으로 느끼는 행복 수준을 결정하는 생물학적 근거가 있다.
- 굉장히 다양한 생활환경 속에서도 행복을 얻을 수 있다.
- 타인과의 좋은 관계와 유대감은 행복의 가장 중요한 요소 가운데 하나다.
- 자기가 하는 활동에 변화를 주면 행복도를 높일 수 있다.

---

# 에필로그

이 책은 현대심리학을 통해 밝혀진 인간의 마음과 관련된 정보 중 극히 일부만을 다룬 것이다. 정신적인 문제를 다루는 과학은 아직 갈 길이 멀기 때문에 우리가 모르는 부분이 아직 많이 남아 있다. 우리는 빠르게 변화하는 세상에 살고 있고, 그와 함께 우리의 행동 방식도 바뀌고 있기 때문에 오늘날 알고 있는 심리학 연구 결과가 미래에는 진실이 아닌 것으로 밝혀질 수도 있다.

컴퓨터, 인터넷, 디지털 통신기기 같은 최신 발명품들은 우리의 생활을 바꿀 뿐만 아니라 정보를 처리하고 공유하는 능력을 확대시켜 우리의 정신에 더 큰 힘을 부여한다. 이런 혁신적인 정보화 시대는 우리가 생각하고, 느끼고, 관계를 맺는 방식에 계속해서 광범위한 영향을 미치게 될 것이다.

그러나 앞으로 진행될 이러한 변화에도 불구하고 우리의 정신을 지배하는 생물학적 청사진은 20만 년 동안 전혀 바뀌지 않고 있다. 우리는 인간의 기본적인 속성들을 여전히 지니고 있다. 우리의 마음은 다른 사람들과 관련을 맺도록 되어 있고, 사회적 동물로서 우리가 지닌 욕구는 앞으로도 변함없이 똑같을 것이다. 우리가 가장 번성할 수 있는 방식에 대한 정확한 심리학적 이해를 바탕으로, 우리의 욕구를 고려하면서 한 사회 안에서 조직적으로 단결할 수 있다면 다들 지금보다 훨씬 더 행복해질 것이다.

환경을 보호하고, 건강을 증진하며, 평등을 촉진하고, 폭력과 전쟁을 막는 등 앞으로 다가올 문제나 위협에 맞서려면 우리의 행동에 큰 변화가 필요하다. 이러한 목표를 이루려면 인간 심리에 대한 지식을 발전시키고 제대로 활용해야 한다. 우리 인간의 행복 그리고 어쩌면 미래의 생존은 우리 자신을 좀 더 제대로 이해하는 일에 달려 있다고 해도 과언이 아닐 것이다.

# 참·고·자·료

## PART 01

Goleman, D. (2007) *Social Intelligence: The New Science of Human Relationships*. Arrow.

Kahneman, D. (2011) *Thinking, Fast and Slow*. Penguin.

Pinker, S. (1995) *The Language Instinct*. Penguin.

Pinker, S. (1999) *How the Mind Works*. Penguin.

## PART 02

Damasio, A. (2000) *The Feeling of What Happens: Body and Emotion in the Making of Consciousness*. Vintage.

Ekman, P. (2004) *Emotions Revealed*. Phoenix.

Goleman, D. (2009) *Emotional Intelligence: Why It Can Matter More than IQ*. Bloomsbury.

## PART 03

Cohen, D. (2012) *How the Child's Mind Develops*. Routledge.

Gerhardt, S. (2004) *Why Love Matters: How Affection Shapes a Baby's Brain*. Routledge.

## PART 04

Nettle, D. (2009) *Personality: What Makes You the Way You Are*. Oxford University Press.

Reiss, S. (2002) *Who Am I? The 16 Basic Desires that Motivate Our Actions and Define Our Personality*. Jeremy P. Tarcher.

## PART 05

Dunbar, R. (2010) *How Many Friends Does One Person Need? Dunbar's Number and Other Evolutionary Quirks*. Faber and Faber.

Haidt, J. (2012) *The Righteous Mind: Why Good People are Divided by Politics and Religion*. Pantheon.

Yeung, R. (2011) I *is for Influence, the New Science of Persuasion*. MacMillan.

## PART 06

Ekman, P. (2009) *Telling Lies: Clues to Deceit in the Marketplace, Politics and Marriage*. W.W. Norton and Co.

Pinker, S. (2012) *The Better Angels of Our Nature: Why Violence has Declined*. Penguin.

Zimbardo, P. (2008) *The Lucifer Effect: How Good People Turn Evil*. Rider.

## PART 07

Baron-Cohen, S. (2012) *The Essential Difference: Men, Women and the Extreme Male Brain*. Penguin.

Fine, C. (2011) *Delusions of Gender: The Real Science Behind the Sex Differences*. Icon Books Ltd.

Gottman, J. (2007) *The Seven Principles For Making Marriage Work*. Orion.

## PART 08

Ariely, D. (2009) *Predictably Irrational: The Hidden Forces That Shape Our Decisions*. HarperCollins.

Fine, C. (2007) *A Mind of its Own: How your Brain Distorts and Deceives*. Icon Books Ltd.

Gilbert, D. (2007) *Stumbling on Happiness*. Harper Perennial.

Thaler, R. H. and Sunstein, C. R. (2009) *Nudge: Improving Decisions about Health, Wealth and Happiness*. Penguin.

## PART 09

www.iapt.nhs.uk
심리 치료 접근성 개선
다양한 정신 건강 문제를 앓고 있는 영국 국민들에게 NHS(국가건강서비스)를 통해 심리 치료를 제공하기 위해 정부에서 주도하는 사업

interpersonalpsychotherapy.org
국제 대인관계 정신치료협회
IPT에 관한 정보와 영국 내의 관련 기관 링크 제공

www.mind.org.uk
MIND
정신 건강 문제에 대한 정보와 지원을 제공하는 자선단체

www.moodgym.anu.edu.au
MoodGYM
우울증과 불안장애를 앓는 이들을 위하여 인지행동 치료 기술을 이용한 대화식 웹사이트

www.overcoming.co.uk
'극복' 시리즈
알코올 중독부터 체중 문제에 이르기까지 다양한 심리 문제 해결을 위해 인지행동 치료 기술을 이용해 제작한 다양한 책과 자료

www.rethink.org
Rethink

정신질환으로 고통받는 모든 이들을 위한 국립 자선기관

## PART 10

Lyubomirsky, S. (2010) *The How of Happiness: A Practical Guide to Getting the Life You Want*. Piatkus.

Nettle, D. (2006) *Happiness: The Science Behind Your Smile*. Oxford University Press.

Seligman, M. (2003) *Authentic Happiness: Using the New Positive Psychology to Realise Your Potential for Lasting Fulfilment*. Nicholas Brealey Publishing.

일반 자료

Brooks, D. (2012) *The Social Animal: The Story of How Success Happens*. Short Books.

www.bps.org.uk
영국 심리학 학회
심리학자들로 구성된 전문가 단체의 웹사이트. 심리학 분야에서 일하고자 하는 이들을 위한 정보도 제공한다.

bps-research-digest.blogspot.co.uk
영국 심리학 학회 연구 다이제스트
크리스천 재릿Christian Jarrett이 최근 심리학계의 연구 결과를 이해하기 쉽게 정리해 펴내는 최신 보고서

www.spring.org.uk
Psyblog
제레미 딘Jeremy Dean이 운영하는 유용한 정보로 가득한 활기차고 이해하기 쉬운 블로그

# 참·고·문·헌

Ainsworth, M. D. S., Blehar, M. C., Walters, E. and Wall, S. (1978) *Patterns of Attachment: A Psychological Study of the Strange Situation.* Erlbaum.

Allport, G. W. (1961) *Pattern and Growth in Personality.* Holt, Rinehart and Winston.

Asch, S. (1955) 'Opinion and social pressure', *Scientific American*, 193(5): 31–35.

Babiak, P. and Hare, R. D. (2007) *Snakes in Suits: When Psychopaths Go to Work*. Harper Collins.

Bandura, A., Ross, D and Ross, S. A (1961) 'Transmission of aggression through imitation of aggressive models', *Journal of Abnormal and Social Psychology*, 63(3): 575–82.

Baron–Cohen, S. (2012) *The Essential Difference: Men, Women and the Extreme Male Brain*. Penguin.

Baron–Cohen, S. (2012) *Zero Degrees of Empathy: A New Understanding of Human Cruelty and Kindness*. Penguin.

Bartholomew, K. and Horowitz, L. M. (1991) 'Attachment styles among young adults: a test of the four–category model', *Journal of Personality and Social Psychology*, 61(2): 226–44.

Bartlett, F. C. (1932) *Remembering: A Study in Experimental and Social Psychology*. Cambridge University Press.

Baumeister, R. F. (1997) *Evil: Inside Human Violence and Cruelty*. Holt.

Baumrind, D. (1978) 'Parental disciplinary patterns and social competence in children', *Youth and Society*, 9, 239–76.

Beck, A. T. (1991) *Cognitive Therapy and the Emotional Disorders*. Penguin.

Bowlby, J. (1951) *Maternal Care and Mental Health*. World Health Organization.

Christakis, N. A. and Fowler, J. H. (2009) *Connected: The Surprising Power of our Social Networks and How they Shape Our Lives*. Little, Brown and Co.

Clark, D. A. and Beck, A. T. (2011) *Cognitive Therapy of Anxiety Disorders: Science and Practice*. Guilford Press.

Cosmides, L. and Tooby, J. (1996) 'Cognitive adaptations for social exchange'. In *The Adapted Mind: Evolutionary Psychology and the Generation of Culture*. Oxford University Press.

Cosmides, L. and Tooby, J. (1997) *Evolutionary Psychology: A Primer*. Center for Evolutionary Psychology.

Damasio, A. (2006) *Descartes' Error: Emotion, Reason and the Human Brain*. Vintage.

Dunbar, R. (2011) *How Many Friends Does One Person Need? Dunbar's Number and Other Evolutionary Quirks*. Faber and Faber.

Ehrenreich, B. (2010) *Smile or Die: How Positive Thinking Fooled America and the World*. Granta Books.

Ekman, P. (2004) *Emotions Revealed*. Phoenix.

Ekman, P. (2009) *Telling Lies: Clues to Deceit in the Marketplace, Politics and Marriage*. W.W. Norton and Co.

Etcoff, N. (2000) *Survival of the Prettiest: The Science of Beauty*. Anchor Books.

Fine, C. (2011) *Delusions of Gender: The Real Science Behind the Sex Difference*. Icon Books Ltd.

Fisher, H. (2005) *Why We Love: The Nature and Chemistry of Romantic Love*. Holt McDougal.

Frankl, V. E. (2006) *Man's Search for Meaning*. Beacon Press.

Fredrickson, B. (2011) *Positivity: Groundbreaking Research to Release Your Inner Optimist and Thrive*. One World Publications.

Gerhardt, S. (2004) *Why Love Matters: How Affection Shapes a Baby's Brain*. Routledge.

Gilbert, D. (2007) *Stumbling on Happiness*. Harper Perennial.

Gilbert, P. (2010) *The Compassionate Mind*. Constable.

Goleman, D. (2007) *Social Intelligence: The New Science of Human Relationships*. Arrow.

Goleman, D. (2009) *Emotional Intelligence: Why It Can Matter More than IQ*. Bloomsbury.

The Gottman Relationship Institute (2012) www.gottman.com/49853/Research-FAQs.html (retrieved November 2012)

Haidt, J. (2012) *The Righteous Mind: Why Good People are Divided by Politics and Religion*. Pantheon.

Harlow, H.F. and Harlow, M. K. (1969) 'Effects of various mother-infant relationships on rhesus monkey behaviour'. In B. M. Foss (ed.) *Determinants of Infant Behaviour*. Methuen.

Hare, R. D. (1999) *Without Conscience: The Disturbing World of the Psychopaths Among Us*. Guilford Press.

Harris, J. R. (1999) *The Nurture Assumption*. Bloomsbury.

James, W. (1957) *The Principles of Psychology*. Dover Publications.

Jamison, K. R. (1996) *Touched with Fire: Manic-depressive Illness and the Artistic Temperament*. Simon and Schuster.

Kabat-Zinn, J. (2006) 'Mindfulness for Beginners'. Sounds True Inc.

Kahneman, D. (2011) *Thinking, Fast and Slow*. Penguin.

Loftus, E. F. and Palmer, J. C. (1974) 'Reconstruction of automobile destruction: An example of the interaction between language and memory', *Journal of Verbal Learning and Verbal Behaviour*, 13: 585 –

89.

Loftus, E. F. and Pickrell, J. E. (1995) 'The formation of false memories', *Psychiatric Annals*, 25: 720 – 25.

Lyubomirsky, S. (2010) *The How of Happiness: A Practical Guide to Getting the Life You Want*. Piatkus.

Maslow, A. (2011) *Toward a Psychology of Being*. Wilder Publications Ltd.

Milgram, S. (1974) *Obedience to Authority*: An Experimental View. Harper and Row.

Miller, G. (1956) 'The magical number seven plus or minus two: some limits on our capacity for processing information', *Psychological Review*, 63: 81 – 97.

Miller, G. (2001) *The Mating Mind: How Sexual Choice Shaped the Evolution of Human Nature*. Vintage.

Mischel, W., Ebbesen, E., Zeiss, A. (1972) 'Cognitive and attentional mechanisms in delay of gratification', *Journal of Personality and Social Psychology*, 21(2): 204 – 18.

Neisser, U. (1967) *Cognitive Psychology*. Prentice Hall.

Nettle, D. (2009) *Personality: What Makes You the Way You Are*. Oxford University Press.

Ofman, Daniel (2002) *Core Qualities: A Gateway to Human Resources*. Scriptum Publishers.

Pennebaker, J. W. (1997) 'Writing about emotional experiences as a therapeutic process', *Psychological Science*, 8(3): 162 – 66.

Piaget, J. and Inhelder, B. (1972) *The Psychology of the Child*. Basic Books.

Pinker, S. (1995) *The Language Instinct*. Penguin.

Pinker, S. (1999) *How the Mind Works*. Penguin.

Reiss, S. (2002) *Who Am I? The 16 Basic Desires that Motivate Our Actions and Define Our Personality*. Jeremy P Tarcher.

Salovey, P. and Mayer, J. D. (1990) 'Emotional Intelligence', *Imagination, Cognition and Personality*, 9: 185–211.

Seligman, M. (2012) *Flourish: A Visionary New Understanding of Happiness and Well-being*. Free Press.

Sherif, M., Harvey, O., White, B. J., Hood, W. and Sherif, C. (1961) 'Intergroup Conflict and Cooperation: The Robbers Cave Experiment'. Norman: University of Oklahoma, Institute of Group Behaviour.

Skinner, B. F. (2002) *Beyond Freedom and Dignity*. Hackett Publishing Co.

Sternberg, R. and Sternberg, K. (2008) *The Nature of Hate*. Cambridge University Press.

Thaler, R. H. and Sunstein, C. R. (2009) *Nudge: Improving Decisions about Health, Wealth and Happiness*. Penguin.

Thompson-Cannino, C. J., Cotton, R. and Torneo, E. (2010) *Picking Cotton: Our Memoir of Injustice and Redemption*. St Martin's Griffin.

Thorndike, E. (1920) 'Intelligence and its uses', *Harper's Magazine*, 140, 227–35.

Tiedens, L. Z. (2001). 'Anger and advancement versus sadness and subjugation: The effects of negative emotion expressions on social status conferral', *Journal of Personality and Social Psychology*, 80, 86–94.

Watson, J. B., and Rayner, R. (1920) 'Conditioned emotional reactions', *Journal of Experimental Psychology*, 3, 1–14.

Zimbardo, P. (2008) *The Lucifer Effect: How Good People Turn Evil*. Rider.